E. H. シャイン [著]
Edger H. Schein
The Corporate Culture
Survival Guide

企業文化 [改訂版]

ダイバーシティと文化の仕組み

尾川丈一 [監訳]
松本美央 [訳]

東京　白桃書房　神田

The Corporate Culture
Survival Guide

New and Revised Edition

by

Edgar H. Schein

Copyright ©1999, 2009 by John Wiley & Sons, Inc.
All Rights Reserved.

Japanese translation rights arranged with
John Wiley & Sons International Rights, Inc.
through Japan UNI Agency, Inc., Tokyo.

目　　次

改訂版発行によせて
謝辞
日本語版への序文

第 1 部　文化の仕組みと中身

第 1 章　なぜ，悩むのか？ ——————————— 3

- リーダーシップと文化は表裏一体である ……………………… 3
- サブカルチャー …………………………………………………… 5
- リーダーシップと文化の相互作用の事例 ……………………… 7
- 組織の発達段階による文化の問題 ……………………………… 16
- 文化はどこにあるのか？ ………………………………………… 19
- 結論 ………………………………………………………………… 19

第 2 章　文化とはいったい何か？ ——————————— 21

- 文化の 3 つのレベル ……………………………………………… 21
- 文化をどのように定義するべきか？ …………………………… 27
- 文化を定義することの意義 ……………………………………… 28
- 文化の複雑さ：デジタル・イクイップメント（DEC）社の事例 … 29
- 結論 ………………………………………………………………… 34

i

第 3 章　組織文化の要素と次元 ——————————— 37

一般的概念：文化の一覧と類型 ……………………………… 37
文化の内容，その 1：外部環境での生き残り ……………… 40
文化の内容，その 2：人間組織の統合 ………………………… 51
結論 …………………………………………………………………… 58

第 4 章　より深層にある仮定 ——————————————— 59

文化の国家的・民族的基盤 ……………………………………… 59
人間と自然環境の関係に関する仮定 ………………………… 61
人間の性質に関する仮定 ………………………………………… 62
人間関係に関する仮定 …………………………………………… 64
現実と真実の本質に関する仮定 ………………………………… 65
時間に関する仮定 ………………………………………………… 68
空間に関する仮定 ………………………………………………… 70
分からないことやコントロールできないことに対処する ……… 72
結論 …………………………………………………………………… 73

第 5 章　文化を評価する時期と方法 ——————————— 75

アンケート調査を活用すべきか？ …………………………… 75
自己分析から文化を推測することは可能か？ ……………… 78
あなたの会社の文化を解読する所要時間 4 時間の演習 ……… 81
分析例 ………………………………………………………………… 86
結論 …………………………………………………………………… 98

第2部　文化の形成，発展，変革のダイナミクス

第6章　文化の学習，学習棄却，そして変容 ─── 103

　文化の学習，学習棄却，変容に関する単純化モデル ……… 103
　否定的確認 ……………………………………………………… 105
　生き残りの不安（罪悪感）対 学習することへの不安 ……… 109
　学習と変化における2つの原則 ……………………………… 112
　どのようにして心理的安全性を作り出すか ………………… 113
　なぜ変革する必要があるのか？：認知的再定義 …………… 115
　模倣と同一化 対 探査と試行錯誤 …………………………… 117
　再凍結：新しい均衡を求めて ………………………………… 119
　結論：チェンジ・マネジャーへのヒント …………………… 119

第7章　スタートアップ企業における文化の創造，進化，変化 ─── 121

　創業および初期の成長 ………………………………………… 121
　創業者やリーダーは文化的要素をどのようにして
　　定着させるか ………………………………………………… 128
　文化の学習，進化，変革のメカニズム ……………………… 129
　規模と経年の影響：官僚化と「職務上の親密さ」の喪失 …… 138
　後継者問題 ……………………………………………………… 139
　結論 ……………………………………………………………… 143

第8章　成熟企業における文化のダイナミクス ─── 145

　オーナー支配から全般的経営管理構造へ …………………… 145

組織の中年期における文化変革のプロセス：
　　並行学習システムによる計画・管理された文化変革 ………… 149
　変革チームと変革の手順 ……………………………………… 152
　組織構造およびプロセスへの介入 …………………………… 160
　従業員の参加 …………………………………………………… 161
　結論 ……………………………………………………………… 164

第 9 章　組織版「中年の危機」と潜在的衰退 ── 167

　中心となる文化のうち機能していない要素を変革する ……… 168
　実現可能な変革メカニズム …………………………………… 171
　チバ・ガイキー社における穏やかな文化変革 ……………… 171
　DEC 社における劇的な文化変革 …………………………… 175
　チェンジ・リーダーとチェンジ・エージェント …………… 179
　結論および変革のダイナミクスのまとめ …………………… 181

第 3 部　多文化主義の現実

第10章　文化が出会う時：買収，合併，ジョイント・ベンチャー等による多文化のコラボレーション ── 185

　多文化の問題 …………………………………………………… 185
　合併，買収，ジョイント・ベンチャーにおける文化評価
　　の役割 ………………………………………………………… 188
　コラボレーションや他の多文化組織における新しい問題 …… 194
　文化的な罠（お互いを理解しているという幻想）…………… 199
　文化の境界における対話の必要性 …………………………… 202
　対話のプロセス ………………………………………………… 202
　結論 ……………………………………………………………… 205

第11章　文化を扱わざるを得ないリーダーにとっての文化的現実 ── 209

文化とは何かについての現実 …………………………… 211
文化が網羅することについての現実 …………………… 213
文化を解読することについての現実 …………………… 213
文化の変革プロセスについての現実 …………………… 214
文化の評価・変革を行うタイミングについての現実 ……… 217
合併，買収，ジョイント・ベンチャー，コラボレーションについての現実 …………………………… 217
結び ……………………………………………………… 218

訳者あとがきにかえて：エドガー・シャインとの鼎談 ── 219

注
参考文献
人名索引
事項索引

改訂版発行によせて

　本書の初版が発行されてから10年以上の月日が経ち，企業文化に関する研究はいくつかの側面を軸に進歩を遂げてきた。今回発行される改訂版は，初版発行以降の研究進歩を書籍という形で記録し，同時に，今なお変わらず有益なツールであり続ける文化の基本的モデルについて解説するものである。組織文化に関する私の基本的なモデルは変わっていない。しかし，基本モデルの応用方法は，文化の形成，発展に関する研究や実践面において大いに変化を遂げている。私は，文化を理解し文化の問題に真摯に取り組むリーダーやマネジャーたちのために，情報を発信し続けたいと考えている。そのため，本書の基本構造は初版と似た構成となっている。

　文化は，組織のライフサイクルに関する概念の1つとして，広く受け入れられるようになってきた。しかし，その受け入れ方は，くっきりと2つに分かれている。(1)調査やアンケートによって測定できる抽象的で普遍的な文化の特徴を知りたい人々，(2)観察やインタビュー，介入を通じて，特定の文化に関するニュアンスや細部，ダイナミクスを研究したい人々，である。前者のアプローチは一般的「特性」を探求するもので，後者は一般的な「文化のプロセス」を探求するものである。

　どちらのグループも文化の力がいかに組織の業績に影響を与えるかに注目していることに変わりはない。だが，前者が全ての企業や産業の業績に関連する文化的特性を探求しているのに対して，後者は特定の文化における出来事とその業績結果との間にある直接的な繋がりを模索するものである。前者のアプローチが量的で横断的な分析を導くのに対して，後者のアプローチはより臨床的で縦断的な分析となる。また，前者のアプローチでは必然的に，しごく抽象的な変数が示される一方で，マネジャーやコンサルタントが特定の会社で遭遇する，目の前の現実の組織で起こる日々の出来事からは切り離された結果が提示される。反対に，後者のアプローチでは，マネジャーやコ

ンサルタントが目の前の出来事に対処できる，現実に近い変数が模索される。前者のアプローチには，多くの組織に適応可能な広義での理論的原則を発展させる意図があり，後者のアプローチには，局地的な状況も解明する中範囲の理論を探求する意図がある。

　私は最初に両者の違いを明確にした上で，読者の皆さんに対して，私自身の立ち位置をはっきりさせておきたいと思う。前者のアプローチで研究する同僚たちから素晴らしい知的閃きを得たことは事実である。しかし，もしも私が積極的な変革推進者（チェンジ・エージェント）として現場にかかわることができれば，より鋭く文化の核心部分に迫れるはずだ，という結論に揺らぎはない。現実的には，文化に関する最先端の研究においても，最終的には何が一番重要な特性で，何が一番重要な変数であるかということさえ未だ確定できていない。そのため，まずは文化にかかわる出来事に注目し，臨床的できめの細かい詳細な研究を現場で行う必要がある，という結論に至ったのである。

　また，後者のアプローチを採用する決意をしたのは，差し迫った現実の問題が存在するからである。特定の文化の混乱した細部に立ち入らない限り，誰も文化を構築したり，進化させたり，変化させたりすることはできないのだ。広義における文化の方向づけは効果的であると言えるが，リーダーやマネジャーたちが日常的に闘いを繰り広げている目の前の現実からはかけ離れているため，具体的に何をするべきかという切実な問いには答えてくれないのである。

　そのため，本書，特にこの改訂版は，実際に何かをしなければならない，また，文化のダイナミックスの核心を理解しなければならないリーダーやマネジャーたちのために執筆したものである。以下の本論で議論していくが，文化の核心部分は，技術の進歩や，複雑化した職業上のサブカルチャー，また，グローバリゼーションが生み出した多職種・多国籍文化が混在するグループや組織によって，さらに複雑なものへと変化している。ある国で2つの会社が合併する場合と，2つの国を本拠とする2つの会社が別の第三国でプロジェクトを開始するジョイント・ベンチャーを始める場合とでは，全く異なる種類の問題を抱えることになるのである。

組織（や社会）のリーダーやマネジャーは，文化の創造者であり，生産者であり，犠牲者でもある。新しいグループで文化を構築するだけでなく，成熟した組織で文化に関する問題に対処することも，リーダーには欠かせない役割の1つとなっている。リーダーやマネジャーには，これらの全てに対処するための概念やツールが必要である。本書は，まさに，この視点で書かれている。本書は，文化とは何か，いつどのように文化を評価すべきか，そして，いつどのように文化を変革すべきか，を解説するものである。

　本書の基本構造は初版と同様である。第1部では，なぜ文化が大切なのかに関する基本的な定義を行い，文化の中身を検証する際にはどの程度までその特性を調査すべきかについて議論する。第2部の最初の章では，一般的な変化の理論と，それをどのように文化に応用すべきかを議論する。この章は特に重要である。続く3つの章では，組織の異なる発達段階において，文化とどのように向き合うかを議論する。最後に，多文化グループに潜む極めて新しい問題について議論を進めたい。これは，異なる文化出身のメンバーたちが新しいプロジェクトを立ち上げる際，それぞれの仮定を，事実上ゼロの状態から最大限に融合させなければならない状況に置かれた場合に生じる問題である。これは，現在のところ，地図さえない新しい領域であるが，どのように文化を融合させるかについて，いくつかの原則が現れ始めていることも事実である。

謝辞

　私のクライアントの皆様に最大の感謝の言葉を贈りたいと思う。クライアントの皆様は大変興味深く，また，挑戦しがいのある文化というパズルを絶えず与えてくださっただけでなく，本書で紹介したように，重要なダイナミクスを見せる文化を進化させ，変化させる努力を続けてくださった。可能なかぎり，クライアントの皆様のご芳名を記述したが，守秘義務のあるプロジェクトについては匿名を使わせていただいた。

　また，ジョジィ・バース社の編集スタッフが提供してくれた，初版に関する思慮深く詳細な書評にも大変感謝している。ジョーン・ギャロス氏にも特別に感謝したい。ギャロス氏は私の書評担当者として活動してくださったうえ，書評自体の複雑さを解明してくれるガイドとしても大いに活躍してくれたのである。

エドガー・シャイン
アメリカ合衆国マサチューセッツ州ケンブリッジにて
2009年1月

日本語版への序文

　『企業文化［改訂版］：ダイバーシティと文化の仕組み』を日本の読者の皆様にご紹介できることを非常に嬉しく思います。本書は私の同僚である尾川丈一博士により翻訳されたものです。尾川博士とは，私が提唱したプロセス・コンサルテーションの理論とユングやフロイトの理論とを統合させるという画期的なプロジェクト（1996年）の際に初めてお目にかかりました。それ以後，5年間（2001-2006年）に渡り，年に1，2回の割合で研究会を共同開催し，その研究成果を *Organizational Therapy* という書物にまとめました。日本語版である『組織セラピー』（白桃書房，2014）は，尾川博士，稲葉祐之博士，それに木村琢磨博士に翻訳していただきました。

　私たちはお互いから多くのことを学びました。尾川博士からは，あるアイデアを1つの文化から別の文化へと伝える際に生じる問題について，多くを学ぶことができました。そのため，組織文化に関する私の著作を翻訳する際には，日本文化を深く理解するとともに，数十年間の長きに渡り共同研究を行うことで私の著作のニュアンスや欧米文化を熟知しておられる尾川博士にお引き受けていただくことは極めて重要なことでありました。

　尾川博士はまた，故稲葉元吉横浜国立大学名誉教授とも一緒に研究をされてきました。私は，1972年ならびに1986年，MITで故稲葉名誉教授と一緒に研究を行いました。故稲葉名誉教授が帰国されてからは，組織心理や組織文化に関する私の著作，『プロセス・コンサルテーション［第2版］』（共訳者：稲葉祐之博士，産業能率大学），『プロセス・コンサルテーション［改定版］』（共訳者：尾川丈一博士，白桃書房，2012），『DECの興亡』（共訳者：尾川丈一博士，亀田ブックサービス，2007）を日本語に翻訳していただきました。また，『企業文化：生き残りの指針』（白桃書房，2004）では，尾川博士のご尽力により，金井壽宏博士とも翻訳を進めることができました。

家内と私は講演旅行として，4回の来日を実現させることができました。2000年の講演は神戸大学の金井壽宏教授にご招待いただいたものです。金井博士は1989年にMITスローン校でPh.Dを取得され，その後，神戸大学の教授としてご活躍されています。2006年には日本キャリアカウンセリング協会からのご招待で，キャリア・アンカーに関する講演を行いました。いずれの来日の際にも，大変光栄なことに故稲葉名誉教授ご夫妻と尾川博士から手厚い歓迎を受けました。尾川博士には現在も，私の著作を日本の経営学界や企業家に向けて紹介していただいております。皆様のご尽力に感謝いたします。

エドガー・H・シャイン
MIT スローン校
経営学部名誉教授

第1部

文化の仕組みと中身

　文化を扱うには，まず，文化とは何か，文化に含まれるものとは何か，文化にアクセスするにはどうすれば良いかを理解しなければならない。このような概念を簡略化し過ぎるのは大変危険である。現実には文化の表面的な部分をなぞっただけなのに，自分は文化を管理しているのだという幻想に浸ってしまいかねないからだ。そうなると，目的とする組織改革を達成することなどできはしない。

第 1 章

なぜ，悩むのか？

　文化を理解することは，なぜ重要なのか。第 1 章では，文化が問題となる様々な状況の概要を述べる。第 1 に，文化とリーダーシップとは 1 枚のコインの表と裏の関係にあり，どちらか一方が理解できなければ，もう片方を理解することもできないのである。次に，組織という文化単位は，共通の業務内容と歴史をベースにした強力なサブカルチャーを内包しているということを理解する必要がある。また組織は，より広義での文化的単位の中に存在していることも認識しなくてはならない。このことは，今日のグローバル社会では極めて重要となる。なぜなら，合併や吸収，ジョイント・ベンチャーや特別プロジェクトは，多文化的事業体により行われることが多く，そこでは文化の壁を越えて働くことができなければならないからだ。最後に，文化の問題は，スタートアップ期，中年期，老舗期等の組織の発展段階によっても異なることを理解する必要があるだろう。

リーダーシップと文化は表裏一体である

　文化は個人である私たちの内側に存在するだけでなく，隠れた原動力となって，私たちの組織内外での行動にも多くの影響を与える。私たちは，国家，職業，組織，共同体，家族，そして社会グループのメンバーである。これらの文化の 1 つ 1 つが私たちの一部となり，私たちに影響を与えている。新しい社会状況においては，自覚の有無にかかわらず，誰もが「リーダー」として機能している。そして，現在の文化の一部として行動することで文化を強化しているだけでなく，新しい文化要素を創造し始めているのだ。このような文化の創造，再現，強化における相互作用により，文化とリーダーシップは相互依存の関係となっている。

文化とリーダーシップの相互作用を考慮していなかったり，議論の対象となっている組織が発達のどの段階にあるかを定義できていなかったりすると，文化とリーダーシップの意味するところも分からない。文化のリーダーが組織を設立した起業家である場合，その起業家には自分の信条や価値観や仮定を従業員に示し，文化の創造プロセスを始める機会が与えられる。その新しい組織が成功を収めると，その文化的要素は共有され，その組織特有の文化として存続していく。そこで「リーダーシップ」とみなされているものは，創設者が広めた価値観などの反映である。そしてそれが，その組織においての適切なリーダーシップとして定義されることになる。押しの強いワンマン社長が創設し成功を収めた組織では，ワンマンなリーダーシップのスタイルが会社経営のための「正しい」方法と解釈され，全員参加型の民主的な手法で成功を収めた組織では，民主的なリーダーシップのスタイルが「正しい」方法と解釈される。リーダーシップを定義するのが難しい理由として，実に多くの「正しい」スタイルが存在することが挙げられるだろう。それぞれの「正しい」スタイルは，世の中に実在する多くの成功した組織の方法を反映しており，そこにはそれぞれの文化が存在するのである。

新しいリーダーが既存の組織を引き継ぐ場合，どのようなリーダーシップを期待し，受け入れるかを，既存の文化が定義していることに気づくだろう。それらは過去の経緯や前任者の信条や価値観，仮定により形作られている。これは，政府高官が政府機関を引き継ぐ際にも，新しいCEOがビジネスを引き継ぐ際にも，新しい牧師が教会を引き継ぐ際にも当てはまる。新しいリーダーが組織内から選ばれる場合，リーダーは対処しなければならない文化的問題を容易に理解することができる。しかし，新しいリーダーが組織の外から選ばれる場合，リーダーは以下に示す選択肢の中から，自分の方針を選択する必要に迫られる。

1．既存の文化を破壊する

既存の文化の主な体現者（多くの場合，取締役会のトップに君臨する2,3人）を排除し，残った従業員に新しい行動規範を独裁的に押しつけることで，新しいリーダーの信条や価値観，仮定を実践に移す。この選択をし

た場合，必要不可欠な知識やスキル，「ノウハウ」も同様に失われ，組織の業績が低下するというリスクを伴う。

2．既存の文化と闘う

　組織の既存メンバーに新しいリーダーの信条や価値観，仮定を押し付ける。この選択をした場合，組織は表面的には新しいリーダーの方法を受け入れながらも，リーダーがやがては排除されることを「待つ」作戦に出る恐れがある。このシナリオでは，新しいリーダーが並外れたカリスマ性を持っていない限り，古い文化が「勝利を収める」ことが多い。

3．既存の文化に従う

　新しいリーダーが自分の信条や価値観，仮定をあきらめる。この選択をした場合，既存の文化的要素が時代遅れでうまくいかなくなっており，現実には変化させる必要がある場合でも，既存の文化の全ての要素が存続されてしまうというリスクを伴う。

4．文化を進化させる

　仕事のやり方を十分に理解するまでは既存の文化を踏襲するが，頃合いを見計らって，異なる信条や価値観，仮定に基づいた新しいルールや行動を実行させる。この方法は，多くのリーダーや組織において望ましい選択肢であり，「文化の変革」とは何かということの真髄を表している。政府機関や昔からある産業のように歴史があり確立されている組織においては，文化を進化させることだけが有効な選択肢となる。このような進化の基礎となる文化のダイナミクスは，文化の管理者であるリーダーが学ばなければならないことの真髄であり，本書の中心となるテーマでもある。

サブカルチャー

　組織は成長し成熟するにつれ，全体的な文化を発展させる一方で，業務内容や各製造ライン，職種や勤務地，序列における各階層をベースにしたサブカルチャーによって細分化されていく。このため，文化を進化させるリーダーの役割は極めて複雑なものとなる。組織によっては，サブカルチャーは組織全体の文化と同等か，あるいは，それ以上に強力な存在となる。リ

ダーは，組織が成長する過程で自らを細分化させたということの文化的な重要性を理解するだけでなく，そもそもサブカルチャーは共通の企業目的を達成する過程で構築されたことを肝に銘じて，様々なサブカルチャーを連携させていかなければならない。

多くのサブカルチャーをうまく連携させることが，21世紀の企業にとっては特に重要となる。その理由は以下のとおりである。

- 合併や吸収，ジョイント・ベンチャーにおいては，サブカルチャーが組織全体の文化となるため，それらを融合し，連携させなければならない。
- グローバリゼーションにより，国籍や言語，民族をベースとした多様な文化を内包する組織単位ができる。
- 技術の複雑化により，さらに多くの「成熟した」職務上のサブカルチャーが生まれるため，それを考慮せずに，全体の仕事の流れを設計することはできない（技術の複雑化により，財務やマーケティング，R&Dのような機能単位はさらに専門化され，より専門的なメンバーがそれぞれの職務に集められるようになる）。
- 情報技術（IT）により，いつ，どこで，誰が，仕事を行うかという構造的な選択肢が飛躍的に増加した（文化は，同じ職場で働く従業員間の相互作用で成長することが多いが，コンピュータで繋がっているものの，実際には顔を合わせることのない従業員同士のネットワークからは，どのようなサブカルチャーが生まれるのか，という点も考えなければならない）。

上記のような文化やサブカルチャーの問題は，組織が機能する全ての局面に影響を与える。そのため，リーダーは文化から生じる強力な力を理解し，文化の力を組織の使命やゴールと確実に一致させられるよう，文化の力を管理しなければならない。サブカルチャーのダイナミクスが重要になるにつれ，リーダーの役割も大きくなる。CEO（最高経営責任者）や重役が，「企業文化」に関心を持ち管理するだけでは十分とは言えないのだ。組織内の全てのレベルのリーダーが，組織内の自分の領域において，サブカルチャーを創造

し、管理し、進化させる役割を担っていることを認識しなければならない。例えば、労働組合のリーダーは、組合の文化を理解し、管理し、進化させるだけではなく、サブカルチャーとしての労働組合が、全体の組織文化と足並みを揃えていることを確実にしていかなければならないのである。

　ここまでをまとめてみよう。文化的な起源、進化、変化を考えることなく、リーダーシップを理解することはできない。同様に、組織内の全てのレベルのリーダー、全ての職能のリーダーのふるまいが、組織全体のシステム機能にいかに影響を与えるかを考えずに、組織文化やサブカルチャーを理解することはできない。組織がうまく機能するかは、既存のサブカルチャーがいかにうまく相互連携できるかにかかっている。そのため、サブカルチャーのダイナミクスを理解し管理することは、リーダーにとって極めて重要になるのである。

リーダーシップと文化の相互作用の事例

　何年も前のことであるが、アタリ社がコンピュータゲームの開発で優位に立っていた頃、あるCEOが新たに任命された。このCEOにはマーケティング分野での実務経験があった。彼は自分の文化的な背景から、会社を経営することとは、従業員たちに個別に特別ボーナスを与え、良いキャリアを歩ませること、と考えていた。しかし、実際の現場を見たCEOは大変失望した。きちんと組織立っていない技術者やプログラマーたちの集団を目の当たりにしたのだ。技術者やプログラマーの仕事は一見したところ非常に統制を欠いており、誰がどのような功績を上げたのかさえ分からず、誰に特別ボーナスを出してよいのか見当もつかない状態だった。だが、新しいCEOは「このような雑然とした状態をきれいに整頓することなど朝飯前だ！」と考えてしまった。彼は個人主義的に各人の責任を明確にし、「月間最優秀技術者」を始めとした競争に基づいた報酬制度を作った。しかし、その結果、組織は停滞し、最も優秀な技術者たちは次々に会社を去っていってしまった。

　このCEOは善意から新しい制度を作ったのだが、この企業が進化の過程で学んできた、「ゲーム開発するという創造的なプロセスでは、ゲーム開発

者が互いの独創力を刺激し合うことができ，組織化されていない共同体のような風土が中核にあるべきだ」ということには，全く気づかなかった。しかし，ヒットしたゲームは，グループが一丸となって作り上げた製品だったのである。技術者たちは，互いにざっくばらんに交流し合ってこそ，アイデアが実を結ぶと，認識していた。だから，実際に誰がどのような功績を上げたのかは，誰にも思い出すことはできないのである。しかし，個人に特別ボーナスを与える新しいシステムでは，CEOが選んだ「月間最優秀技術者」が功績以上の報酬を独占することになった。グループ内には競い合う雰囲気が生まれ，楽しみや創造性は姿を消してしまった。このCEOは自分が飛び込んだ組織文化の，最も重要な要素を理解していなかったのだ。そのため文化の重要な要素が機能しなくなるような決断を下してしまったのである。

　デジタル・イクイップメント（DEC）社の話は，本書でも全般にわたって詳しく述べていくが，文化がどれほど重要な意味を持つかをご理解いただくため，まずは次のことを述べておきたい。DEC社を非常に短期間に大企業にしたのはまさにDEC社の文化であったが，企業の規模が大きくなり，市場の条件や技術が変化するにつれて，その文化がうまく機能しなくなってしまった[1]。ケン・オルセンはリーダーとして，全く新しいコンピュータのスタイルを構築する職務を通じて，全ての従業員が組織の成長と成功に責任を持つという，素晴らしい文化を作り上げた。また，DEC社は業界で初めて，誰もがDEC社のコンピュータとオンラインでつながることができるという偉業を達成したのである。

　オルセン氏のリーダーシップにより，DEC社は1980年代の半ばに，業界第2位のコンピュータ企業に成長した。快進撃を続けるDEC社は，いかに従業員に「権利委譲(エンパワー)」し，イノベーションを通じて企業を興すかを示す良いモデルとなった。しかし，1980年代は技術の進歩と市場からの圧力により，コンピュータが汎用製品へと変化した時期でもあり，DEC社のイノベーションを重視する文化は次第に，技術的，経済的環境の変化の波に乗ることができなくなっていった。DEC社はコンパック社に売却され，ついにはヒューレット・パッカード（HP）社に吸収されるに至った。これは，リーダーシッ

プの失敗だったのだろうか？　それとも，文化の力が強すぎて，たとえ経済的にうまくいかなくなろうとも，受け入れ得るリーダーシップを制限し続けてしまった結果だろうか？

　さて，次の例は大きな組織において文化が実質的な変化を遂げるまでには，どれくらいの時間が掛かるかを示すものである。1950年代，プロクター＆ギャンブル（P&G）社は，生産システムのコスト削減に取りかかった。先見の明のあった製造部門の管理職は，工場をどのように組織すれば生産性と労働者の満足度の両方を上げることができるかについて変革担当チームを任命して調査させた[2]。ダグラス・マグレガーやリチャード・ベックハードらの組織開発（OD）コンサルタントの助けも借りて，次のような工場の概念ができあがった。職務の専門性や階層的な地位，管理職の人数よりも，多能化や職務トレードを重視する労働者参加と報酬システムによる工場という概念である。つまり，工場自体を生産者と顧客を持つ事業の場とみて，責任を持ってその事業を運営していくということだ。市場の要求に応じてこの概念を達成するには，企業文化のいくつかの要素を変更する必要があった。なかでも重要なことは，組合文化の主要な要素を変革する必要があったということである。労働者は，誰が何をするべき，という明確なルールを規定するのではなく，皆が多能工となって互いに助け合いながら仕事ができるようにならねばならなかった。

　この新しい概念がいかに素晴らしいものであっても，労働組合からも，P&G社の従来型の経営方針からも理解を得られないことは，変革担当チームにもよく分かっていた。そこで，チームは新しい工場の設立から始めなければならなかった。独自に工場長を雇い，工場を自主管理すべき事業の場と捉える新しい概念を教えなければならなかった。やがて，このような新しい信条を体現化するリーダーが見つかり，「オーガスタ」工場が誕生した。「オーガスタ」工場は大いに成功を収めたのだが，この成功を組織に浸透させるためには，他の新設工場（および以前からの組合組織のある工場）の工場長内定者にも，この新しいシステムを研修として学んでもらい，システムを確実に理解してもらうようにしなくてはならないと変革担当チームは判断した。新しい経営システムを新旧の工場に組み入れるためには，新しい考えを

身に付けた新しいタイプのリーダーを養成する必要があると考えたのである。

　その後，数年間に渡って，多くの新しい工場ができたが，どの工場にもオーガスタ工場で研修した者が工場長に任命された。新しいやり方はうまくいき，生産性と積極的参加を礎とした新しい文化ができあがっていった。しかし，組合組織がある工場では相変わらず問題が起きていた。このような工場では，長年に渡り，労働者と経営側が互いに対立する文化が確立されていたからだ。そこで，年配で物のよく分かっている，元オーガスタ工場長を数人，このような工場に派遣し，「文化を変革する」ことを始めた。もっともその当時は「文化を変革する」という言葉は使われなかったが。各工場には，管理職以外の従業員の中から抜擢された「組織開発（OD）」部長を置き，工場長直属とした。彼らは組合の文化をよく理解していたため，チェンジ・エージェントとして適任だろうということで，組織開発の訓練を受けてもらうことにした。

　このような管理職と一緒に仕事をしていくうちに，問題のありかが鮮明になっていった。組合が経営陣を信頼しない限り，配置転換や多能工育成訓練を前提とする新しい形態の生産システムについて，議論することさえできないのだ。新しいシステムは，労働組合の聖域を侵すものだとさえ思われていた。ある工場では，組合が管理職を信頼し，新しい労働規約について議論を始めるまでに5年かかった。組合が新しいシステムを受け入れ，それが皆の利益になることを理解するまで，さらにもう数年が必要であった。1990年代の半ば，私はP&G社の組合組織を持つ工場の最後の1つが新しいシステムに移行したことを祝う会に出席した。入念に計画され実行された文化を進化させるプロセスを経て，製造部門での本当の文化変革が達成できたのである。オーガスタ工場の設立から実に15年が経っていた。

　「アクメ保険会社」（仮名）の例は，文化による制約やサブカルチャーの相互作用を分析せずに技術を変革するとどうなるか，という教訓となる良い例である。大手の保険会社であるアクメ社は，オフィスのペーパーレス化を急速に進めることで，競争力を高めようと計画した。近い将来に主要な業務の全てをコンピュータ化しようとしたのである[3]。この変革を達成するために，情報技術（IT）の導入に実績のある有名な管理職を雇い，1年以内に事務

職員の業務をペーパーレスにする,という厳しい目標を立てた。訓練用の教材が開発され,事務職員は新しいシステムを効果的に使用するためのトレーニングを受けた。しかし,この会社が同時に徹底的な生産性向上を図っていたことに,新しいIT部長は気づいていなかった。従業員は情報技術のトレーニングが割り込もうとも,通常業務はやり終えなければならなかった。生産性というサブカルチャーが,ITというサブカルチャーと連携できていなかったのだ。

その結果,トレーニングは就業時間外に半ば上の空の状態で行われていた。また,従業員たちは上司からの報復を恐れて,IT部長にこのことを知らせなかった。その年の終わり,IT部長は,ペーパーレス取引管理システムの導入が完了したと宣言した。しかし,従業員のトレーニングは非常にお粗末であり,紙を使うよりもコンピュータを使った方がずっと時間が掛かってしまっていることに,IT部長は気づいていなかった。このため実際には,ペーパーレス化により生産性が落ち込んでしまった。文化に根づいた厳然とした現実を認識できなかったため,この組織は膨大な費用と労力を無駄にしたうえ,ほとんど何の成果も得られなかったのである。

似たような事例を大手銀行の舞台裏でも垣間見たことがある。その銀行は書類の氾濫を抑えるために会計システムのコンピュータ化を導入した。しかし,従業員のコンピュータ画面上にデータが存在しても,そこからは顧客の問い合わせに対して十分な取引履歴を参照することができなかったため,従業員はコンピュータを信頼することができなかった。そこで,従業員は大量の取引記録を印刷し,必要な場合にはそれを参照していた。IT関連部長がやってきた時には,書類を隠し,コンピュータだけを使っているふりをした。これを技術的な失敗と呼ぶことはできないだろう。実際には,事務職員に影響を及ぼしているサブカルチャーを理解できなかったことによる失敗なのである。

組織にまつわるサブカルチャーの問題は,大きな「アクシデント」が発生した時,顕著となる場合もある。その一例として,1994年にイラクの飛行禁止空域で国連のヘリコプターが撃ち落とされ,26名の国連平和維持隊員が犠牲となった事件を挙げることができるだろう。事件の原因は,陸軍ヘリコプ

ター，飛行禁止空域の警備にあたる空軍兵士，それに，全空域の飛行をモニターすることになっていた空軍AWACSとの間に複数のコミュニケーション・エラーが生じていたからだという説が最有力だ[4]。コミュニケーション・エラーが生じたそもそもの理由として，これらの組織の文化では，物事の優先順位が異なっていたことが挙げられている。そのため，各々の組織が使用するコミュニケーション・システムが次第に疎遠になってしまっていた。NASAの事故でも同様の問題が生じている。エンジニアリング部門のサブカルチャーを持つメンバー達が，Oリングが低温で欠落する可能性を再三に渡り強く主張していたのだが，NASAがチャレンジャー号の発射をキャンセルすることはなかった[5]。

　サブカルチャーの問題は，吸収，合併，ジョイント・ベンチャーを行う際にも重要な要素となってきている。独自の文化的背景を持った組織同士が合併したり，買収を試みたり，様々な提携およびジョイント・ベンチャーを行う場合，文化の問題は，はっきりと浮き彫りになる。しかし，新しい組織が誕生する前には，文化の問題は往々にして無視される。驚くべきことに，「両方の文化から良いものを吸収する」という美辞麗句まで飛び出す。だが，多くの場合，それが実現することはない。なぜなら，それぞれのサブカルチャーは変わることなく，それぞれがそれぞれのやり方を踏襲し続けるからである。

　最近のことだが，私はノバルティス・ファーマ社の重役と話す機会に恵まれた。ノバルティス社は，サンドス社とチバ・ガイギー社という2つのスイスの化学/製薬会社が合併してできた企業だ。私は1970年代にチバ・ガイギー社と仕事をしていたので，この合併を聞いた時には，ずいぶんと驚いた。両社は当時，激しくしのぎを削っていたからだ。ノバルティス社の重役に「合併はうまくいっているのでしょうか」と質問すると，彼は「親会社の間ではうまくいっているが，チバ社出身者とガイギー社出身者は未だにうまくいっていない」とこぼした。これは，1971年にチバ社とガイギー社が合併した際，異なる職務サブカルチャーを反映する異なる技術を融合してしまったことが原因となっているようだ。一方，ノバルティス社の合併は，類似した技術を有する類似した2つの製薬会社の合併であった。

この事例では，それぞれの職務はそれぞれの文化を反映しているということを理解することが最も重要である。異なる職務においては異なる教育と訓練を受けることになる。企業はこの問題に気づくと，研究開発部門を地理的に離れた場所に配置することで解決しようとしたりする。最近では，財務，マーケティング，エンジニアリング，製造等の各部門は，それぞれ異なるサブカルチャーを形成していることも理解されている。サブカルチャーが異なるのは，従業員たちが異なる職業的背景を持っているからである。そのため，サブカルチャーを理解するには，問題となるグループを形成する人々の背景を検証することから始めなければならない。

合併後の文化のタイプ

　2つ以上の文化が統合される場合，文化は，**分離**，**支配**，**融合**，**対立**という4つのタイプに変化する可能性がある[6]。

分離

　最初の可能性として，文化が分離したままの状態が考えられる。子会社がその独自のアイデンティティを確保したまま存続している複合企業などがその例である。私は数年前，スウェーデン政府から，あるワークショップの運営を任されたことがあった。そのワークショップにはスウェーデン国営企業の上級経営幹部らが集まり，様々な産業をまたぐ「共通の文化」を創出すべく努力を始めるべきかどうかを議論していた。造船業，鉱業，ミネラルウォーターなどの各産業に特有な要素について長々と議論した結果，共通の文化という発想は悪いだけでなく，実現不可能であることが明らかになった。各産業の上級経営幹部を「企業内資産」と見なし，いずれの産業からの要請にも応じられるようにしておくべきだ，という点においては参加者の意見は一致した。しかし，成功を収めている企業からそのような上級経営幹部を引き抜いてしまうのは危険であるという判断に至ったのである。

　各文化が連携して働いていないことが分かっている場合，分離は有効な選択肢となる。企業の所有者たちが限定的な財務上のつながりの範囲内に収めている場合，分離は容易である。しかし親会社が異なる文化を持っているに

もかかわらず，パートナーシップやジョイント・ベンチャーを行う場合，分離は極めて困難となる。

支配

　2番目の可能性として，1つの文化がもう1つの文化を支配してしまうことが考えられる。ある会社が他社を買収した場合，支配は明確となる。インテル社がDEC社から半導体工場を買い取った際，新しい経営陣が工場をインテル社のやり方で操業すると宣言したことは，これにぴったりの例だろう。ヒューレット・パッカード（HP）社がアポロ社を買収した時も，HP社はアポロ社の従業員に「ヒューレット・パッカードのやり方」を採用するよう，強制的に訓練した。これはHP社のパロアルト工場のエンジニアから聞いた話だが，彼らはHP社のやり方では人々は互いに協力しあい，グループの会合で合意に達することが求められていると教えられたそうだ。もしも，強い反対意見を述べた場合，後から上司に呼ばれて「協調性がない」と注意されるそうである。その話を聞いた数カ月後，私はマサチューセッツのアポロ社を訪ね，そこで働いていた女性にインタビューを行い，彼女が新しいやり方をどう感じているか質問した。彼女は「職場はまずまずですよ」と答えたが「率直にものを言ったり自分の思いを伝えたりすることはできない」とこぼした。「もし，自分の意見を主張したらどうなりますか？」と彼女に質問すると，彼女はまさしくこう答えた。「上司に呼ばれて，協調性がないと言われます!!!」と。

　いわゆる対等合併の場合はこれほど押しつけがましくないと言えるだろうか。それとも，それぞれの文化の良いところを取り入れるという建前はあるが，対等合併と言っても実際には全てが対抗的な買収なのだろうか。私の経験則から言うと，対等合併といえども，常にどちらか一方の文化が支配的になっているのが現実である。しかし，この現実は，美辞麗句に隠されてしばらくの間は目に付くことはない。

融合

　文化を融合，あるいは，統合することは本当にできるのだろうか？　融合，

つまり両方の文化から最良のものを取り入れていくことは、通常好ましい成果であると言われている。ただし、実際の融合は、もっと複雑で、疑問の余地の残るものである。融合のある段階で、新しい価値体系ができあがり、それがこれまでの価値体系に覆いかぶさり、いろいろな文化の単位がその価値体系を受け入れていく。後の章で見ていくように、このような作用が生じるのは、ある条件下においてのみである。融合の別の段階では、新しい組織は、これまでの様々なシステムやシステム同士のやりとりの手順、世間で「最良の方法」であるとされているやり方などを基準として、それらを統合して新しい組織に適応する手順を作り出したり、それを標準化しようとしたりする。一方の親会社から会計システムを取り入れ、もう一方の親会社からは人事制度を取り入れた、などという話はよく聞く。

　力関係のバランスを取り、対等合併のイメージを維持するために、一方の企業から会長を迎え、もう一方から社長を迎えることもよくあることだ。またシステムの継続が宣言され、たすきがけの人事を採用したりもする。これらの動きによって、対等合併の公のイメージは維持されるが、文化が実際に融合しシステムの標準化が達成されたわけではない。現実には、新しい組織では変化への抵抗というものが往々にして見られる。これはほとんどの場合、手順決定を行う際に文化の問題が全く無視されてしまったために生じる問題である。ある合併では、一方の会社は非常に高い給料を支払っているものの、ストックオプション（自社株購入権）やその他の形態の黄金の手錠（訳注 転職防止策）には強い抵抗があった。この会社は、終身雇用を保証せず、また従業員の忠誠心も期待すべきでない、という強い信念を持っていた。ところが、もう一方の会社は、従業員は長期に及ぶ人的資源として育成しなければならないという信念の下で発展してきた。そのため、給料は低いが、多額のストックオプションとボーナスシステムを維持していた。この２つの考えを融合させることなどできはしない。どちらか一方の価値観が勝ち残るしかないのだ。

　別々のサブカルチャーが共同して立ち向かわねばならない新しい共通の問題に直面した時に、文化の融合が達成されることも多い。異なったサブカルチャーのメンバー同士が相互に作用しながら働かなければならない状況下で

は，お互いに注意を払い，お互いの違いを理解し，両方の文化の長所を取り入れた新しい方法を創造することができる。

　融合は最も望ましい結果を導く。しかし，異なる文化を有する複数の企業によるジョイント・ベンチャー，特に親会社の国籍が異なっていて，双方が対等な所有権を持つジョイント・ベンチャーに関する研究では，最初から融合に成功した例はほとんど存在しない。ジョイント・ベンチャーの場合，真の協力が必要となる危機に遭遇した場合ぐらいしか，融合に成功した事例がない[7]。

衝突や抵抗，「反体制文化」

　全てのサブカルチャーが，企業の使命や企業文化に合致しているわけではない。このことは，労働組合が破壊的な行動を起こす際に顕著となる。このような組合の目的は，企業本社の思惑とは全くかけ離れたものであり，経営陣にしてみれば，会社を倒産の危機に追い込み，自分たちの仕事を危険にさらすような行為である。しかし，程度の差はあれ，どの組織にも，企業文化のいくつかの要素に反するサブカルチャーは存在する。時には，そのようなサブカルチャーに刺激を受け，内部で革命が起きることもある。軍部による政府の乗っ取りもこのような例に含まれる。

　対立が「パワーゲーム」や「政治的駆け引き」と受け取られる場合もある。エンジニア部門と製造部門が対立する場合や，マーケティング部門と財務部門が対立する場合などがこれに当てはまる。しかし，この構造で見落とされがちな重要な事実は，対立しているのは個々のマネジャー同士ではなく，異なる視点を持つサブカルチャー同士だということだ。上級管理職同士が同意に達したとしても，各サブカルチャーの個々のメンバーが，互いに理解し合い，同意した内容を実行してくれるという保証はないのである。

組織の発達段階による文化の問題

　組織の発達段階に応じて，文化の重要性も変わってくる。スタートアップから間もない成長期にある会社は，成功の基盤にあると考える文化を安定さ

せ，さらに発展させていこうとする。文化が組織のアイデンティティの源泉であるため，その文化に必要以上にしがみつくことになる。これは思春期を迎えた若者が，芽生え始めたアイデンティティにしがみつくのと同じである。創設から日の浅い組織は，当然のことながら，創業者の支配下にある。そのため，文化も創業者の信念や価値観をかなりの面で反映したものとなる。事業が成功するにつれ，そのような信念や価値は，組織全体に広く受け入れられるようになる。それにより，文化的要素のいずれかに疑問を投げかけるということは，その組織の創業者や所有者に挑戦的な態度を取るに等しい行為であることを認識しておかねばならない。そのような文化的要素は聖域となり，変更することが難しい。後の章で述べるように，この段階での文化の「変化」とは，文化的な要素を進化させたり強化させたりするべきかどうか，という問題なのである。

　通常の場合，中年期にある企業とは，株主の利益を代表する外部取締役による取締役会が任命した専門経営者が2代以上続いている組織，と定義することができる。そのような組織は，職務，製品，市場，地理的要因に基づいて複数の事業部に分けられていることが多い。そのため，各々の組織単位は独自のサブカルチャーを持つに至っている。中年期にある組織の文化の問題には，次の3つの要素があげられる。

1. 組織の成功に関連していて，引き続き環境に適応可能な文化的な要素を，いかに維持するか
2. 多様なサブカルチャーをいかにして統合，融合，あるいは少なくとも連携させていくか
3. 外部の環境条件が変化するにつれて機能しなくなってしまった文化的な要素をいかにして見つけ出し，変化させるか

このような成熟した企業においては，組織の全ての部門を反映する企業文化が存在する。また，職務や製品，マーケットや地理的要因を反映した沢山のサブカルチャーも存在する。そのため，文化を総合的に評価することは非常にやっかいな仕事になる。様々な要素と切り口が，文化の中に多数存在し

ているからである。しかし，後に述べるように，組織が戦略やビジネスのプロセスを変更する場合，文化の長所と短所を見極めることは大変重要になる。文化を的確に捉えることができれば，現在の文化やサブカルチャーが，目指すべき変化を助けるのか，あるいは妨げるのかを見極め，ビジネスを変化へと導くことができる。

　企業が成長するにつれて，企業の文化的要素や企業文化と不均衡なサブカルチャーは，組織の存続を握る重要問題となり得る。特に，技術や市場の現状，財務状況が著しく変化した場合には，極めて重要な要素となる。企業文化の中核をなす要素が，学習し変化していくプロセスを妨げる重大な阻害要因となってしまうのだ。組織は，成功をもたらしてくれたものには何であれしがみつく。そのため，成功をもたらした文化そのものが，新たな対応を求める環境の変化を見落とす要因となってしまうのである。つまり，文化がビジネス戦略の阻害要因となってしまうのだ。

　商業用旅客機販売の戦略に失敗し，倒産しかけたことのある航空会社が，防衛産業で大いに成功を収めたことがあった。その後，商業用旅客機販売の機運が新たに盛り上がったのだが，取締役会や上級管理職たちは商業目的の事業に戻ることを一顧だにしなかった。数十年前に倒産しかけた時の記憶があまりに強烈だったからである。

　老舗企業における文化の問題とは，多くの場合，深刻な経済的損失を回避し，時間的な重圧のもとで，大規模な転換をいかに図るかという点に尽きる。転換のプロセスは，基本的には中年期にある健全な企業と同じであるが，時間的な制約や必要とされる変革の度合いを考慮すると，抜本的な方策（大抵の場合，このような方策は「再生」と呼ばれる）を急がねばならないだろう。これまで価値があるとされてきたことを速やかに学習棄却（アンラーニング）し，捨て去っていくことは，多くの従業員にとって非常に困難なことである。強烈に「変化に抵抗」する従業員は，組織を去るか，組織が彼らを排除するかしかない。変化をもたらす試みが失敗すれば，企業は倒産することになる。そしてまた最初からやり直しである。新しい経営者のもとで新しい文化を作り上げるか，あるいは，買収されて新しい文化を押しつけられることになる。

文化の進化と変革については，後の章で述べる。

文化はどこにあるのか？

　文化はグループの所有物である。集団が共通の経験を十分な量だけ積めば，必ず文化が形成される。小さなチーム，家族，作業グループ内にも文化は存在する。部門，職務グループ，その他の組織単位のレベルでも，共通の職業を核とした共通の経験があれば文化が形成される。階層のあらゆるレベルにおいて文化が見られるのだ。十分な歴史を共有してきたのであれば，組織全体のレベルにおいても文化は存在する。その産業全体のレベルにさえ，文化は存在するのだ。その産業に携わる全ての人々に，共通の職業的背景があるからである。最終的には，地域あるいは国というレベルにおいても文化が存在する。共通の言語，民族的背景，宗教，共通の体験があるからだ。

　つまり，あなたという個人は多文化を体現する存在であり，状況に応じて異なる文化的な態度を示すことができる存在なのである。しかし，もし人生の大半を特定の職業や組織で過ごすならば，その職業，組織に属する他の人々と共有する文化に染まることになる。そのような文化は暗黙の仮定となり，もはやそれを意識することもなくなってしまう。文化が強固であるのは，このように無意識に人を支配する特性による。人は，誰かが文化に挑戦したり，異なる文化的背景を持つ人に傷つけられたりして初めて，自分が文化的な偏りを身につけていることに気づくのである。

結論

　文化は重要である。なぜなら，文化は，個人や集団としての行動，認識の方法，思考パターン，価値観を決定するエネルギーの源となるからだ。文化は強烈でありながら，潜在的で意識されない場合が多い。とりわけ，組織にとって，文化は大きな問題となる。組織の文化的要素が，経営戦略，目標，業務方針を支配してしまうからだ。

　リーダーと上級管理職らの価値観や思考パターンは，彼ら自身の文化的背

景と彼らが共有する文化の体系にコントロールされている。組織をより効率的で効果的なものに変えようと思うなら，まずは，文化が組織の誕生以来果たしてきた役割を理解しなければならない。リーダーシップをより効果的に機能させたいのであれば，リーダーには文化を創造し，発展させ，管理するという特別な役割があるということを，リーダーたち自身に自覚してもらわなければならない。

　さて，広義における文化の議論はここまでとしよう。次章からは，文化をいかに定義すべきか，文化をどのように評価すればよいのか，また，文化を進化させるにはどうすればよいか，という問題について考察していく。

読者の皆さんへの質問

　文化について考える第一歩として，まずは皆さんの個性に影響を与えている文化について考えてみましょう。

・皆さんの家族，民族，国家，学歴を振り返ってみてください。皆さんの現在の価値観や物事のやり方に最も大きな影響を与えている要素は，何ですか？
・皆さんが現在，公式に，あるいは非公式に所属しているグループを考えてみてください。皆さんにとって最も重要な規範や価値観は何ですか？
・皆さんの職場，その歴史，伝統について考えてみてください。それらが皆さんの価値観や物事のやり方に，どのような影響を与えていますか？

第2章

文化とはいったい何か？

文化の3つのレベル

　文化を理解しようとするあまり，文化を頭の中で簡略化しすぎてしまうことは最も危険な罠である。また，文化とは「この会社でのものごとのやり方である」とか「当社の儀礼，儀式である」とか「社風」，「報酬システム」，「基本的な価値観」などと簡単に言ってしまいたい誘惑にもかられる。これらは全て文化が表に出てきた例ではあるが，しかし，これら全てが，文化が重要であると考えなければならない段階の文化的事象とは限らない。文化を考える際には，文化には数段階の「レベル」があることを知り，図2.1に示したように，より深いレベルにある文化を理解し，対処しなければならな

図表2.1　文化の3つのレベル

文物（人工物）　　　　　目に見える組織構造および手順（解読が困難）

標榜されている価値観　　戦略，目標，哲学（標榜されている根拠）

背後に潜む基本的仮定　　無意識に当たり前とされている信念，認識，思考および感情（価値観および行動の源泉）

出所：シャイン，1985年

い。文化のレベルは，あからさまに目に見えるものから，決して言葉にされない，見えないものまである。

レベル1：文物（人工物）

　組織に入っていった時に最も容易に観察できるのは，文物（人工物）のレベルである。つまり，歩き回りながら目にし，耳にし，感じることができるものである。レストラン，ホテル，店舗，銀行，自動車のディーラーなどを思い浮かべてみよう。建物や装飾，雰囲気はどのように見え，それをどのように感じるだろうか。人々はあなたに対し，またお互いにどのように接しているだろうか。

　すると，組織が違えばやり方も異なることに気がつくはずだ。例えば，デジタル・イクイップメント（DEC）社では，常にミーティングが開かれており，壁やドアによる仕切りがなく，服装もカジュアルで，至るところに熱気が溢れており，何事にも素早く行動を起こす。別の組織，チバ・ガイギー社では，全てが非常に形式的である。人々は閉ざされたドアの内側にいて，話し声はほとんど聞こえない。服装もきちんとしている。慎重に熟慮した上で，時間をかけて物事を進めているのが見て取れる。あなたが顧客あるいは新入社員であれば，どちらかの組織を好み，どちらかを嫌うだろう。DEC社とチバ・ガイギー社は異なる文化を持っているらしい，と感じるかもしれない。しかし，ここで注意しなければならない。今分かっているのは，それぞれ組織には自分たちを表現しお互いに接し合う際の，それぞれ独特のやり方があるということだけである。それら目に見えるものが何を意味しているかは，まだ分かってはいないのだ。

　文物のレベルでは，文化は非常に明確で，直接感情に訴える。しかし，組織のメンバーがそのような行動を取り，それぞれの組織がそのようになっている理由について理解できたわけではない。歩き回り観察するだけでは，何が起きているかを実際に解読することはできないのである。エジプト文明のピラミットとマヤ文明のピラミットではその存在理由が異なるように，非常に似たものであっても，同じことを意味しているとは限らないのだ。組織内部の人と議論し，自分が見たり感じたりしたことに関して，直接質問をして

確かめなければならない。そうしなければ，文化のより深いレベルに到達することはできないのだ。

レベル2：標榜されている価値観

　新入社員あるいは管理職として，DEC社やチバ・ガイギー社のように全く異なる2つの企業で就職活動をする場面を想像してみよう。入口のロビーが良かったからとか，セキュリティ認証が快適だったからという理由だけで，どちらかの企業を選ぶことは可能だろうか。文物や行動パターンを経験しただけで，その文化について十分知っていることになるのだろうか。それとも，もっと深いレベルで理解すべきだろうか。もっと深いレベルで理解するためには，組織が価値を置く事柄について質問をしてみると良い。つまり，なぜこのようなことをするのかを質問してみるのである。なぜDEC社は開放的なオフィス空間を作るのか？　なぜ，チバ・ガイギー社では皆が閉め切ったドアの中にいるのか？　不思議に思ったり，予想と違っていたりした文物については，とりわけ質問してみなければならない。そのためには，その組織について説明できる内部の人間を見つける必要がある。文化人類学者はこのような人物を「情報提供者（インフォーマント）」と呼び，集団内で何が起こっているかを解読する際には，このような人物との会話が非常に重要であるとしている。

　質問を始めるにあたり，まず最初に理解しておかなければならないことは，どの組織にも，その組織のイメージを作り上げている価値観が存在するということである。図2.1では，このような価値観は「標榜されている価値観」として示されている。DEC社では，チームワークが大切にされており，全ての人の意見を聞き，皆が納得するまで議論を尽くしてから決定しなければ，良い結論は得られない，と聞かされるだろう。そのため，人々がコミュニケーションを取りやすい環境を整えておく必要があるわけだ。また，このような価値観は会社の創業者であるケン・オルセンからきたものだということを聞かされるかもしれない。彼は，オフィスにドアを取りつけることさえ禁じた時期もあったという。DEC社の会合では，自由参加の討論が行われ，しばしば非常に感情的な議論も行われた。さらに，就職活動に行けば，会社の価値観，方針，倫理観，ビジョンを述べた文書やパンフレット，会社案内

などをもらうだろう。そして，これらの文物はその企業の文化であり，基本的価値観を反映していると紹介されるだろう。DEC 社の価値観とは，誠実，チームワーク，顧客本位，品質管理などである。ヒューレット・パッカード社では，全ての新入社員が「HP のやり方」という小冊子を与えられる。

　チバ・ガイギー社では，「慎重に考えなければ良い決定は下せない」と言われるかもしれない。チバ・ガイギー社ではプライバシーを尊重し，行動する前に従業員が十分に物事を考える機会が保証されている。チバ・ガイギー社の事業では，個人が慎重に研究し熟考することが良い結論に至る唯一の道であるため，このようなやり方が必要である，と聞かされるかもしれない。チバ・ガイギー社では，会議は形式的であり，主として上役が決めた決定事項を伝え，部下にやるべきことを説明するのに大半の時間が費やされる。

　チバ・ガイギー社でも，その会社の価値観や方針を説明するいろいろな文物を渡される。しかし，驚くべきことに，チバ・ガイギー社の文物も DEC 社のものと実質的にはほぼ同じ内容なのである。チバ・ガイギー社も，顧客本位であり，チームワークを大切にし，品質，誠実を重んじると書いてある。いったいどうしたことだろうか。同じ価値観を標榜する 2 つの組織が，いったいどうして，全く異なる物理的配置や働き方のスタイルをとることができるのだろうか。また，文物に書かれている価値観と実際に目にする行動が一致していないことにも気がつくかもしれない。例えば，どちらの企業もチームワークに価値観を置いていると言うが，実際にはどちらの企業もかなりの個人主義であり，従業員間の競争も激しく，従業員個人が表彰され報酬を受けるシステムが構築されている。

　新聞や雑誌で文化について多くを読んできたために，これら 2 つの組織を「類型学的に」定義したくなる読者もいるだろう。チバ・ガイギー社は「命令─統制型」の組織であり，DEC 社は個人に権限が与えられ，対等でチームに基づく「ネットワーク型」の組織に見える。一度このように分類してしまうと，過去の経験と価値観からそれぞれに対して感情的な先入観を抱くことになる。しかし，自分で見たことと聞いたこととの矛盾を解消するには，もっと深いレベルの文化を探らなければならない。

　より長期間滞在し，より多くの質問をすると，標榜されている価値観と目

に見える行動との不一致がますます目に付くようになる。例えば，両社とも顧客本位を信奉しているが，どちらもあまり使いやすい製品を生産しているわけでもないし，どちらの社員も礼儀正しくサービス精神旺盛だというわけでもない。

　このような不一致から，より深いレベルの思考や認識によって，顕在的な行動が駆り立てられていることが分かる。組織は，より深いレベルでは，標榜している価値観や方針と一致していたり，していなかったりする可能性があるのだ。文化を理解するなら，より深いレベルで起きていることを解読しなければならない。

レベル3：共有された暗黙の仮定

　より深いレベルを理解するためには，組織の歴史を考慮しなければならない。会社の歴史を振り返ってみよう。創業者たちや会社の業績を上げた主なリーダーの価値観，信念，仮定は何であったのだろうか。組織は数人の個人あるいは小さなチームからスタートする。やがて，彼らが自分たちの信念，価値観，仮定を，雇った人々に植え付けていく。創業者の価値観，仮定が組織の置かれた状況の許容範囲から外れていた場合，その組織は消えていく運命にあり，文化を形成することなど最初からできはしない。例えば，DEC社の創業者であるケン・オルセンは，物事を決定する際には納得するまで徹底的に議論を尽くさねばならず，そういう議論を通して，よく売れる製品とサービスを提供できるという信念を持っていた。彼は人々を惹きつけ，惹きつけられた人々はDEC社に留まり，やがて彼らも同じ信念を持つようになる（人は常に議論を尽くさねばならない，という信念である）。この信念により，市場が要求する製品とサービスを作り続けることができれば，このような信念や価値観が共有され当たり前のこととなっていく。それがDEC社における，物事の本質や成功法則に関する暗黙の仮定となったのだ。そして，DEC社が成功と成長を続けるにつれて，暗黙の仮定も強固なものになっていった。

　DEC社の文化を分析すると，他にも2つの要素があることに気づく。ケン・オルセンはアメリカ人であり，MITのリンカーン研究所で育った電気

技術者である。オルセンがもたらした価値観や仮定は、アメリカ人の価値観、オープンに議論するという研究者の行動規範、電子工学とコンピュータ・デザインという技術の現実によりもたらされたものである。双方向コンピュータで何ができるかまだ誰にも分からない時代、問題を解決するには、独断的な権威主義に頼るのではなく、激しい議論を重ねる方が適していた。また、新しい技術の開発には、実験と従業員間の競争が不可欠であった。

チバ・ガイギー社の創業者はスイス系ドイツ人の化学者で、染料と農薬の研究をしていた。電気工学の世界とは異なり、化学は序列主義の学問である。失敗や間違いは大変危険であり、実験を慎重に行う必要があるからだ。個人の創造的な考えはグループ内の議論では尊重されず、知識や経験の豊富な研究者が尊ばれ、信頼される。効果的に問題を解決できる規律のある組織は、規律や命令を好む人々を惹きつける。人々は組織が成功するにつれて、化学と基礎研究に基づいた効率的な組織を成功させるのは、序列や規律、命令に他ならないと考えるようになる。いずれの場合も、国籍やビジネスの中心となる技術、創業者の性格を理解すれば、文化の本質を「説明」することができる。

言い換えれば、文化の本質とはこのように集団で学習した価値観や信念であり、このやり方ならばうまくいくということが、認められ、譲れないものになったものである。それらは、組織が成功し続けることで、組織内でさらに共有され認められていき、暗黙の仮定になっていく。これらの仮定が、集団として学習することによって生まれたということは、非常に重要で忘れてはならない点である。もともとは、創業者やリーダーの頭の中にしか存在しなかったものが共有され、認められていく。創業者が組織を成功に導いた信念、価値観仮定は、最終的には、新しいメンバーから見ると「正しい」に違いないと考えられるような存在にまでなる。

第1章冒頭の事例を思い出していただきたい。アタリ社の新任のCEOは、製品（コンピュータやビデオゲーム）はグループの努力の賜物だとする暗黙の仮定を理解していなかった。アクメ保険会社でオフィスのペーパーレス化を導入しようとしたIT部長は、通常の業績を終わらせることの方が、職務研修よりも優先され重視されるという、暗黙の仮定を理解していなかった。

つまり，短期的な生産性の目標の方がいつでも長期的な生産性の改善よりも重要視されていることが分かっていなかったのだ。反対に，経営陣が信頼されない限り，組合組織のある工場が新しいやり方を採用することは絶対にあり得ないということを，P&G 社の組織変革担当チームは理解していた。さらに，このような工場の文化は，「経営陣は信頼できない」という仮定のもとに何十年もかかって築き上げられてきたものであることも分かっていた。そこで，彼らはまず，新しい仮定を根付かせ，新しいシステムが実際に組合員の利益となることを示す必要があったのだ。

文化をどのように定義するべきか？

文化とは共有された暗黙の仮定のパターンである。暗黙の仮定とは，外部に適応したり，内部を調整したりといった問題を解決する際に組織が学習した方法である。それらは組織によって承認され，新しいメンバーが組織に加わった際には，問題に気づき，考え，感じるための正しい方法として彼らに伝えられる。

日々の行動を真に支配しているのは，学習され共有された暗黙の仮定である。人々はその仮定を基に現実をこうである，または，こうであるべきと考える。その結果，いわゆる「ここでのやりかた」というものができあがってくるのだ。しかし，組織で働く従業員であっても，自分たちの毎日の行動の根幹をなしている仮定を，誰の助言もなしに復元することはできない。彼らは，こういうやり方をするものだと知っていて，そのやり方でうまくいくことを知っているだけだ。彼らの行動は，暗黙の仮定によって，予想可能で意味あるものとなっている。そのような仮定を知っていれば，なぜ彼らが観察したような行動を取るに至ったかは簡単に理解することができる。しかし，その逆を行うのはとても難しい。行動を観察するだけで，仮定を推測することはできないのである。文化を本当に理解しようとするなら，体系的な観察に加え，暗黙の仮定を明白にするのを手伝ってくれる内部者を見つけなければならない（第 4 章参照）。

文化を定義することの意義

　このような方法で文化を考えることは非常に意味深いことである。1つには，文化は非常に安定的で，変革が困難なものであることが理解できるようになるからだ。成功に至るまでの考え方，感じ方，世の中に対する認識など，グループが学び，蓄積したものを象徴するものが文化だからである。もう1つ，文化の重要な部分は本来目に見えないものであることにも気づくはずだ。さらに深い文化のレベルでは，魚が水を語れないのと同じように，組織のメンバーは，自分たちの文化が何であるかを簡単には説明できない。そのため，従業員の行動を観察したり，標榜される価値観を尋ねたりするだけでは，文化を「測定」，「評価」することはできない。このことを理解することは，極めて重要である。

　さて，読者の皆さんは，組織の目的やおかれている環境の許容範囲を考慮しなければ，正しい文化も間違った文化も存在せず，良い文化も悪い文化も存在しないことに気づき始めているはずだ。一般的には，チームワーク，学習する組織，従業員のエンパワーメントがもてはやされてはいるが，組織がおかれた環境に，これらの「新しい価値観」の基本的仮定が適応していることを証明できない限り，何の説得力も無い主張である。ある市場とある技術に関しては，チームワークと従業員のエンパワーメントが不可欠であり，組織が成功しつづける唯一の方策となり得る。しかし，別の市場と別の環境では，厳しい規律や高度な組織化が，成功の前提条件となる。DEC社の事例が示すように，全ての環境において普遍的に最良で正しい文化など存在しないのである。

　文化を定義するもう1つの意義は，文化は，多様化した段階を結びつける仮定の「パターン」であることを理解できるようになることだ。1つか2つの主要な仮定を基に，DEC社を「ネットワーク型」の文化，チバ・ガイギー社を「命令―統制型」の文化とラベル付けしたくなる気持ちはよく分かる。しかし，以下に示すように，安易にラベル付けしてしまうと，文化を理解するうえで重要となる，他の項目を見落としてしまう。そのため，文化は常に，

多元的なダイアグラムで表記されるべきである。多元的なダイアグラムは，文化の強みと「弱み」を評価する際に特に重要となる。文化のある次元が役に立たなくなってきており，変化が必要だとされた時には，機能的している他の要素をどう維持するか，また，それらが変化のプロセスの助けになるかどうかを，理解しなければならない。

文化の複雑さ：
デジタル・イクイップメント（DEC）社の事例

　DEC 社の文化は2つダイアグラムで表すことができる。以下のダイアグラムは，考慮すべき文化の次元と，それらの相互の関連性を示している（図2.2，図2.3参照）。このようなダイアグラムを使用して，DEC 社の文化を詳細に分析してみると，文化の複雑さそのものが浮き彫りになる。実際に，このようにきめの細かいレベルで，暗黙の仮定を記述できるようになるまで

図表2.2　DEC 社の文化パラダイム（1）

```
┌──────────────────┐         ┌──────────────────────┐
│・徹底的な個人主義│ ←―――→ │・議論を通じて，真実に至る│
│・起業家精神      │         │・他人の意見を抑え込んだり，│
│                  │         │　取り入れたりする    │
└──────────────────┘         └──────────────────────┘
         ↕  ＼           ／          ↕
              ＼       ／
              ┌──────────────┐
              │・技術的イノベーション│
              │・仕事は楽しい│
              └──────────────┘
              ／       ＼
         ↕  ／           ＼          ↕
┌──────────────────┐         ┌──────────────────┐
│・正しいことをする│ ←―――→ │・家長主義的家族  │
│・提案した者が実行する│     │・職の安定性      │
│・個人の責任感    │         │                  │
└──────────────────┘         └──────────────────┘
```

出所：ⒸE. H. シャイン。シャインほか，2003年。

図表2.3　DECの文化パラダイム（2）

```
┌─────────────────────────┐         ┌─────────────────────────┐
│・顧客の問題を解決するという │ ←――→  │・社内の競争              │
│  モラルに基づくコミットメント│        │・市場が勝敗を決める      │
└─────────────────────────┘         └─────────────────────────┘
         ↕        ↘        ┌─────────────────────┐       ↗    ↕
                           │・エンジニアとしての傲慢さ │
                           │・我々は何がベストかを知っている│
                           └─────────────────────┘
         ↕        ↗                                 ↘    ↕
┌─────────────────────────┐         ┌─────────────────────────┐
│・理想主義                │ ←――→   │・中央からのコントロールを維持│
│・善意があり、責任感のある人物な│        │  する                    │
│  ら、問題を解決することができる│       │                         │
└─────────────────────────┘         └─────────────────────────┘
```

出所：©E. H. シャイン。シャインほか，2003年。

には，かなりの長い時間を要した。私がこのように詳細なダイアグラムを示すことができたのは，DEC社のコンサルタントとしての経験が四半世紀以上あるからに他ならない。しかし，後で述べるが，実際にはこのレベルまでの詳細な分析が必要となる事例は多くはない。

　DEC社が操業を始めた当時，DEC社はコンピュータ市場を創出する担い手であった。製造すべき製品は何か，とどのつまり顧客は何を求めているかについて，誰も確信がなかった時代である。DEC社はその基盤として，より深層の文化のレベルにおいて，次のような10項目の仮定を持っていた。

- 従業員が持つ徹底的な個人主義と起業家精神だけが成功の鍵となる。
- 従業員は進んで責任をとるものであり，また責任をとれなければならない。
- イノベーションを作り出す有能な起業家は，「真実」にたどり着くまで，議論を重ねるものである。

- 従業員全員は家族のメンバーである。そのため，職の安定性は保証される。
- 顧客は敬意を持って扱われ，常に真実を知らされるべきである。
- 善意があり，責任感のある人物なら，いかなる問題も解決することができる。
- エンジニアが一番よく知っている（特に初期の顧客は，彼らもまたエンジニアであり技術者であった）。
- 社内のプロジェクト間で競争させ，勝敗は市場に決めさせるのが，優先順位を決める最良の方法である。
- 集権化した家長主義的コントロールを維持することは必須である。

　文化を記述し分析する際，これらの仮定が直接的に他の仮定に関連していることを認識することは重要である。責任ある人間がいなければ，真剣な議論をすることはできないし，家長主義に守られていなければ，議論中に語気を荒げて相手を言い負かすこともできない。失敗した場合には，その従業員が適切な職に就いていなかったためと判断され，配置転換により成功する機会が与えられる。論争の際に，異なった仮定同士が衝突し，どちらの仮定が優先されるかを定義しなければならなくなることもあった。例えば，人々が責任を与えられ実行するという仮定は，集権化したコントロールを維持するという仮定と相容れない可能性がある。DEC社が操業当初の小さな企業であった時代には，これら2つの仮定は共存することができた。しかし，DEC社が歴史を重ねて成長し，強力な自治権を持つエンジニア・マネジャーを抱えるようになると，彼らはケン・オルセンによる中央集権を維持するための努力を無視するようになっていった。

　このような仮定が互いに呼応しあいながら作用していたために，組織のあらゆるレベルにおいて信じられないほどのエンパワーメントが生まれ，貢献し，従業員一人一人が会社に関わっているという風土を醸し出すことになった。その結果，非常に成功した企業となったのである。成功するに従い，仮定は当然「わが社がやるべきこと」として認識されるようになった。しかし，このようなやり方でコンセンサスに到達するまでにはかなりの時間がかかり，

しばしばそれは苦痛を伴う過程となった。交渉がうまく行き，納得が得られるかどうかは，「家族」同然に培ってきた信頼関係に強く依存している。このような信頼関係は，メンバーがお互いのやり方をよく知っていることにより生まれる。ハードウェアの開発者が，ソフトウェアの担当者に6カ月以内にソフトが完成するか尋ねてイエスの返事をもらった場合，これが実際に6カ月を意味するのか，おそらく9カ月を意味するのか，それとも催促し続けない限り絶対に完成しないことを意味するのか，を熟知しているというわけだ。技術者と管理職は，「お互いの仕事がどういうものかよく分かっていた」。長年一緒に働いてきたため，相手をどう扱えばよいかを心得ていたのである。

　ある決定が下された後で誰かが疑問を持った場合，（深いレベルにある仮定に基づき）問題に気づいた人間は「声を上げ」，「正しい道を示さ」ねばならなかった。このようなやり方で，決定が覆り，修正されることがしばしばあったが，これは時間がかかるやり方である。また，職能が違っても互いをよく理解し，些細なことを持ち出さなくても済むくらい互いが信頼し合っている場合にのみうまくいくやり方だ。このような仕事の仕方のモデルによって，DEC社は非常に成功し，フォーチュン50社に名を連ねることとなった。

　しかし，成功すると組織は大きくなり，大きくなるにつれて信頼のおける同僚と議論するよりはむしろ，赤の他人と議論する機会が増えていった。職能間で親密であることが稀となり，公式な契約を結び合い，互いにけん制し合い，パワーゲーム（訳注　職務上の駆け引き）が行われるようになっていった。同時に，技術自体も複雑化していった。このため，個々の技術者が製品全体を設計していたやり方を改め，技術者を大勢抱えたチーム内で協力し，今までは作れなかった，より複雑な製品を開発しなければならなくなった。非常に個人主義的で，競争心が旺盛で，創造性に富む技術者が，設計に関して必ずしも受け入れがたい考えを持つ他人と協力していかねばならない場面がますます増えていった。小規模なプロジェクトの，メンバー全員に関連し，メンバー全員が関与するという特徴は，多様な部署を規律によって調整させていかねばならないような大規模なプロジェクトにおいては，維持することが大変困難であった。DEC社の初期の段階では，エンジニアこそが

決定権を持つ王様であったが，事業が成熟するにつれて，財務やマーケティングなどの他の部門が力を持っていった。その結果，各職能部門間の対立が生じ，各職能部門に少しずつ独自のサブカルチャーが形成されていった。

DEC社の成功により，市場には新規参入が続いた。コンピュータが日用必需品となるにつれ，製品を市場に投入するまでの期間と，開発や製造の経費が重要なファクターとなっていった。これらの外部環境の変化のために，従業員の主体性やエンパワーメントを重んじる従来の仮定が次第に機能しなくなる一方で，技術マネジャーへの権限委譲が進み，彼らの立場が強くなった。マネジャーたちは，マネジャー同士の同意を諮らなくなっただけでなく，ケン・オルセンによる社員の結束のための努力さえ無視するようになった。彼らは今や，創業者よりも強い力を持っていると感じていた。DEC社の経営陣も頭では新たに生じてきたこのような変化を認識していたので，新体制への移行を話し合っていた。小さい会社を並立させれば，少数の製品に集中し，規律と階層が復活し，人々が信奉する初期の仮定を満たすことができると考えていたのだ。しかし，彼らは，個人に権限を与え，議論をつくすという仮定を放棄することはできなかった。業界の先駆者としてのDEC社の成功は，これらの仮定によるものであったからだ。DEC社が成長するにつれて，社内政治を勝ち残った有力者が権力を持つようになった上，文化の基となっていた職能間の仲間意識がなくなり，結果として不信感が取って代わるようになった。

やがて，中央で管理することがますます困難になっていった。費用は膨大となり，製品の市場投入に時間が掛かるようになり，ますます複雑化する市場に首尾一貫した戦略で対処することができなくなり，深刻な財務上の問題が生じた。1990年代，ついにDEC社は経営陣を大幅に変え，階層的構造を持つにいたった。この結果，規律が生まれ，市場が要求する効率性を達成できた。その一方で，操業当初からの従業員は，DEC社の文化が失われたと嘆いた。彼らの多くは自主的に退社し，DEC社を文化的モデルとした新しい組織を立ち上げるようになった。皮肉なことに，経済的事業体としてのDEC社は消滅してしまったが，DEC社の文化は旧従業員たちの間で生き残ったのである。

この事例から，良い文化や正しい文化というものは，共有された暗黙の仮定によってできあがった戦略が，その組織のおかれている環境でどの程度機能するかによって決まる，ということが分かる。DEC 社に代表されるようなオープンで，議論好きな組織を好む人が，1970年代にそこで働いていたとすれば，大出世間違いなしである。しかし，同じような考え方で1990年代のDEC 社で働いていたら，規則にうんざりするか，失業の憂き目にあっただろう。

結論

文化は多層構造であり，その全ての階層で分析しなければ理解できない複雑な概念であることは明らかである。文化を扱ううえで最も危険なことは，文化を単純化し過ぎてしまい，重要な側面を見落としてしまうことにあるのだ。

1. 文化は**深い**。
   文化を表面的な現象として扱い，思いのままに操作し，変革できると思ってしまうと，間違いなく失敗する。言い換えれば，人が文化を支配するのではなく，文化が人を支配しているのだ。人がこういうふうにやりたいと思うのも，文化が日々の生活に意味と方向性を与えているからである。何がうまくいくかを学ぶにつれて信念が育まれるが，ついにはそれが意識されなくなり，物事のやり方と考え方，感じ方に関する暗黙の規則へ変化する。
2. 文化は**広い**。
   グループはその環境での生き残りかたを学ぶにつれ，グループの内外をとりまくあらゆる関係について学習していくことになる。信念，仮定は，上司とどうやってうまくやっていくか，顧客に対してどのような態度を取るべきか，組織内でのキャリアが持つ意味，昇進に必要とされること，聖域とは何か，などといった日常生活を形作る。したがって，文化を解読することは終わりのない作業でもある。組織文化を理解したい

と思う明確な目的意識や強い決意がなければ，欲求不満だけが際限なく募ることになるだろう。
3. 文化は**安定的**である。

　グループのメンバーは，自分たちの文化の仮定にしがみつきたがる。文化は，生活に意味を与え，予測可能なものにしてくれるものだからだ。人間は，混乱や予測不可能な状況を好まないものであり，状況を安定させ，「正常化」しようとするものである。それゆえ，文化の変化は，どのようなものであれ，すさまじい勢いで不安と抵抗を生じさせる。自分たちの文化のある1要素だけを変えようとする場合でも，組織の最も変更しがたい部分に挑戦することになることを十分認識しなければならない。

読者の皆さんへの質問

では，明日からどのように変われば良いでしょうか？
・あなた自身の文化に関する概念を振り返る時間を取ってみましょう。その際，この章から学んだ考察を自分の概念に加えてみましょう。
・自分が働いている組織を考えてみましょう。あなたの組織には，標榜される価値観がありますか？　それがない場合，毎日の行動を説明できるような，より深いレベルで共有された暗黙の仮定は存在しますか？
・あなたの周りの文物や目にする行動について考えるところから始めましょう。あなたを悩ませていることを見つけ出し，長年勤務している従業員に，どうしてそのようになっているのか，理由を聞いてみてください。また，あなたの会社の文化を部外者の視点で見つめ直してみてください（しかし，今はまだ文化を評価したり，変えようとしたりはしないでください）。

第3章

組織文化の要素と次元

一般的概念：文化の一覧と類型

　文化について考える時，同じ組織に所属する人々が互いにどのような関係を持ち，どのように仕事をしているか，つまり，ある種の「ここでのやり方」を特定するということに終始しがちである。最も一般的な視点は，文化とは組織内の人間関係であるというものである。文化は「風土」と混同されることが多い。組織がどのように感じているか，従業員のモラルはどうか，人間関係はうまく行っているか，などである。「命令と統制」あるいは「独裁的 対 民主的」といった広義での分類に当てはめようとしがちである。このような通俗的な見方のもとに構築された文化の類型は，「社交性」と「連帯性」，あるいは，「内的 対 外的」，「柔軟性 対 安定性と支配」といったレベルで議論される[1]。この種の類型や，文化の根底にある特質を調べるアンケート調査は，ほとんどが，組織内部の人間関係，あるいは，外部環境との繋がりという側面にのみ着目している。そのため，文化の変革が提唱される場合，おおよそ次のようなものに偏ってしまう。それは，人間関係の向上とチームワークの強化，組織内の管理階層の簡素化，横のコミュニケーションの円滑化，組織への献身と忠誠心の構築，従業員への権限委譲，顧客第一主義などである。文化そのものにアクセスすると称するアンケート調査の大部分は皆，このような問題に対処することを目的としているのである。

　文化に関して，このように考察することはある意味では正しい。だが，危険なほど，狭い視点である。組織における文化的な仮定は，組織内の人間関係によって育まれたものであるが，それは文化が及ぼす影響のほんの断片に過ぎない。狭い視点による文化変革プログラムでは，従業員が現在の組織を

どのように見ているかと，どのような組織を求めているかを対比させているだけなので，大したききめが見込めない。その視点だけでは，もっと深いレベルに埋め込まれ，気づかれてさえいない文化の他の要素が全く無視されているからだ。

　例えば，ある大手の保険会社が新しい最高経営責任者（CEO）を雇い入れた。彼は，会社の主な問題点は，改革を怠っていることだと結論付けた。そこで，改革を進めるための多くのプログラムに着手したのだが，それらはことごとく失敗した。どうしてだろうか。そこで，様々な従業員のフォーカスグループ（訳注　調査のために選ばれる少人数のサンプルグループ）を用いて問題を分析することにした。すると，組織の歴史から，この会社は非常にしっかりと組み立てられたシステムのおかげでこれまで成功してきたことが明らかになった。そこでは，あらゆる問題に対する最善の解決法が考えだされており，その解決法を文書化し，それら全てを起こりうる全ての種類の問題ごとに整理した大きなマニュアルにまとめられていた。マニュアルに書かれた規則に従う従業員を報奨するシステムまであった。

　従業員は何年にもわたって，成功への道は規則に従うことであると学習していた。マニュアルの数は，新たに起こるあらゆる状況を網羅するべく増加していった。このような規則に縛られ，構造化された環境で働くことを好まない従業員は，組織を去るよう追い立てられた。この結果，構造化された環境を居心地よく思う従業員ばかりになった。これまでのCEOたちはこの働き方のシステムを美化していたし，実際，少なくともこれまでは，この会社を作るうえで非常に成功したやり方であった。そのため，最良の働き方はマニュアルにある規則に従うことだ，と当然視されるようになっていった。

　この新しいCEOは，会社の置かれている環境が変化しつつあることを見てとり，この先会社が遭遇する新たな状況の多くは，あらかじめプログラム化しておくことができないと気がついた。変化の激しい環境に直面するにつれて，従業員は自分自身で考えることを学ばねばならない。そこで彼は改革を促進する様々なキャンペーン（提案箱，新アイデア賞など）を始めたが，反応はほとんどなかった。組織全体が，物事の正しいやり方は規則に従うことであるという仮定の下に築かれていることにCEOは気づいていなかった

第3章 組織文化の要素と次元　39

図表3.1　文化とは何に関わるか

外部における生き残りの問題
- ミッション，戦略，目標
- 手段――組織構造，システム，プロセス
- 測定――誤りの検出と修正システム

内部統合の問題
- 共通の言語と概念
- グループの境界とアイデンティティ
- 権限および関係の性質
- 報酬および地位の割り当て

より深いレベルに潜む仮定
- 人間と自然との関係
- 現実と真実の本質
- 人間性の本質
- 人間関係の本質
- 時間と空間の本質
- 不可知なものと制御できないもの

のである。そのやり方で会社が成功してきたため，経営職や従業員のあらゆる層に，何年もかけてこの仮定が深く埋め込まれてきたのだ。それは，組織がどのように運営されるかの，まさにその骨組みであり，報酬，昇進システムも，どのような人を雇うかについても，深い影響力を及ぼしていた。この組織が働き方を変えるには，その文化のあらゆる面を評価しなくてはならない。逆説的に言えば，もしこのCEOが，このより深いレベルでの文化の要素を理解していたら，おそらく，彼は新しいマニュアルを作ることで成功を収めたはずである。「全ての部署は毎月，新しい方法を3種類は開発し，それを実行するマニュアルを作らねばならない！」と。

　文化に関する評価を行う場合，どのような内容をカバーすべきであろうか。DEC社の文化の図を改めて見てみると，暗黙の仮定の多くは人間関係に関するものである。そのため，DEC社の文化をより深く検証しなければ，真実はオープンな議論をじっくりと行うことからだけ導き出されるという仮定

があり，また，組織のミッションは真に創造的なエンジニアリングに基づいたイノベーションであるという仮定があることを，見落としてしまう。DEC社では，人間関係に関する仮定は，組織のミッションとそれを達成する最善の方法に関する仮定に由来しているのである。

　文化が何を網羅しているかを知るための実際の視点として，図表3.1を参照していただきたい。文化的な仮定によって違いが生じる分野を，ざっと示している。まず最初に気づくのは，文化的な仮定は，組織内部に作用するだけではないということだ。より重要なのは，様々な環境の中で組織が自らをどのように捉えているかに，それが関わっているということだ。

文化の内容，その1：外部環境での生き残り

ミッション，戦略，目標

　組織がその使命を全うし，生き延び，成長していくという意味で成功するためには，環境の許す範囲で，環境が求める様々なことを実行していかなければならない。大半の組織は，その基本的ミッションとアイデンティティに関して，あるいは，戦略的意図，財務方針，仕事を組織する方法や測定方法に関して，さらには，目標を外れた際の改善方法に関しても，組織の仮定を発展させている。

　組織が最初に作られる時，創業者および初期のリーダーたちは，強いミッションとアイデンティティを持っている。自分たちは何になりたいのか，どのような製品，市場を開発しようとしているのか，自分たちは何者か，何の権限があってやっているのか，などである。資金を調達するためには，説得力のある独自のストーリーを持っていなければならない。また，最初に雇う従業員たちには，そのストーリーを納得してもらい，信じてもらう必要があった。たとえそれにはリスクがあり，最初はうまくいかない可能性があると，自分たちでも思っていたとしても。しかし，当初のストーリーがうまくいき，組織が成功すれば，創業者と従業員たちはそれを中心に共有の仮定を抱くようになる。そして，時が経つにつれ，仮定は当然の事実となっていく。深いレベルでのミッションやアイデンティティはあまりにも当たり前のこと

となり，それが破られるような出来事によって，強制的に意識させられるようなことが起こらない限り，表面に現れることはない。

　スイスの企業，チバ・ガイギー社（C-G社）がその良い例である。1970年代半ばには，C-G社は4つの製品部門（染料，工業化学，農業化学，薬品）と多くの国ごとの会社単位から成り立っていた。歴史的には，C-G社はもともと染料を扱う企業であったが，研究開発部門が重要な発見をし，農業や薬品の領域でも新しい製品を開発するようになった。そのためC-G社では，研究開発部門が権力を持ち，会社は，利益を上げ続けていられるのは特許権が保護されているおかげだと認識していた。しかし，やがて特許期間が終了し，各市場での競争が激しくなると，上層部は，マーケティングを強化し，費用を削減する必要があると認識するようになった。

　ここまでは，ありきたりの成長物語のように見える。文化の話はどこで出てくるのだろう。マーケティング技能を磨くために，C-G社はアメリカの子会社に，高度なマーケティングの技術を誇っている消費財の会社を買収させた。買収されたエアウィック社は，空気清浄機，カーペットクリーナーやその他消臭剤を作っていた。エアウィック社の業績は一時何年もの間低迷していたが，やがて，アメリカだけでなく，子会社を展開させていたヨーロッパ諸国でも徐々に利益を上げるようになっていた。

　その当時，私はC-G社の常務会と協同で，各業務，部門および国際担当部長の上位50名を対象にした年次の会合を運営する仕事をしていた。そのような会合の1つで，アメリカ子会社の社長がエアウィック社の発展について報告し，特に成功したコマーシャルのビデオを見せていた。それは，新製品のカーペットフレッシュを紹介するものであった。このコマーシャルでは，主婦が敷物にカーペットフレッシュのパウダーを振りかけ，数分後に掃除機をかけている映像で，この製品がいかに使いやすいかを示していた。

　私はある取締役の隣に座っていた。この人は，C-G社の主要な化学製品をいくつか開発した人で，会社にとって重要な戦略を立ててきたことを自負する人物である。コマーシャルが流れると，この取締役は貧乏ゆすりを始めた。非常にいらついていることの表れであった。ついに，彼は私の方を向くと，皆に聞こえるような声でこう言った。「シャインさん，あんなものは**製**

品とは呼べませんよ」。

　その時，私は彼が思い描く C-G 社のイメージを垣間見た気がした。彼は C-G 社を「重要な製品」を生産する会社と考えていたのだ。例えば，飢餓を克服する（殺虫剤のおかげで第三世界でも作物を育てられるようになった）とか，命を救う（医薬品によって主要な病気が治療できるようになった）といったものである。その文脈に沿い，そのようなミッションから考えれば，どうして空気やカーペットをきれいにするものが「製品」と呼ばれる価値があると考えることができるのだろうか。そのような些細なことに関わりたいと思えるだろうか。マーケティングに関するヒントやエアウィック社の業績が良好であることから何かを学ぶどころではなく，この取締役は自分で思い描いていた C-G 社のイメージが，この提携により，冒涜されたと考えてしまったのだ。エアウィック社は C-G 社には相応しくない，と。

　その数カ月後，私は C-G 社の文化のこの側面が，彼らの日常業務に影響を与えている別の場面に遭遇することになった。エアウィック社のヨーロッパ部門はパリに本拠地を置いているのだが，その事務所が非常に有能な女性を主任会計責任者に抜擢した。C-G 社は昇進に関する男女差別を撤廃し始め，彼女がその先駆者になった，と自慢して報告してきた。しかしながら，この女性は数カ月後に退社し，次のようなことが伝えられた。エアウィック社のヨーロッパでの展開を組織する際に，彼女は C-G 社が使用している現行の会計システムよりももっと効率が良く，早く処理できるシステムを必要としていた。聞くところによると，彼女はバーゼル本社の財務部長の所に行き，新しいシステムを導入する許可を申請し，予算を求めたのだが，次のように言われたそうだ。「スミスさん，当社は100年近くもの間，今の会計システムでやってこられたのですよ。ですから，あなたの仕事でも現行のシステムで十分なのです。そのうち分かりますよ」と。言うまでもないことだが，彼女は退社し，エアウィック社の管理職らは自分たちのニーズを満たすために，こっそりと海賊版のシステムを使うことになった。

　この事例から得られる文化の教訓としては，買収するのであれば，既存の文化に合う対象を選ばねばならないということである。買収の目的が消費財の会社からマーケティングについて学ぶことだったとしても，この種の製品

のためにC-G社は文化面での消化不良を起こしていた。たとえエアウィック社が多くの国で利益を上げ始めたとしても，C-G社のミッションおよび自社に対するイメージがこれらの「製品と呼べないもの」によって壊されてしまうと感じていた。この不愉快な状況に対処するため，C-G社の重役はスイス人の上級管理職に，今後数年間に渡るエアウィック社の将来性を調査し，C-G社はどうすべきであるかを提案するように指示した。その上級管理職が，文化的観点から，最終的にはエアウィック社を売却するように推奨することは明白であった。実際にC-G社はエアウィック社を売却している。同時にC-G社は，高度な技術を基盤にした会社しか欲しくないという，自社に関する自己イメージも再確認することになった。その翌年の年次会合で，C-G社は，強力な技術基盤を持つ会社しか買収しないことを明言した。文化が買収戦略を決定したのである。

　C-G社の管理職たちが文化の問題を扱っていたことを自覚していたかは分からない。また，自分たちが何者であり，製品と呼べるものはとはどのような物か，許容できる買収戦略あるいは許容できない買収とは何かについて，自分たちが深いレベルに埋め込まれた仮定を抱いていることを自覚していたかどうかも分からない。われわれは，戦略と文化を分けることができると思い込んでおり，戦略上の考え方の大部分が，自分たちは何者であり，自分たちのミッションは何であるかに関する暗黙の仮定に色濃く染まっていることを見落としがちだ。

　どのような組織も，その組織の歴史を通じて，どのような戦略がうまくいき，どれがうまくいかなかったかを学んでいく。それらの戦略を左右するものは，製品およびサービスの種類であったり，市場のタイプであったり，望まれる品質レベルであったり，基盤となる顧客が受け入れる価格であったりする。これらの点は図表3.1の最初の項目，つまり組織の基本的ミッション，その戦略的意図，ミッションと戦略から生じる目標という部分に反映されている。文化のこの項目は，大きな中心的課題である。このような文化的な力学がどのように働いているかを示す別の例を挙げ，その証左としたい。

　DEC社の創業当時の使命は，科学的知識を持つユーザーに効率の良いコンピュータ使用環境を提供すること，各組織に分散型のコンピュータ・シス

テムを提供すること，そして，世界に中型コンピュータ（オフコン）の威力を示すことであった。DEC 社の製品戦略，顧客は誰であるかという概念，価格や品質レベルの決定等は全て，会社が急成長したこの時期の戦略目標に沿って決められていった。それらの仮定がどれほど当然のこととなり，DEC 社の文化の一部となってしまっていたかは，DEC 社が IBM 社との競争で，一般向けパソコンを設計する際に，どれほど混乱と困難を極めたかによって分かる。DEC 社の技術者たちは「無知なユーザー」を内心ばかにしていたのだが，今や，そのような無知なユーザー向けに安価で使いやすいパソコンを設計するはめに陥ってしまったのだ。しかし，過去に成功を収めた製品は全て，自分なりのプログラムを動かしたいという知識の高いユーザーを対象にしていた。DEC 社の製品は高い技術と品質を誇っていたが，その結果，必要以上にハイレベルで高価な物となってしまった。そのため新たなパソコン市場では，大した競争力を持つことができなかった。

　いくつかの文化にまつわる力が相乗的に作用して，DEC 社はパソコン業界への参入に根本的なところから失敗してしまった。第1に，基本的に技術者は無知なユーザーを相手にする必要はない，とする深いレベルでの仮定があった。第2には，有能な人間は正しいことをする権限が与えられるべきだ，と考えられていた。パソコンについて独自のアイデアをもつ3人の技術部長がそれぞれ自作の製品見本を用意し，それぞれに DEC メイト，DEC プロ，DEC レインボーの名前が付けられていた。この時点で DEC 社はすでにかなりの大企業となっており，分化も進んでいた。しかも，技術部長たちはそれぞれが自らの権力基盤を持っており，自分の製品が市場を制するに違いないという強い確信を抱いていた。彼ら自身が，DEC 文化の申し子だったのである。

　第3に作用した文化的な仮定は，内部ではっきりと決められなければ「市場で決着をつけよう」というものであった。内部に競合し合うグループを持つのは健全であるとする伝統が社内で築かれていたため，最高の製品は市場で明らかになるだろう，と考えられていた。DEC 社はこのように，内部で競争するやり方で成功していたので，それに疑問を抱く者はいなかった。3種類のパソコンプロジェクトが社内で競合しても構わなかったのである。

しかし、それぞれ部長や従業員が「正しいことをしなければならない」とする文化的な仮定は、別の問題も引き起こした。実は、創業者のケン・オルセンも他の管理職も、提案された3種類の製品がいずれも過剰スペックであり、高級すぎ、高価格であることが分かっていた。しかし、オルセン氏を含めた誰1人として、試作品をスケールダウンさせることはできなかった。DEC社の文化では、彼らに考えを変えるように命令することはできなかったのだ。せいぜい説得を試みるだけである。最高のパソコンであると断言されていた3種類は、結果として、全てが市場競争に負けてしまった。これは製品開発戦略の失敗の理由が、文化という文脈でしか理解できない良い事例である。

読者の皆さんへの質問

自分自身や組織内の他の人々に、次のように問いかけてみましょう。
・あなたが所属する組織の基本的ミッションは何ですか？ ミッションの存在理由は何ですか？ 大局的に見て、ミッションが正しいと考えるのはなぜですか？
・あなたの組織の戦略や戦略から導かれる目標は、どの程度までミッションに適合していますか？
・その戦略や目標はどこから生じていますか？ その戦略は公式な理由や論理によるものですか？ それとも、どこかしら組織の創業者やリーダーたちの信念や先入観の産物によるものですか？

手段——組織構造、システムおよび手続き

組織が戦略および目標を実行に移す際の決定方法は、文化の次のレベルによるものである。ある会社の公式の組織構造は、何層もの急勾配を持つ山のようであるかもしれない。その組織構造で成功していれば、これが正しい組織作りのやり方だと信じるようになる。別の組織では、多くの委員会や作業部会が重複して存在するフラット型組織構造を採用することもある。ここでも、もしそれが成功すれば、やはり自分たちの組織作りが正しいあり方だと強く確信することになる。その組織構造が、やらねばならない仕事や企業活

動を行う環境の性質にどの程度適しているかによって，組織作りに関する共有された暗黙の仮定ができあがってくる。組織を命令統制型や平板なネットワーク型などと軽々しく分類することは，文化のほんの一面を示しているに過ぎず，極めて的外れである場合が多い。

　この章に出てきた生命保険会社の場合，規則への強迫観念的な執着は，その企業の初期の戦略にはよく合った働き方であったため，組織内に完全に定着しているということに，CEOが気づけなかった。ただ組織改革を呼びかけるだけでは，従業員が過去に成功を収めていた方法を簡単にあきらめることはないのである。

　この組織構造という項目を考えても，文化の分析が複雑であることは明らかである。例えば，ある組織全体が共有の使命および戦略的意図を持っていながら，それぞれの組織単位はそれを達成しようとして異なる組織形態をとることがあるのだ。このようにして，組織全体の文化の中にサブカルチャーが形成される。組織が成長し，職務，製品，市場，地理的基盤等の単位に分化していくにつれて，これらの基盤ごとにサブカルチャーが形成されていく。これらのサブカルチャーは，それぞれが異なる環境で成功しなければならないことによって，学習されてきたものである。

　例えば，1960年代に大手の航空機メーカーであるノースロップ社は，その平等主義的な組織構造を誇りとしていた。どの工場にも，階層や規則はほとんどなかった。自分たちの文化を分析するワークショップで，上級管理職らは，ロサンゼルスにあるノースロップ本社の組織は実は多数の階層からなり，非常に硬直的で，自分たちの文化に違反しているように見えることに気づいたのだが，その理由は分からなかった。本社には3種類の食堂があり，服装，態度にも細かい取り決めがあった。勤務時間も厳格に守らねばならず，その他に様々なことが決まっていた。最終的に，彼らは，本部組織の文化がこのようになったのは，その主要な顧客がアメリカ国防総省であり，会社を訪れる軍関係者が地位，服装，階級，特権など全てが非常に厳格に定められているシステムに慣れている人々であったためだと理解した。

　だが，各工場では技術を中心に全く異なる仮定が形成されていった。技術は複雑で，高いレベルのチームワークと従業員同士の信頼関係が求められた。

そういった仕事の本質が，仕事の質と職務の遂行とに重点を置いたルールや規範を規定した。タイムレコーダーはなく，仕事の性質に応じて勤務時間を定めていた。選抜および昇進のシステムも親類縁者を雇用することを奨励するものであった。家族のような雰囲気であれば，信頼関係も容易に築けるからである。地位は知識と技能のレベルで決まり，正式な肩書によるものではなかった。工場と本部の使命が異なっていることに気づいた以上，それぞれの単位が異なるサブカルチャーを発展させていくのが適切であるという認識に至った。

　第1章で，プロクター＆ギャンブル社が高品質を維持しながらも低コストで生産するという共有の戦略的意図を達成するために，いかにして製造部門を自治権のある自主管理型の工場に再構築していったかに触れたが，そのことを思い出していただきたい。この会社のマーケティング，販売，財務部門ではそのような組織構造は現れなかった。つまり，共有の目的を達成するための手段もいろいろあるというわけだ。同様に，平等主義を尊ぶDEC社の環境にあっても，サービス組織は非常に構造化され，権威主義的で，（訳注"Do It Yourself"と呼ばれる）規律は厳しかった。サービスの分野では，このような組織構造でないと顧客が要求することに効率よく応えられないからである。

　成功しているどの組織も，仕事を組織化し，製造やマーケティングの手続きを明示し，情報や報酬，統制のシステムを構築する方法を，効果的な経営が求めるやり方によって発展させている。このようなシステムがうまく機能し続けるにつれて，それらが物事のやり方として当然視されるようになる。そのため，ある会社から別の会社に転職してきた従業員は，新しい環境で仕事をすることに困難を感じる。組織が強力な文化を持つに至れば，従業員はその組織の中で昇進するのを好むようになる。外部の人間に「ここでのやり方」を教えるのは非常に難しいことである。反面，変化を続ける環境において，そのやり方がうまくいかなくなってしまった場合でも，文化のこの要素を変化させることは極めて困難である。なぜなら，「ここでのやり方」に基づいて，従業員たちは採用され，訓練され，慣らされてしまうからだ。後述するように，この問題が，DEC社の経済的破綻の決定打となったのだ。

読者の皆さんへの質問
自分自身や他の人々に，次のように問いかけてみましょう。
・あなたが所属する組織は，目標を達成するためのやり方をどのように発展させてきましたか？
・組織は，どのようにして現在のような構造を持つようになったのですか？　また，なぜ，そのような構造を持つようになったのですか？　公式の組織構造や仕事のやり方は，主として組織の創業者やリーダーたちの信念を反映していますか？
・職能別，地域別の各部門において用いられる手段はどの程度まで同じですか（あるいは，異なっていますか）？
・組織内に強力なサブカルチャーが存在する証拠がありますか？　その証拠は何に基づいていますか？

測定──誤りの検出と修正システム

　図表3.1に挙げた3番目の文化の問題は，いかに組織の測定をし，誤りを検出し修正していくかに関するものである。組織は環境を解読するのにそれぞれ異なるメカニズムを発達させている。例えば，財務指標や，「外」で何が起こっているかを判断するために販売促進チームからの報告を密にさせること，公式な市場調査，何が起きているのかを調査して組織に報告する専門の部署の設置，従業員の転職率，モラル等の調査，などが挙げられる。CEO，販売部門，購買部門，研究開発部門，人事部門，マーケティング部門の全てが外部環境への窓口を持っている。しかし，それらを利用するために企業はそれぞれ独自のやり方を開発してきており，それでうまくいっていれば，自分たちのやり方が正しいと信じるようになる。

　事業組織のほとんどは，財務実績を主要な誤り検出のメカニズムとしている。財務実績というものは，一見，非常にはっきりしている。しかし，どのような情報を集め，それをどのように判断するかについては，文化面での仮定が大きな影響を及ぼしているのだ。例えば，自社の状態を知る指標として株価しか見ない会社もあれば，自己資本負債比率，キャッシュフロー，市場占有率などを重視している会社もある。どの場合にも，一番広く用いられる指標が何かということによって，文化面での仮定が読み取れる。職能別に編

成された組織では，会社の業績を評価するのにどの指標を用いるかをめぐって，財務部門で形成されたサブカルチャーが，製造，技術，マーケティングの各部門と事実上対立しているかもしれない。

　何をもって重大な変動と見るか，あるいは過失と捉えるかも，会社ごとに異なっており，文化面での仮定に埋め込まれている。リーバイストラウス社に関する話であるが，利益率が0.5%落ち込むことがあればその都度危機状態を宣言して大きな改革をすることができたそうだ。この話の中で文化的に重要な点は，そのような小さな変動にも経営陣が反応していたということではなく，経営陣が危機を叫んだ時に実際にそれが危機であると従業員が受け入れたということである。

　誤りの修正は，誤りの検出と同様に会社の歴史と創業者の個性を反映している。組織の多くは，「非難の文化」とも呼ぶべき文化を発展させている。管理職は，原因と結果という単純な図式で考えるよう訓練されることが多い。彼らは掌握したという実感を持つ必要を迫られることがあり，こうした時には広義での管理文化というものが，個人の責任を超越した聖域となる。このような考えでは，何か問題が起これば，責任者は誰か，非難されるべき当事者は誰かということを突き止めようとするのは，当然である。

　しかし，そうやって突き止めたことにどう対処するかは，会社によって大きく異なる。ある組織では，非難されるやその人はすぐに解雇される。他方，家長主義的で終身雇用の価値観によって成長してきたような組織では，責任者本人にそのことが告げられることさえない場合もありうる。代わりに昇進ルートから外され，それほど重要でない地位が割り当てられたり，仕事のチャンスを永久に制限されたりといった形の罰を受ける。

　3番目のやり方は，DEC社の例が典型的であるが，「懲罰人事」というやり方である。全ての従業員を家族とみなしているので，誰も仲間はずれにされる（仕事を失う）ことはない。しかし，現在のプロジェクトからは外され，自分で別の仕事を見つけねばならない。会社内で別の仕事を見つけることができれば，「復帰」の成功例としてお祝いしてもらえる。このシステムの背後には，人に関する重要な仮定がある。もし誰かが失敗すれば，それはその人と仕事が合っていなかったからだというものである。人には常に問題がな

いが，人と仕事の組み合わせには問題がありうる，という仮定である。この仮定から，いかに人が尊重されているかが分かる。しかしまた，全ての人が自分で業績を上げていくという重大な責任を負っており，キャリアとの不適合がある場合は，本人が声を上げねばならないこともまた明白である。

　誤りを修正する4番目のやり方は多くの組織で採用されているものだが，個人を非難することは避け，その代わりに失敗の根本原因あるいはシステムの原因を探るというものだ。米軍のAAR（アフター・アクション・レビュー）は，失敗を非難せず，プロジェクトの事後分析やその他の再調査によって，もっとプロセスを知ろうとする試みである。ただし，個人主義的で競争し合う文化が強力であれば，このようなシステムの再調査を行ってもうまくいかない。なぜなら，その場合，人々は自分自身やお互いの否定的な情報を公にしたがらないからだ。もし，組織が非難する文化を形成していくならば，従業員はできるだけ早く失敗したプロジェクトから離れようとするし，自分自身に何らかの責任があることが明らかになることを恐れ，事後調査に携わることを好まないであろう。年月をかけて十分な信頼関係とチームワークが築かれ，そのような働き方がうまくいくようになってはじめて，システムの誤りの分析と修正がうまくいき，受け入れられるようになる。

　測定の複雑さを示す例として，安全性の問題を挙げることができる。危険を伴う産業から大衆と従業員を守るという問題である。大都会に電力を供給するアルファ電力社は，戦略として，信頼できるサービスを安全に供給することに専心している。しかしながら，一方で，送電という技術には危険性が潜在するため，従業員が重傷を負う可能性があるだけでなく，一般大衆も爆発や漂遊電圧等，電力供給に由来する危険に遭遇するリスクを負うことになる。信頼性（電力の安定供給）の評価は，従業員の負傷者数や一般大衆への被害（危険性が発見された場合，一時的に電力の供給を停止すること）といった評価とは，相反する。そのため，文化の規範は，「許容できるリスク」のレベルを考慮して構築されるようになる。つまり，老朽化する装置をメンテナンスする際の優先順位や，メンテナンスの時期や金額，従業員の負傷者数の許容範囲等が考慮される。したがって文化は，妥協点を見つける方法，優先順位の決定方法，現在の安全プログラムよりも良い測定方法を検討

する方法といったシステムを反映し始めることになる。

　ここまで数ページにわたって，いかに文化が組織の基本的ミッション，戦略，手段，測定，改善システムに強く関連しているかを示そうとしてきた。文化というのは単なる人間関係とか，それへの対処の仕方だけではないのである。チームワークや報酬システムだけでもない。文化面の仮定は，年月をかけて組織の中核およびその基本的ミッションと戦略に関連して発展する。文化のこのような部分を考慮に入れることができなければ，文化の別の一部分を変えようとする時に，それが思ったようには変わらないことに気づくだろう。

読者の皆さんへの質問

　自分自身や他の人々に，次のように問いかけてみましょう。
・あなたが所属する組織にはどのような誤りの検出システムがありますか？　あなたはどのようにして，自分の目的や目標数値を達成していないことに気づきますか？
・自分が重要な目標が達成できていないことに気づいた場合，どうしますか？
・自分たちをどのように測定し，測定結果にどのように対応するかについて，組織の部門間にばらつきがありますか？　主要なサブカルチャーの相違点など，ばらつきの存在を示す証拠を目にすることがありますか？

文化の内容，その2：人間組織の統合

　一般的には，文化と言えば，組織内の人間関係，インセンティブ報酬制度，チームワーク，上下関係，コミュニケーションの程度，その他少しでも職場が生産的で居心地の良いものになるような諸々のプロセスに焦点を合わせがちだ。このような分野によって形成されていく文化面の仮定は，もちろん非常に重要である。しかし，それらは，これまで振り返ってきた（図表3.1の第1項にある）外部環境を起源とした仮定と相互に影響し合っているので，個別に扱うことはできない。

共通の言語と概念

　文化が最も明らかに現れるのは，共通の言語や考え方である。このことは，国家のレベルにおいて最もはっきりとしている。旅行をすると，その国の言葉やその土地の人々の考え方を知らなければ，外国でやっていくのがどれほど困難なことであるかに気づかされる。何年も前にフランス南部を旅した時，私は小さな田舎町の郵便局で切手を買おうと列に並んだ。ちょうど私の順番が回ってきた時に，1人の男性が郵便局にやってきて，私のおどおどしたフランス語を通訳しながら，郵便局員と話し始めた。驚いたことに，郵便局員はその男性に注意を向け，数分もの間，彼の用事に対応してから，やっと私の用事に応えてくれた。後にこの話をフランス人の友人たちにしたところ，彼らは笑ってこう言った。「エド，君が思っていた以上に君の立場は悪いものだったんだよ。郵便局員は，誰であろうと，最も重要と思われる人物の用事を優先させるという文化的原則で仕事をしているんだ。突然割り込んできた人に局員の注意がそらされてしまったのに，何の抗議もしないということは，郵便局の中にいた人全員に，自分の用事が少しも重要でないと自分でも思っていると暴露したことになるんだよ」と。どうやら私は，黙って憤っているのではなく，大声を出して断固として局員の注意をこちらに向けるべきだったようだ。

　このような出来事は，組織のレベルでも起こりうる。例えば，新人の従業員は，どのような服装をすべきか，上司にはどのような口のきき方をすべきか，グループの会合の時にはどのように振舞うべきか，他の従業員が仲間内で使う言葉や略語を何と解釈すべきか，どの程度自己主張すべきか，何時頃まで残業すべきかなどである。新しい組織に入って生産性を上げるようになるまでに時間がかかるのも，1つにはその組織独特の規範，労働スタイル，考え方がたくさんあり，試行錯誤を繰り返しながらこれらを学んでいかねばならないからである。

　例えば，DEC社では，「真の仕事」とは，他人と議論を闘わせて相手を納得させることであるのに対して，C-G社では，真の仕事とは自分自身でじっくりと考えることを意味する。DEC社ではある時期，会社の文化を短期間に学ばせる必要があると，経営陣が判断したことがあった。そこで，彼らは

新入社員向けの「新兵訓練」と呼ばれる研修を実施した。その研修では、新人と古株の社員が職場を離れ、世話人を交えて数日間を過ごした。この「新兵訓練」では、古株の社員がDEC社の文化を説明し、新人社員には新しい職場環境で戸惑ったことについて何でも質問できる機会が与えられた。

読者の皆さんへの質問

自分自身や他の人々に、次のように問いかけてみましょう。
- あなたの組織では、自分たちは当たり前に思っているが、外部の人には奇妙に思え、解読できないような、隠語や略語が使用されていますか？ いくつか例を挙げてください。
- あなたが組織の一員であることを示す言葉や考え方に関して、あなたの友人からどのような指摘を受けたことがありますか？
- あなたが2カ所以上の組織で働いたことがあるなら、人々の話し方や考え方にどのような違いがありましたか？

グループの境界――誰が仲間で、誰がよそ者か

あらゆる組織で、メンバーがどの程度深く組織に属しているかを見分けるための、それぞれのやり方が編み出されている。そのやり方は、制服やバッジから、誰にどの駐車場を割り当てるかといったことや、あるいはストックオプションやその他の待遇といった、もっと目立たないものまである。新しく組織に所属した者は、言葉や考え方を学ぶにつれて、組織内の出来事に、より頻繁に関わるようになっていることに気づく。組織に受け入れられたと感じる重要な段階は、新しく入ってきた人が「秘密」を教えてもらえるくらいに信頼された時である。秘密とは、実際に何が起きているのか、誰が仲間で誰がのけ者にされているか、会社が本当は何をやっているのか、上級経営幹部の私生活などの情報である。そのように仲間に加えてもらえたと実感できる段階では、外部にこのような秘密を漏らさないで、これまで以上に忠実に一生懸命働き、組織のために尽くす義務が生じる。仲間に入ることと、その義務について共有されている暗黙の仮定が、組織文化と考えられるものの重要な部分を占めている。しかし、ここでも覚えておいてほしいのは、それ

すら文化の一部でしかないということだ。

読者の皆さんへの質問

自分自身や他の人々に，次のように問いかけてみましょう。
- あなたが所属する組織で，そのメンバーであることを示す印は何ですか？メンバーであることを示す制服はありますか？
- どの程度深く組織に属しているかを象徴する，特別なシンボルや特権がありますか？
- 誰が身内で誰が部外者であるかについて考えることがありますか？ また，そのことは，あなたの人間関係にとってどんな意味がありますか？
- 今の組織に入った時，どのような感じがしたか，思い出すことはできますか？
- 自分の組織に誰かを迎え入れたことがありますか？ そのプロセスをどのように行いましたか？

関係，地位，権限はどのように決まるか

　権限を持つ人間との関係の持ち方について，また組織のメンバーの間でどの程度まで親密に交わるのが適切かという仮定も，組織によって異なる。非常に平等を重んじ，上司と部下の間の心理的な隔たりを最小限にしようとしている組織もある。そこでは階層は存在していても，部下と上司はファーストネームで呼び合い，適切と思われる場面では対等に付き合い，上司に歯向かうことになろうとも，正しいことをするように奨励されている（DEC社がこの例である）。他方，階層が正式に守られており，上下の人間関係が非常に折り目正しく，対等に渡り合ったり，上司に異議申し立てしたりするのは思いもよらないような（C-G社のような）組織もある。DEC社もC-G社も，どちらも自社は家族のようであると考えている。しかし，DEC社にとっての家族とは，両親に反抗的な，いつも親に挑戦している思春期の子どもたちの一団であり，他方，C-G社にとって家族とは，権威ある両親が命じたことを必ず行う「良い子」たちの集まりである。

　権限を持つ者との人間関係と密接に関わってくるのが，組織内の人間関係はどの程度オープンで親密なものであるべきかに関する仮定である。ある組織では，従業員は全てに関してオープンであることが期待されている。上司

やお互いをどのように思っているかについてさえもそのように期待されている。しかし、そのような組織はまれである。仕事中にどのようなことなら話せて、どのようなことは話せないか、また上司や部下に話してよいこと、いけないことといった規範がはっきりと決まっているのが普通である。職場のドアをくぐった瞬間から、その中には個人的なことや家庭の事情は持ち込まないという仮定を持つ組織もある。従業員の妻が自殺した例を知っているが、その従業員はそれでも何事もなかったかのように出社し続けていた。組織の他のメンバーが、彼の身に起こった悲劇を知ったのは6カ月もたってからのことだった。

　DEC社では、人々はかなり打ち解けて交際している。これは特に2日間職場を離れて仕事仲間が1日中行動を共にする「林間合宿」を行っているためである。C-G社では、ある決まった家族が夕食をともにしたりしている。また、年次会合の際には、ある1日の午後や夕方を利用して、皆を意図的に目新しいスポーツに参加させ、誰もが同じように下手なために羽目を外して楽しむ企画がある。そのあとは打ち解けた夕食会が行われる。シリコンバレーでは、多くの会社がパーティ、スキー旅行、サンフランシスコで楽しむ週末などの社交的行事を従業員への報酬として活用している。従業員だけが招待される場合もあれば、配偶者も含めての場合もある。

　ここでも重要なのは、従業員が互いにどの程度まで親しくなることが期待されているかについては、組織ごとに独自の文化面での仮定が形成されてきているということである。アップル社では、プロジェクトチームで人々は互いにとても親密になるが、そのプロジェクトが終わると同時に友情もそれまでとなるらしい。他方、HP社では、いったん友情が芽生えると、一方が会社を辞めてもその友情は続いていく。

読者の皆さんへの質問

　自分自身や他の人々に、次のように問いかけてみましょう。
・上司が話をしている時、それをさえぎることはどの程度許されますか？
・上司と意見が異なる場合、そのことを面と向かって伝えることが奨励されていますか？　他の人の前で上司に異議を唱えてもよいですか？　あるいは、

上司と二人きりになる場面を作って，内密に異議を唱えますか？
・上司はあなたの仕事ぶりについて率直に意見を述べますか？　あるいは，自分の仕事ぶりは自分で評価する必要がありますか？
・上司が自分を評価してほしいと言った場合，あなたは自分が思っていることや感じていることを率直に伝えることに，どの程度抵抗を感じますか？
・あなたの部下は，上司としてのあなたに関して，上記の質問に対して，何と答えますか？
・家族や個人的な問題を職場に持ち込めますか？　あるいは，仕事とプライベートは区別するように期待されていますか？　家庭の問題を同僚や上司に相談しますか？
・あなたが共働きで，例えば，子どもの面倒をみるために帰宅しなければならない場合，事情を気楽に説明できますか？　あるいは，帰宅するために（例えば，病欠や休暇を取るなど），手続きを行う必要があると感じていますか？
・打ち解けた催しの場面では，同僚や上司とどのような会話をしますか？　どの程度気楽に，組織のメンバーと打ち解けて交際できますか？　職場で，よく一緒に遊ぶ友人は何人くらいいますか？

報酬および地位をどのように割り当てるか

　どのような組織にも報酬と地位のシステムがある。最も一般的な形態は，昇給と昇進制度である。しかし，これらおよびその他の報酬にどのような意味が付随しているかは組織文化によって異なる。ある組織またはある従業員にとっては，昇進および給料，ボーナス，ストックオプション，利益配分などの金銭的報酬が主要な報酬であり地位の源泉である。また別の組織では，重要なのは肩書きおよび仕えてくれる部下の数である。

　従業員が関心を払うことは，彼らの職業的背景や「キャリア・アンカー」[2]に基づいた，彼らが属するサブカルチャーに影響されることが多い。販売やマーケティングを行う従業員は，与えられるテリトリーに関心があり，財務部の従業員は自分たちの方針や手続きを実行する際，ジェネラル・マネジャーがどれだけサポートしてくれるかに関心がある。製造の従業員はメンテナンスや新しい装置の購入予算に関心があるだろう。研究開発部門の技術者や科学者にとっては，携わっているプロジェクトの規模，プロジェクトにつく予算，労働時間に関しての自主裁量権，組織内での知名度，上級経営者

が戦略的問題について意見を聞きに来る回数，組織の外での専門家としての地位，その分野の進んだ専門技術の習得や新規開発の機会などの方が，より重要な意味を持つ。

　組織に新しく入ってきた人が直面する最も困難なことの1つは，報酬と地位のシステムを解読することである。どのような態度が期待されているのか，自分が正しいことをやっているのか間違っているのかがどうすれば分かるのか。どのような行動が報酬を受け，どのようなことをすれば制裁を受けるのか。賞賛されたり，制裁を受けたりしたことが，どうすれば分かるのか。従業員にも管理職にも共通して，非常によく聞かされる不平は，「自分がどう評価されているのか分からない。有益なフィードバックが得られない」というものである。業績評価システムではフィードバックが期待されている。しかし，管理職の大半は，従業員に対し，その仕事ぶりについて率直に話すのがなかなか難しいとこぼしている。この問題に対処するために，組織の中には複雑なフィードバック・システムを実験的に取り入れているところもある。例えば，「360度フィードバック」である。このシステムでは，従業員の上司，同輩，部下からデータを集め，それらを一緒にして，その従業員に手渡している。しかしこのような場合でも，驚くことに，褒められているのか，怒られているのか，そのどちらでもないのかについてのサインを，本当の意味で「読みとる」ことができていないと感じている人がとても多いのである。もちろん言うまでもないことだが，そのシステムがどの程度率直に実態を反映しているかは，これまで述べてきたように，人間関係の性質に関する文化面での仮定によって変わってくる。

読者の皆さんへの質問

　自分自身や他の人々に，次のように問いかけてみましょう。
・あなたが所属する組織では，どのようなことが賞賛で，どのようなことが制裁だと考えられていますか？
・自分がうまくやっているかどうか判断するのに，どのようなサインに注意を払っていますか？
・他の人が誰の目にも明らかな報酬を得た時，その人がそれに値するため，ど

のようなことをしたか分かりますか？　他の人が制裁を受けている時，どうして制裁を受けているのだと分かりますか？　また，何をしたため，そのような制裁を受けているかが明らかになっていますか？
・組織の中であなたよりも高い，あるいは低い地位にいる人々を特定できますか？　地位の上下が何に基づいているか，はっきりと分かっていますか？

結論

　このような質問に答えていけば，自分の企業文化やサブカルチャーを部分的に解読することができる。第4章では，皆さんが解こうとしている問題に関して，より深く解読するシステムについて示す。しかし，自分の組織の文化やサブカルチャーのいくつかの要素について洞察を得たとしても，自分や自分の組織が，より大きな国家という文化の中に存在していることを忘れてはならない。時間や空間，現実や人間の本質といった，より基本的な問題に関する暗黙の仮定は，国家という枠の中で育てられる。組織が外部で生き残り，内部を統合する方法は，より広義な仮定と密接に関連する。組織がグローバル化し，他国のパートナーや部下と仕事をしなければならない場合は，なおさらである。

第4章

より深層にある仮定

文化の国家的・民族的基盤

　組織の文化は，結局のところ，その組織が操業している国の文化に深く根差している。組織の創業者，リーダー，構成メンバーの文化的背景を通じ，その国の文化の深層にある仮定が，組織に反映されるのだ。例えば，デジタル・イクイップメント（DEC）社の創業者であるケン・オルセン氏はアメリカ人で，もともとは電気技師であり，競争的な個人主義を掲げるアメリカの価値観を心から信じていた。彼は道徳意識や倫理観が強く，人とは信頼できるものであり，信頼されるべきものだと信じていた。DEC 社が開発したインセンティブ，報酬，管理システムといったあらゆるシステムに，この信念が反映された。また，オルセン氏は個人が責任を果たすことの大切さを信じて疑わなかった。そのため，管理職が責任を取らなかったり，他人に責任を押し付けたりする場面に遭遇すると，たとえその管理職が自分の直属の上司に責任転嫁した場合でも，オルセン氏は動揺を隠せなかったほどだ。こうして，DEC 社が発展するにつれ，DEC 社はアメリカ文化の様々な側面を写しだす鏡のようになっていった。

　チバ・ガイギー（C-G）社はスイスとドイツにまたがる文化圏で成長したため，スイス人が心に抱く価値観や仮定を反映していた。例えば，権威を重んじ，強い責任感があり，自分よりも博学な人を尊敬する。国家や会社に忠誠心を持ち，個人の主体性（ただし，協力やチームワークという信念に根差した主体性）を尊ぶ価値観である。私は，C-G 社の管理職向けワークショップの企画を手伝った時，「NASA 月面生き残り」演習（訳注：月面で人々が移動する上で，生き残るために必要なものを個人とグループで優先順位付き

で決めてもらう演習：クリエイティブOD）を提案した。これは，最も知識を有する個人よりも，グループの方がはるかに良い判断を下すことを理解するための演習である。しかし，スイス人の依頼主は，どうして私がわざわざこんな演習を持ちだすのか，腑に落ちない様子であった。多くのスイス人にとって，この結論は至極当然だったのである。スイス人に言わせれば，最も優秀な個人の結論よりもグループの結論の方が優れている時があるという教訓を学ばなければならないのは，アメリカ人だけなのだそうだ。

　このような国による文化の違いが，（組織にとって）どのような意味があるかを検証する際には，人類学者が文化を比較する時に使用するいくつかの文化の次元が役に立つだろう[1]。より深層にある文化の次元は，組織内で目にする文物には反映されているのに，誇らしげに掲げられている価値観に反映されていない場合もある。例えば，チームワークを標榜する会社が，必ずしもチームの方が良いという深層の仮定の上で動いているとは限らないのだ。皮肉なことに，組織が敢えて前面に出している価値観こそが，実はその組織が最も軽視している分野を反映していることも珍しくない。その組織が相反する複数の暗黙の仮定のもとで動いている場合，このような現象が起こる。

　このレベルにある暗黙の仮定を確認するには，文物と価値観がかみ合っていない箇所を見つけ，核心に迫る質問をすることで，それら目に見える文物や日々の行動を駆り立てているものが何であるかを探らなければならない。例えば，チームワークを信条としている組織でありながら，インセンティブ，報酬，管理システムが全て個人の責任に基づいている場合，暗黙の仮定では，チームではなく個人に価値がおかれていると考えればよい。あるいは，従業員にエンパワーメントや従業員との一体感を前面に押し出す組織でありながら，実際の経営陣は，必要があれば命令し，財務情報や全社に影響を与える決定を行う権利を独占し，従業員をいつでも交換可能な部品として扱う権利と義務を持つと考えられていることも多い。そのような組織で一体感を促すプログラムがうまくいかなくても誰も驚きはしないだろう。顧客第一主義を掲げる組織が，実際にはいかさますれすれの手法で顧客の要らない商品を強引に売りつける販売プログラムを開発していたことが明るみに出ることもある。このような組織では，財務上の決定を行う場合には所有者と株主の利益

のみが優先される，という暗黙の仮定が存在する。このような暗黙の仮定は資本主義の本質に潜む仮定に根ざしたものである。深層にある仮定を解読するのは難しいが，実はそれこそが，現実の組織において文化がどのように作用するかを決める本当の原動力なのである。

人間と自然環境の関係に関する仮定

　文化が異なれば，人間が自然環境に対して支配，共生，受動のいずれの立場をとるべきか，という信念も異なる。行動を好む西洋社会では，人間は自然を支配できると考え，全てが可能であると仮定する。「やればできる_{キャン・ドゥー}」というアメリカ海兵隊のスローガンはこの仮定を如実に反映するものであり，「不可能とは達成までに少し余計に時間がかかるもののこと」というスローガンにもこの仮定が反映されている。対照的にアジアの多くの社会では，人間は自然（訳注　自ら然る）に溶け込むべきであり，さらに言えば人間は自然に従うべきであるとさえ考えられている。自然環境は不変であり，人間らしい最高の姿は自然に溶け込むことであると考えられているのだ。

　組織においても，この種の仮定は対をなして存在する。市場で支配的位置を占め市場を「定義」する組織があれば，ニッチ（訳注　適所）を探してそこに溶け込むことに全力を尽くす組織もある。グローバルなビジネス哲学のほとんどは，近代西洋社会を反映している。その結果，市場においては支配的位置を占めることが有利である，という仮定が幅を利かせることになる。しかし，そのような仮定を証拠付ける研究がある一方で，それでもビジネスの「正しい」定義とはニッチを探してそこに溶け込むことであると考える社会が存在するという現実を変えることはできない。

読者の皆さんへの質問

　自分自身や他の人々に，次のように問いかけてみてください。
- あなたが所属する組織を同業他社と比較した場合，あなたの組織をどのように定義しますか？　組織は将来にどのような展望を持っていますか？

・あなたの組織は市場において支配的ですか？ ニッチを見つけて溶け込んでいますか？ あるいは，環境が許すことは何でも受動的に受け入れていますか？

人間の性質に関する仮定

　文化が異なれば，どの程度まで人間の性質を善と考えるか，悪と考えるか，も異なる。また，人間の性質は不変であると考えるか，変えられると考えるかについても見解は異なる。ダグラス・マグレガーはその古典的名著『企業の人間的側面』(1960) の中で，アメリカの管理職は人間の性質の定義付けにおいて大きな違いを持っていると指摘している[2]。例えば，人間は基本的に怠け者であり，インセンティブと管理のシステムがなければ働かないという考え方がある。いわゆる X 理論である。反対に，人間はもともと働きたいという気持ちを持っており，必要な物資および適切な機会さえ与えられれば働くものだという考え方もある。いわゆる Y 理論だ。マグレガーはまた，管理上の戦略は管理職の信じる理論に基づいて決定されることを指摘している。管理職が従業員を信頼していなければ，タイムレコーダーを活用したり，頻繁に監視したりと，様々な方法を取る。それにより，管理職が従業員を信頼していないことが，従業員にも伝わる。すると，従業員は次第にやる気を失い管理職に反発するようになる。管理職はこのような反発を一度でも目にすると，最初に自分が抱いた仮定が正しかったと確信する。現在，命令と統制と呼ばれているシステムのほとんどは，「従業員は信頼できない」という仮定に端を発している。

　反対に，従業員は自分の目標と組織の目標を結びつけることができ，現実に結び付けてもくれると確信する管理職は，従業員により多くの職務を委ねる。そして，管理職は教師やコーチのような役割を果たし，従業員自身が自分をチェックできるようなインセンティブと管理システムを作る手助けをする。マグレガーは，Y 理論の管理職の方が成果を上げると論評している。なぜなら，Y 理論の管理職は従業員の持つやる気や創造性を引き出す一方で，

職務上の必要がある場合や，本当に信用できない従業員と仕事をする場合には，独裁者にも支配者にも変身できる柔軟性を持っているからだ。しかし，XYどちらの理論が適切かは一概には言えず，仕事や状況が異なれば，適応する文化面の仮定も異なる可能性がある。また，管理職がX理論者であるかY理論者であるかにかかわらず，経営スタイルそのものに明白な違いがあることも心にとめて置かねばならない。例えば，フランス企業でアメリカ人管理職が自分の権限を最初から強く主張した結果，アメリカ人管理職が大変な苦労に見舞われた話は枚挙にいとまがない。

　文化の違いに関してさらに重要な要素として，人間の性質はどの程度まで不変であると考えるか，あるいは，変化が可能であるかと考えるかが挙げられる。西洋文化，特にアメリカでは，自分たちはなろうと思えばどのような人間にもなれる，という考え方を支持している。これは，『あなたの……を改善するには』という類のハウツー本が空港の書店に何千冊も山積みしてあることからも分かる。反対に，人間の性質は不変であり，人間は本当の自分とできるだけ折り合いをつけて生きていかねばならないと考える文化もある。

読者の皆さんへの質問

　自分自身や他の人々に，次のように問いかけてみてください。
・あなたが所属する組織が採用しているインセンティブ，報酬，管理システムの深層にある仮定あるいは「メッセージ」は何ですか？　これらのシステムは，組織が従業員を信頼していることを表していますか？　あるいは，その逆ですか？
・X，Y理論に基づいてあなたの組織を10段階で評価する場合（X理論そのものである場合を1，Y理論そのものの場合は10），あなたの組織は何点になりますか？　また，部署により仮定が異なりますか？
・あなたは従業員も管理職も成長できると考えますか？　あるいは，基本的には資質の面から適任者を選ばなければならないと考えますか？　成長が見込める資質とは何ですか，反対に，成長の可能性がない資質とは何ですか？

人間関係に関する仮定

　人間社会はグループや共同体の周りにできあがるのか，それとも個人の周りに社会が構築されるのか。個人の利益と共同体（国家）の利益がぶつかった場合，どちらが犠牲にされるのか。日本や中国のような集団主義あるいは共産主義の社会では，明らかに個人が犠牲となる。逆に，アメリカのような個人主義の社会では，妥協しなければならないのは集団の方である。なぜなら，アメリカでは個人の権利こそが社会の基礎であると信じられているからだ。アメリカでは市民の誰もが，アメリカ政府でさえも告訴することができる。非常に強固な共産主義社会では，政府を訴えるなどという発想は市民の頭に浮かぶことさえないだろう。

　組織もこのような次元を鏡のように映している。会社に対してどの程度まで忠誠心を持ち尽くすか，あるいは個人の自由や自主性を尊重するかは組織により異なる。C-G社のように強い家長主義（パターナリズム）をとる会社では，会社が面倒をみる代わりに，従業員は会社に忠誠心を持ち，必要とあらば犠牲を払ってでも会社のために尽くすことが期待されている。一方，アップル社やシリコンバレーにある多くの会社では，会社は雇用の保証もしなければ，従業員が会社に忠実であることも期待しないという仮定ができあがっている。これに対し，当初から集団中心の家長主義的哲学を実践しているヒューレット・パッカード社は，非常に対照的である。このことは，1970年代にレイオフを出す代わりに従業員の給料を一律カットした出来事に最もよく現れている。だが，同時にヒューレット・パッカード社は職務領域においては個人主義的な仮定が支配的であり，報酬，インセンティブ，管理システムは全ての個人の業績に基づいている。

　一般的なアメリカの組織を検証する場合，個人主義を最も顕著に示す指標は，個人の責任を聖域としているかどうかである。理論的にどんなにチームワークが推奨されようとも，責任それ自体がチーム全体に課せられ，チームごとの賃金，報酬のシステムが導入されない限り，チームワークなど存在しないも同然なのである。

読者の皆さんへの質問

自分自身や他の人々に，次のように問いかけてみましょう。
・心の深層にひそむ個人主義と集団主義に関する仮定は，あなたの組織ではどの程度反映されていますか？
・インセンティブ，報酬，管理システムのあり方はどのような体系になっていますか？ チームワークが標榜されている場合，現実にはどの程度チームワークが機能していますか？
・あなたの組織はあなたに忠誠心を期待していますか？ あなたは組織があなたに対して忠誠心を持っていることを期待しますか？ また，ある程度の期間が過ぎたら，組織があなたの面倒をみてくれることを期待しますか？

現実と真実の本質に関する仮定

どの文化においても，何が**本当**で，何が**真実**であるかに関する信念や仮定は，成長するにつれて人々の心に抱かれるようになる。近代西洋社会では，人は両親や教師，その他の権威のある人の言うことが真実であると信じるところから始まり，やがて，「何が真実であるか」という問題に関しては権威者たちの間でも意見の相違があることに気づく。そのため，自分自身の経験や科学的な証明を信頼するようになる。自分自身で真実を追求することは賞賛されるべきだが，賞賛しすぎると今度は科学それ自体を神聖にして犯すべからざる聖域に祭り上げてしまう。これは，広告産業が統計や科学的検証，証明と称されるものにすっかり取り憑かれてしまっていることを見れば明らかだ。「研究によれば，この薬は大変効果があります」とか「医師が推薦する……」という宣伝文句は，自分が信じる権威者たちもまた科学や研究を信じていることを表している。冷静に考えれば，研究と科学に基づいた仮定は極めて実用的である。西洋社会においては，人は効果があるものだけを信じるのだ。

しかし，全ての文化が実用主義を信奉しているわけではない。伝統や倫理的規範，宗教的教義やその他の絶対的権限によって，何が本当で，何が真実であるかがより明確に定義されている文化も多数存在する。読者の皆さんも

ご存じのように，西洋社会にあっても，何が真実であるかを考える際，実用主義的経験よりも宗教や倫理的権限を重視する場面に出くわすことが少なくない。DEC社の仮定は究極的な実用主義を反映していた。どのようなことであれ，闘って解決しなければならなかった。激論の末勝ち残ったアイデアだけが，実際に試してみる価値があるとみなされた。また，その検証の仕方もまた実用主義を象徴するものであった。DEC社は社内で互いに競合するプロジェクトを並行させ，最終的には「市場の判断に委ねた」のである。DEC社がパソコン市場に参入した際には，異なる3機種のパソコンを投入したのだが，いずれも惨敗を喫している。一方，C-G社は化学と研究を土台にして成長してきた会社であるため，化学の分野での専門教育や経験がある人だけが，何が真実であるかを定義する資格を与えられた。DEC社ではたとえ創業者のケン・オルセンが出したアイデアであっても，技術分野の教祖的存在であったゴードン・ベルのアイデアであっても，全てのアイデアは競い合わなければならなかった。それに対してC-G社では，博士号を持ち高い地位にある主任研究者が出したアイデアが却下されることはほとんどなかった。

　倫理あるいは宗教上の教義が事業計画を支配する組織もある。例えば，「主義として」無借金経営を貫く会社や，宗教や倫理的な主義により人事が決定される会社などである。うそをつくことが，成り行きによってはやむを得ない行為として受け入れられる組織もあれば，モラルの欠如として厳しく罰せられる組織もある。非常にモラルを重んじる社会では，共有する倫理規範によって現実が定義されることが多いが，実用主義を重んじる社会では，現実が最終的には法律により定義されることになる。つまり，社会が実用主義に傾倒すればするほど，慣習法やこれまでの前例だけが論争を解決する最後の手段であり，何が真実であるのか，実際に何が起こったのか，次に何をすべきであったのかを裁く最後の砦となるのである。

　この種の文化領域においては，知識も2種類に分類される。ある主張がすぐに検証結果により定義される**物理的現実**の領域では，科学と実用主義が最も機能する。例えば，このガラスのテーブルに誰かが腰を掛けたら，ガラスが割れるだろうと私が主張した場合，私の主張を検証することは簡単だ。し

かし，すぐに検証を行うことができない**社会的現実**の領域では，科学や実用主義はあまり機能しない。例えば，ガラスのテーブルは木のテーブルよりも格好が良いと私が主張した場合，私の主張を物理的に検証することはできない。人がコンセンサスや道徳的な権威，法律のような紛争解決のメカニズムに頼ろうとするのは，まさにこの社会的現実の領域である。また，文化がより大きな働きをするのもこの領域である。合意に基づいて行動することで成功してきた歴史を持っていれば，グループのメンバーは同様の問題については，それに基づいて，何が有効で，何が真実であるかを判断するようになる。

物理的現実の領域と社会的現実の領域の間には，多くのグレーゾーンがある。そのグレーゾーンでは，経験とモラルが混ざり合ったものや物理的な権威者に頼ることになる。たいていの組織では，戦略やその実行手段，あるいは，評価方法でさえ，科学的証拠よりも，独自の判断や過去の経験に基づいて行われる。経済や財務の領域では，研究に裏付けられた明白な原則がある。しかし，そのような原則が所定の戦略が実際にうまくいくかどうかを示すことができることは極めて稀である。このため，組織の基本的使命や戦略に関して，文化が大きな影響を与えることになる。

読者の皆さんへの質問

自分自身や他の人々に，次のように問いかけてみましょう。
・あなたが所属している組織がここ数年間に下した重要な決定を1つか2つ思い出してください。その決定は最終的には何に基づいていましたか？ 情報は何によって定義されましたか？ 意見ではなく事実として扱われたことは何でしたか？ 決定を下す際，決定的だった事実は何でしたか？ 最終的な決定は何に裏付けられていましたか？ それは事実でしたか？ 意見でしたか？ もしも，意見であった場合，誰の意見が重要でしたか？ その意見はなぜ，信用されたのですか？
・あなたの組織の意思決定スタイルを評価する場合（倫理を最大限重視する場合は1，実用主義を最大限重視する場合は10），何点を付けますか？

時間に関する仮定

　時間と空間に関する文化の仮定を解読するのは極めて困難である。しかし一方で，それは与えられた環境をどの程度居心地よく感じることができるかを決める，最も重要な要因となる。時間に関する仮定について考える場合，時間をどの程度まで直線的に捉えるかは文化により異なる。時間とは一度過ぎ去れば二度と戻ってこない直線である――エドワール・ホールはこれを「モノクロニック・タイム」[3]と呼んだ。この概念では，いずれの単位時間においても，一度に１つのことしかできない。そのため，人間はカレンダーや予定表を生み出した。時は金なり。時間は大切にしなければならない。「時間を無駄にする」ことは許されないのだ。

　一方，時間は循環するものであり，一度に複数のことを行うことができる，という仮定も存在する――エドワール・ホールはこれを「ポリクロニック・タイム」と呼んだ。医師や歯科医が隣接する治療室に座る複数の患者を同時に治療したり，上司や親が皆の意見を調整したり，部下や子どもたちからのニーズに同時に応えたりしている場合，彼らはポリクロニック・タイムを使っていることになる[4]。

　時間を守ったり時間に遅れたりすることが何を意味するかも，組織により異なる。ラテン諸国では，遅刻することが粋で許されるべきことと見なされるかもしれないが，ヨーロッパ北部の国々では，それは侮辱的な行為としてみなされる。職場に早く来て遅くまで働くことも，状況によって異なる象徴的意味を持つ。仕事熱心であると見られる場合もあれば，効率よく仕事こなす能力がないと取られる場合もある。組織において，時間に関して重要となるのは，時間がコントロールできるものとしてみなされているかどうかである。大部分の管理職は計画された予定時間を，必要に応じてスピードアップしたりスローダウンしたりできるものだと想定している。何かを早く終わらせる必要がある場合，納期に間に合わせるため「夜昼なしに働く」こともある。一方で，研究開発部門は「開発期間」に合わせて仕事をすることが多い。特にバイオテクノロジー分野では，ある種の研究プロセスはスピードアップ

することが不可能である[5]。 例えば，計画立案者が5カ月で子どもを誕生させてほしいと思っても，開発者は「申し訳ないけど，9カ月かかりますよ」と言うしかないだろう。スケジュールや計画の予定が，チャンスを獲得したり連係を深めたりする上で重要となる仕事もある。一方で，バイオテクノロジーや化学の分野のように，研究がどれくらいかかるかによってスケジュールが決定される仕事もあるということだ。

　文化や組織は，視点が過去にあるのか，現在，近未来，あるいは，はるか遠い未来にあるのかによっても異なる。過去の成功体験や失敗体験から計画を立てる組織もあれば，今あるチャンスや偶然に目を向ける組織もある。あるいは，次に何をすべきか決定する際に，近未来や遠い未来を考慮する組織もある。管理したり評価したりする際に，どのような時間単位を使用するかも組織により異なる。エリオット・ジャックスが提唱した「裁量の時間幅」，つまり，従業員が監視されない時間の長さも組織により異なる[6]。 製造工程の従業員は1時間あるいは1日に一度チェックされるが，現場監督者は1日あるいは1週間に一度，中間管理職は月に一度，そして上級管理職と取締役は1年に一度チェックされる，といった具合に。

　最後に，時間はチームワークや連携を強める鍵であることを述べておきたい。個々の従業員や組織同士が連続的にあるいは同時に相互依存状態にある場合，いかに「皆の時計を同調させ」て，同じペースで仕事ができるかということに成否がかかっている。これは，文化や職種により，許容範囲となる時間の概念が異なってくるからである。例えば，悪名高いスイスの電車は，どんなに多くの客が乗り込もうとしていても，所定の時間だけ停車し，時間通りに発車してしまう。

　時間についての様々な仮定が並列していると，連係が必要となる場面で人々は互いにいがみあい，不安になり，失敗に陥ってしまいがちである。このことはとても重要である。

読者の皆さんへの質問

自分自身や他の人々に，次のように 問いかけてみましょう。
・あなたの所属する組織では時間に関してどのような規範を持っていますか？
・遅い／早い，あるいは，職場に早くやってくるとか，早めに帰宅することにはどのような意味がありますか？
・ミーティングは時間通りに始まりますか？　時間通りに終わりますか？
・誰かと会う場合，どのくらいの長さの時間が普通だと思いますか？
・同時に2つ以上のことをすると，いらいらしますか？
・目標や予定に間に合わなかった時，組織はどのように反応しますか？

空間に関する仮定

　時間と同様，空間にも重要な象徴的意味がある。開放的な職場のレイアウトは，人々はお互いに気軽に情報交換し合うべきだという考えを示している。一方，個人専用に部屋が割り当てられ，ドアが閉まっていることは，一人で熟考する必要があることを象徴している。「プライバシー」とは，ドアを閉めて文字通り視界から消えることを意味する文化もあれば，たとえ目に入るところにいても，声さえ聞こえなければプライバシーが確保されているとみなす文化もある。

　互いにどの程度離れて立つかによっても，人間関係が分かる。距離が近ければ近いほど，親しいことを意味する。あまり親しいとは思っていない人が近くに寄ってくると，居心地が悪くなり思わず後ずさりしてしまう。もっと近くにどうぞと言ってくれる人がいれば，その人がもっと親しくなりたいと思ってくれていると解釈できる（秘密の話を文字通りその人の耳元でささやいたりする時のように）。普通の会話をどの位の距離で行うかも，文化により異なる。距離感に関して異なる仮定を持つ二人の人間が会話を試みる場合，一人は自分のスペースに侵入されたと感じ，適切な距離を保つために後ずさりをするが，もう一人は自分にとっての適切な距離を取るために前進することになる。結果として，なぜ居心地が悪いかも分からないまま，二人ともぎこちない儀式的なダンスを踊るはめになるのである。さらに悪いことに，一

人は相手がよそよそしいと言い，もう一人は相手の押しが強いと言い合うことになる。

　空間に関する仮定は，個人主義社会と集団主義の社会によっても異なる。西洋の個人主義社会では，自分の目の前のスペースは自分ものであると仮定しているため，目の前に誰かに立たれたり，散歩中（あるいは，運転中）に，誰かに割り込まれたりすることをひどく嫌う。この感情は，誰かが「目の前に」現れた時や，列に割り込んだ時に，不快感として厳然と表現されたりする。動かなければならない場合は，誰かに「場所を取っておく」ようにお願いし，可能であれば，なるべく身体が触れ合わないように気をつけて動かなければならない。集団主義の社会では，空間は共有するものであり，他の人間や物，乗り物や動物に順応しなければならないことを幼少の頃から学ぶ。行列の形の崩れたゆるい集団の中で，人々は自分の居場所をうまく確保する。また，その中で他人の身体にぶつかっても，誰が悪いということでもなく，大した事ではないと無視される。

　部屋や机をどこに置くかということは，地位や階級を象徴している。通常，階級が高くなればなるほど，部屋は建物の上階に位置し，プライバシーを確保するためにより多くの壁，ついたて等で仕切られるようになる。部屋の位置や大きさに加えて，調度品も階級の高さと比例している。床一面に敷き詰められたカーペットや見晴らしの良い窓など，地位のシンボルとなるものについて，人はよく冗談を言ったりするが，このような冗談も，その環境における各々の物質が持つ意味に関する文化的仮定を揶揄しているのである。

読者の皆さんへの質問

　自分自身や他の人々に，次のように問いかけてみましょう。
・あなたが所属する組織の物理的レイアウトは，働き方のスタイルや地位をどのように反映していますか？
・人はどのように物理的，空間的行動を使って地位を表現しますか？
・自分の周りの空間をどのように配置しますか？　それによって，何を表したいと思っていますか？
・物理的レイアウトによって，プライバシーはどのように定義されていますか？

分からないことやコントロールできないことに対処する

　コントロールできないことや予測できないことに対処しなければならない時，安心感を与えてくれるのが，文化に基づいた仮定である。ほとんどの文化が，極限状況において，宗教的信条や神の概念，神に付随する様々な要素を発展させてきたことは不思議ではない。人々は，力強いが人間がコントロールすることができないもの——太陽や風，火や水を始めとする自然現象に宗教的信条を見出してきた。また，現在の文化においても，宗教が誕生や死，死後の世界を扱っていることも何ら不思議ではない。

　もっと身近な話で言えば，組織文化の要素は，日常業務ではコントロールできない物事の周辺で発達するものである。いくつかの医療機関でコンピュータ化された断層写真の研究を行っていたスティーブ・バーリィ（訳注：スタンフォード大学教授 MOT：シャインのもとで MIT から学位を受けた）は，ある日，コンピュータが故障した場合，オペレータたちが迷信的とも思える行動を取っていることに気がついた[7]。マニュアルではそのような場合はすぐに，エンジニアを呼ぶことになっているのだが，エンジニアを待つ間，オペレータはコンピュータを蹴ってみることも含めて，あらゆることをやっていた。そうしていると，コンピュータには往々にしてあることだが，ふいに正常動作に戻ることがある。その場合，オペレータはコンピュータが偶然，再スタートする前に行った行為を書きとめずにはいられなくなる。エンジニアは到着すると，分からない時には手を触れないようにと言い，オペレータが行った行為は再スタートには何も関係がなかったと諭すだろう。それにもかかわらず，オペレータが書き留めたメモは新しいオペレータに厳かに伝えられる，「コンピュータがフリーズしたら，こうしてください……」と。

　私は組織の上層部でどのように意思が決定されるかを見てきたが，特にマーケティングや財務部門においては，最終決定が経験や信仰，希望といったものを拠り所としていることが多かった。

読者の皆さんへの質問

　あなたの仕事や人生において，自分でコントロールするのが難しい分野を心に思い描いてください。そして，そのような分野であなたはどのように「計画」を立てているか考えてみてください。
・悪い結果を避けるために，あなたは何をしますか？

結論

　文化の次元に関して，この章で議論したような様々な違いがあることを理解することは，なぜ重要なのだろうか。文化は日常生活をどのように変えているのだろうか。ここまで，文化は奥が深く，永続的で，複雑であるということを議論してきた。第3章と第4章では，文化に広がりがあること――私たちの生活の全ての分野において，暗黙ではあるが共有された仮定が存在することを議論した。文化は，あなたの考え方や感じ方だけでなく，あなたの行動にも影響を与え，あなたの日々の暮らしにおいて，物事に意味を与えたり可能性を予想したりする。しかも，文化はあなたが意識しないところで作用する。文化的仮定は，気づかないうちに，当然のこととなっているのである。

　すると，ある疑問が頭をもたげてくるだろう。そもそも，なぜ，文化を分析し評価する必要があるのか，と。これは重要な問題提起であるから，軽く扱うわけにはいかない。自分の文化を理解することが自動的に価値を生み出すわけではない。自分の性格を理解することが自動的に価値を生み出すわけではないのと同じだ。文化を理解することで，問題を解決したり，変化したり，新しいことを学習したりできた時にだけ，それが価値を生み出す必要な考えとなるのだ。あなたは，あなたの文化が，どのようにあなたの助けとなったり，妨げとなったりするのかを理解しなければならない。また，ここまで検証してきた多くの特徴についても，自分で評価する必要がある。物事がうまくいかないならば，あなたの組織が目標を達成していないならば，あるいは，あなたが「本当はもっとうまくいくはずなのに」と思っているのな

らば，あなたの心の奥深くに存在し，あなたを駆り立てている，深層にある文化的仮定を知らなければならない。

　第5章では，私たちはいつ，どうやって文化を評価するべきか，について議論する。緻密なアンケートを使って文化を定義することは可能であるのか。また，定義することができないならば，アンケート調査以外の現実的な方法はあるのか，という点についても検証する。

第5章

文化を評価する時期と方法

　組織が文化を評価しなければならないのは，組織が経営上の問題に直面した場合，または合併や買収，ジョイント・ベンチャーや提携を行う際に戦略上の新しいガイドラインの一部として文化の理解が必要な場合，あるいは，異なる文化を持つ2つ以上の組織がプロジェクトや共同事業を実施するといった場合である。現実的に解決しなければならない問題や戦略上達成しなければならない課題に直面していないのであれば，文化を分析することは極めて退屈であり，成果などは期待できない。解決しようとしている問題や実現させようとしている変革が，あなたやあなたの組織を支配している文化の力にかかっていることに気づいた時はじめて，文化を知ることで潜在的な洞察力を得られるようになるのである。まず最初に，組織の文化的な仮定が組織自体のアイデンティティや長所の源になっていることに気づくはずだ。求められている変化が，「組織文化自体の変革」を必要としているとしても，実際に変革が必要なのは文化全体の一部に過ぎない。その他の大部分の文化は，逆に求める変化を助ける存在になることが次第に分かってくるはずだ。

　読者の皆さんは，第3章と第4章に記述した読者の皆さんへの質問に取り組むことで，すでに自社の文化の評価をスタートさせているわけだが，自らの文化を解読する能力はまだ限られている。文化の大部分は言葉では表すことができないものだからである。では，文化を解読する際，自分で深く熟考する他に，どのような方法を活用できるだろうか？

アンケート調査を活用すべきか？

　大半の管理職は数字を重視する。数値化を好む傾向は管理職文化の一部にさえなっている。現実主義のアメリカ人管理職の文化においては，数値化は

良いことであり，数値化によってはじめて正確性が担保されるというのが暗黙の仮定になっている。おそらく，読者の皆さんも，これまでの章で見てきたあらゆる文化の次元を数値に置き換えて自社の文化を測定できるようなアンケート調査があるかどうか，知りたくてうずうずしていることだろう。実際，文化を測定できると**謳っている**アンケート調査は数多く存在する。では，どのアンケートを使うべきかどうかを，どのように決定すれば良いだろう。例えば，現在人気のあるアンケート調査では，次に挙げる2つの文化の次元を使い，あなたの会社の立ち位置を示すそうだ。つまり，1）あなたの組織には柔軟性があるのかどうか，2）あなたの組織は内部志向か，外部志向か，という2点である。各々の回答に基づいて，組織は次の4種類の「文化」に分類される[1]。

- 派閥（Clan）型：柔軟性が高く，内部志向
- 序列（Hierarchy）型：柔軟性が低く，内部志向
- アドホクラシー（問題別随時組織；Adhocracy）型：柔軟性が高く，外部志向
- マーケット（Market）型：柔軟性が低く，外部志向

別のアンケート調査では，社交性と連帯性を基準として，組織を次の4種類に分類する[2]。

- ネットワーク（Networked）型：社交性が高く，連帯性が高い
- 共同参加（Communal）型：社交性が高く，連帯性が低い
- 報酬目当て（Mercenary）型：社交性が低く，連帯性が高い
- バラバラ（Fragmented）型：社交性が低く，連帯性が低い

ヨーロッパのコンサルティング会社は，組織のプロフィールを多次元的に示すアンケート調査を開発し，効率的な組織のプロフィールを明らかにしようとしている[3]。このようなアンケート調査を使う際の最大の問題点は，アンケートが測定しようとしている文化の次元と，あなたの組織が解決しよ

うとしている問題点との間に何の関連もない場合がある，ということだ。あなたの組織が共同参加型であるのか，バラバラ型であるのかを知ることは，興味深いことかもしれないが，それがあなたの実現しようとしている変革とは全く関係がないかもしれないのだ。また，上記のような一般的な問題点の他にも，アンケート調査には，それ自体の有効性に疑問が生じるような，致命的な問題点が存在する。

なぜ文化に関するアンケート調査は文化を測定しない／できないのか
- 何を聞けば良いのか分からない。アンケート調査で，どのような質問をするのが良いのかが分からない。なぜなら，解決しようとしている問題に関係している組織文化やサブカルチャーがどのようなもので，どの事柄や文化の次元が重要になるのかは，前もって知ることができないからである。
- 文化の表面的な特徴だけを測定してしまう危険性がある。アンケート調査という手段では，より深層にある暗黙の仮定までたどり着くことはできない。
- 個々の回答者は質問を誤解したり，誤った解釈を加えたりすることがある。そのため，提供された情報が信用できないことがある。
- 相互作用や模倣といった，文化やサブカルチャーの影響から逃れることはできない。
- 質問の理解度には個人差があるため，個人の回答から，共有されている暗黙の仮定を推測することは無意味である。
- アンケート調査や面談では，参加者のために質問が作られる傾向があり，参加者が聞いてほしかったり，答えやすかったりする質問に偏りがちである。

例えば，これまで指摘してきたように，多くの会社がチームワークを標榜している。また，アンケート調査をすれば，従業員はもっとチームワークを望んでおり，従業員同士もっと信頼し合いたいなどと思っているということが分かる。しかし，そのような企業の文物を調査してみると，個人の業績に

基づく報酬やインセンティブや懲罰システムが存在していたり，数少ない昇進の機会を巡って従業員同士の競争が行われていたりすることが往々にしてある。もしこの会社が本当にチームワークを基盤としたいのであれば，これまで行われてきた，またそのせいで従業員の思考に深く埋め込まれているこの種の個人主義的報酬システムを他のやり方に変えなくてはならない。そして，もしこの会社が新たにグループごとのインセンティブやグループごとの責任システムを構築できない，あるいは，構築するつもりがない場合，従業員たちは自分たちの希望が実現しないことに気づき，最終的には士気の低下につながる。

つまり，「現在抱えている問題は何ですか」とか「どのような将来像を描いていますか」といった類のアンケート調査で簡単に導かれ，「望ましい文化」とされているものは，実は既存の文化では実際には実現することのできない，建て前の価値観に過ぎないのである。チームワークやオープンなコミュニケーション，責任ある決定を従業員にエンパワーすること，強く信頼し合うこと，フラットな組織でコンセンサスに基づいた意思決定を行うなどという建て前を掲げることにしがみつき続けることはできる。しかし，大半の企業文化では，このような建て前は決して実践されないという厳しい現実がある。大抵の組織文化は，序列や厳格な統制，管理職の特権や従業員とのコミュニケーションの制限といった，より深いレベルにある現実的な仮定に深く根ざしているものであり，また組織は，経営側と従業員側は基本的には対立するものだという深層にある仮定に基づいて構築されるものだからである。組合の存在や不正があった場合の告発プロセス，ストライキ権などが，暗黙の文化的仮定が本当はどんなものであるかを象徴している。このような仮定は組織の深層に根ざしているため，新しい経営陣がやって来て，「新しい文化」を宣言するだけで簡単に変えられるものではない。後の章で検証していくが，このような仮定を本当に変革したいのであれば，大きな組織変革を伴う努力が必要となる。

自己分析から文化を推測することは可能か？

第5章　文化を評価する時期と方法　79

　文化の測定の難しさを理解する別の方法として，自分自身の性格の中にある文化の階層を分析してみることも有用だ。あなたは成長する過程で，ある文化の構成メンバーとなり，結果，その文化特有の何かしらが，をあなたの性格や心のあり方に残されていく。その顕著な例として，母国語や言葉遣いがある。言語は遺伝的に習得できるものではなく，明らかにあなたが学習したものであり，それがあなたの思考プロセスや世界観を深いレベルで支配している。また，態度や価値観というものは，言語の範囲を超えて，家庭や学校，仲間たちから身につけたものである。よく言われることではあるが，人間というものは，自分が育ったコミュニティや社会経済的な階層に従って，異なった系統の行動パターンや価値観を身につけて成長するのである。

　分かりやすい実験をしてみよう。一人の大人として，あなたはどのようなグループやコミュニティに所属し，そしてその中で自分をどう位置づけているのか，自分自身に尋ねてみていただきたい。なかでも，あなたの「職業上のコミュニティ」[4]には特に注意を払っていただきたい。あなたが工学系の仕事についているエンジニアなら，学校教育や新任の頃の経験の一部として学習した，エンジニア特有の世界観の仮定にどっぷりと染まっているだろう。あるいは，あなたが販売に興味を持ち，学校では経営学を専攻し，営業やマーケティングの分野で働いてきたならば，あなたは営業職というコミュニティを反映するような仮定を持っているはずである。あなたが営業職ならば，エンジニアと意見が合わないことは珍しくないだろうし，彼らの物の考え方に腹を立てることさえあるかも知れない。これは双方がそれぞれの文化による教育を受け，それぞれ異なったレンズで世の中を見ているからだということに気づいていただきたい。あなたの政治的信条，精神性や宗教観，個人的な好みや趣味といった全てのものが，あなたがこれまでどのようなグループの中で育ち，現在どのようなグループに所属しているかを如実に表しているのである。

　私たちはこのようなことを直感的に知っており，自分たちが環境の産物であることを理解しているはずだ。この見解に文化的視点を加えてみよう。あなたが今持っている視点や態度，仮定というものは，あなたが現在所属しているグループやコミュニティの反映である。あなたや周りの人間がその文化

にしがみついている理由は、自分が大切だと思っているグループからはずれたくないからである。つまり、文化的な仮定が強固なのは、1つの仮定がグループ内で共有されているからであり、また、メンバーたちがグループに残りたいと思うことにより、文化的仮定が常に強化されているからである。ひとつ前もって注意させていただくと、文化の「変革」を唱えるということは、結果として、そのグループやコミュニティ全体に対して、彼らのアイデンティティの中核となっているかもしれない特色を変えるようにお願いすることを意味しているということだ。だからこそ、それが難しいのは当たり前であり、人々が必死になって抵抗するのも当たり前なのである。

読者の皆さんへの質問

　自分がどのようなグループやコミュニティに所属しているか考えてください。それらのグループやコミュニティが現在および将来の自分にとって、どのくらい重要であるかをランク付けしてみてください。また、それぞれのグループやコミュニティ特有の仮定や態度、信念や価値観といったものの中で、重要なものをリストアップしてみてください。ガイドラインとして、図表5.1の分類を使うと良いでしょう。

　あなたの人となりや個性、つまり、あなたの思考プロセスや物の見方、感情や態度というものは、あなたの所属するコミュニティの他のメンバーと驚くほど似ていることでしょう。自分では人生の舞台において一人の役者として演技してきたつもりでも、実は思っている以上に自分の所属するグループにどっぷりと浸かっているものなのです。

　ここまでをまとめてみよう。あなたが現在所属するグループや組織から受ける個人への影響は、文化的分析を行う際の良い出発点となる。しかし、グループや組織内で実際にどれくらいの文化が共有されているかは、それだけでは分からない。前述した多くの理由により、アンケート調査がこの疑問に答えうるものではないことは、すでに議論してきた。では、どうすれば、文化を評価することができるのだろうか。あなたのビジネスや組織の問題を解決するため、組織文化や様々なサブカルチャーがいかにあなたを助けたり邪魔したりするのかという問題をより理解する必要がある場合、一体どのよう

に答えを探せば良いのだろうか？

あなたの会社の文化を解読する所要時間4時間の演習

　文化的な仮定は皆に共有されてはいるものの，暗黙のものであり，意識されていないことを，まず心に留めておいていただきたい。しかし，だからといって，文化的な仮定が抑圧されて，利用できなくなっているわけでもない。組織の文化に近づきたいのであれば，組織の中で，この演習に取り組むきっかけとなったビジネスの問題にかかわりがあり，この演習に関心を持つ従業員グループを集めてほしい。実際に解決すべき問題がなければこのプロセスは始まらないということを忘れてはならない。同時に，文化の概念に関して多少の知識を持っているが，この演習を行うグループには所属していない人物をファシリテーターとして参加させてほしい。ファシリテーターは社内の他部署に所属する人物でも良いし，社外の専門家でも良い。もしも，あなたの主な仕事が他部署の問題への対処する役割であるなら，あなた自身がファシリテーターになっても構わない。変革のイニシアティブを取る人間と，ファシリテーターが協力して，演習を進めていく。まず，「文化の解読役」となるグループを1つ，あるいは，2つ以上作る。グループの人数は10～15名が良いだろう。グループの構成員は社内の階層や職能を越えて，今回取り組むビジネスの問題に関心を寄せる人物を選抜する。

　手順は次の通りである。

1. 快適な部屋に集合する。壁には書き込み用の模造紙をたくさん掲示できるようなスペースが十分にある。お互いに顔を見て会話ができるように，椅子は円形に並べる。

2. **ビジネスの問題点を明確にする**（30分間）
　　自分たちの「ビジネスの問題点」を確認することから，ミーティングを開始する。「ビジネスの問題点」とは，修復しなければならないと考えられていること，改善の余地があること，あるいは，必要に迫られている新

しい戦略等のことである。文化の分析が無意味で陳腐なものに終わらないように，改善する分野をしっかりと限定する。変革プログラムが成功した場合の将来像も明確化する。

3．**文化およびその階層構造に関する概念を確認する**（15分間）

　　変革や改善に関して望んでいること，つまり戦略上あるいは戦術上の目標についての意見がまとまったら，次に，文化の概念を確認する。まず，目に見える文物，表向きに標榜されている価値観，共有されている暗黙の仮定という3つのレベルで文化が構築されているという概念を理解する。そして，このような文化のモデルによって，文化の最深層である共有されている暗黙の仮定を明らかにするという目標を，メンバー全員が確認する。

4．**文物を特定し，リストアップする**（60分間）

　　組織を特徴づけている多くの文物を特定する。組織に最近新しく加わった人に，職場に来るとどのような感じがするか聞いてみる。どのような文物が目に付くか尋ねる。回答は全て，模造紙に書き込んでいく。考えるきっかけとして，図表5.1を活用し，文化的な文物が目に見える全ての分野を網羅するようにする。作業を開始するとすぐに，誰かが何かを指摘すると，他の参加者たちが全員相槌を打っていることに気づくはずだ。他の

図表5.1　文物を特定するための分類

・服装規定
・上下関係における堅苦しさ
・勤務時間
・ミーティング（頻度，進め方，タイミング）
・意思決定の方法
・コミュニケーション――様々なことをどのように学ぶのか？
・懇親行事
・仲間内の言葉，制服，社員章
・儀礼，慣習
・意見の相違および対立――どのように対処するのか？
・仕事と家庭のワークライフ・バランス

第5章　文化を評価する時期と方法　83

メンバーの様子から，どのようなことが皆に共通していて，どのようなことが強く共感されているかが分かるだろう。5〜10枚もの模造紙で一杯になるかもしれない。書き込んだ模造紙を壁に貼っていくと，文字通り，文化そのものに取り囲まれている気分になるはずだ。

5．**組織の標榜された価値観を特定する**（30分間）

　1時間ほどしたら，ギアを切り替えて，今度は組織が標榜している価値観をリストアップしてほしい。すでに4．の作業で指摘されているものもあるかもしれないが，文物とは別の模造紙にそれらを書いていく。これらの中には，今まで他のどこかで目にしたり，本で読んだりしたことのあるようなものもあるだろう。それらは，組織がこの先も成長を続け，競争力を保っていくための「ビジョン」の一部として，世間で繰り返し言われてきたことかも知れない。このような価値観が，特定の「組織文化」として標榜され，そう信じ込まれていることも多い。

6．**価値観を文物と比較する**（60分間）

　標榜されている価値観をリストアップしたところで，次にリストアップされた価値観を文物に照らし合わせる作業に移る。まず，標榜されている価値観を同じ分野の文物と比較してほしい。例えば「顧客第一」が価値観として標榜されているなら，それに対しどのような報酬システムや責任システムがあるのか，またそれらは顧客第一主義を支えているかどうかを検証する。もしそれらの文物が顧客第一主義を支えていないならば，この分野ではより深い暗黙の仮定が作用し，顧客第一主義を支えないシステムを動かしているということがはっきりしてくる。そのような深層にある仮定を見つけて，別の模造紙に書き留めていただきたい。

　別の例を挙げれば，「オープンなコミュニケーション」や，上司に対して「対等に意見を言える」ことを価値観として標榜していながら，内部告発者や悪い報告をした従業員が処罰される組織もある。そのような場合，従業員は解決策が思い浮かばないなら，問題点を指摘すべきではないという仮定が文物から見てとれることになるだろう。このような建て前と本音

の不一致から，共有されている暗黙の仮定が明らかになってくる。実は，この組織の文化は，標榜されている価値観に反して非常に閉鎖的で，コミュニケーションの中でも肯定的なものだけが評価され，問題に対する解決方法を思いつかないなら，黙ったまま見て見ぬふりをするのが一番良いということだ。

　一般的な原則として，文化のより深いレベルに到達するためには，(1)文物と，(2)標榜されている価値観との間にある矛盾や相違点を見つけ出すと良い。文物とは，実際の行動，方針，慣習のことである。また，標榜されている価値観は，公式に表明されている社是や経営方針，その他の経営陣からの通達文書に表れている。次に，外に現れる行動やその他の文物の本当の原動力は何であるかを明確にしなければならない。その原動力にこそ，文化の重要な要素が隠されているのである。より深層にある仮定を解読するたびに，別の模造紙に書き留めていく。そうすると，リストアップした仮定からある共通のパターンが見えてくるだろう。そして，その中でもシステムを実際に動かし，多くの文物の原動力となっている仮定は何であるかが，浮かび上がってくるはずだ。

7．**共有されている仮定を評価する**（45分間）

　いよいよ，共有されている基本的な仮定を評価する時がきた。手順1.で最初に設定した目標（事業にまつわる問題を明確化すること）を達成する際，共有されている基本的な仮定はどのように目標達成を助けるのか，あるいはどのように妨害するのか，という観点から評価を行う。文化を変革することは極めて難しいので，皆さんのエネルギーの大部分を，目標達成の「助け」となる仮定を特定することに集中していただきたい。自分たちの文化を，克服すべき束縛としてではなく，活用可能な前向きなパワーとして捉えよう。それでももし，特定の仮定が現実に束縛となっていることが判明した時は，その文化的要素を変えていくための計画を立てねばならない。ただしその場合も，変えなくてはならない文化的要素以外の，文化に内在する前向きで助けとなる要素を十分に活用するのが一番である。これに関しては，後章で説明する。

8．次のステップを決める（45分間）

　ここまで説明した手順を行うと，いくつかの結論にたどり着くはずだ。問題解決の助けとなる文化を活用し，発展を必要とする文化的要素を特定することで，組織の変革プログラムを計画するのに十分な見通しが立てられるようになっているかもしれない。あるいは，今回のグループによる分析では文化を十分には解明できないといったことや，参加メンバー間の相違点から，それぞれのサブカルチャーは別々の評価が必要な存在であることが明らかになっているかもしれない。また，ここまでに議論したことを再確認するため，別のグループによる演習が必要だと考え始めているかもしれない。

　それぞれの場合，次に以下のようなことを行う。

a．他のグループを対象に同じ手順を繰り返す。

　今回のミーティングで書き上げた模造紙の記述が不完全であったり曖昧であったりする場合は，別のグループを使い，一度，または数度，同じ手順を繰り返してみると良いだろう。独自の仮定を共有しているサブグループが存在すると思われる場合は，そういった隔たりがあると予想される複数のグループを集めてミーティングを行い，自分の仮説を検証するのが良い。この手順を数回繰り返さなければならないにしても（1回のミーティングの所要時間は3-4時間），投資する時間とエネルギーという点から見れば，アンケート調査や個人との面談による大規模調査を実施することに比べれば，グループによるミーティングは，はるかに効率的である。しかも，より有意義で確実性の高い情報を得ることができる。

b．文化の長所を利用して変革プログラムを進める。

　あなたやグループの他のメンバーは，文化の「中」で活動していることにより，外にいる人間には分からない文化の長所に気がつくことができるはずだ。文化がどのように目標達成の助けとなるかを特定し，それを体系的に検証しよう。それを踏まえ，当初の目的である，ビジネスの問題を解決する変革プログラムの計画を始めよう。また，文化のいくつかの要素が目標達成の障害となっていることに気づいた場合は，次の8．c．に進み，そのような障害を克服する方法を明確にすることを，新たな変革の第一歩

としなくてはならない。
c. 障害を克服するため，文化の変革プログラムを進める。

　ある種の文化要素が明らかにビジネスの目標を妨げている場合，文化を変革するプログラムを設計する必要がある。この場合，あくまでも沢山ある文化的要素のうちのいくつかを変革する提案をしているだけだ，ということを認識することが重要である。文化の一部の要素を変革する場合，他の文化的長所がどのように変革を助けてくれるのかを理解することが，最初のステップとなる。これについては，後で解説する。

分析例

　次に挙げる具体的な分析例は様々な視点からの考察が可能である。つまり，読者の皆さんが変革を実行するマネージャーであっても，演習を取り仕切るファシリテーターであっても，あるいは，評価グループのメンバーであっても，以下の分析例は検証に値するはずだ。

事例5.1　アモコ石油

　この事例は，あるプロジェクトにおける文化解読の手順を示したものだ。当初，そのプロジェクトは企業文化全体に直接関わるものではなかったが，プロジェクトの目標を達成するために，エンジニアのサブカルチャーに関連して企業文化の全体像を解明する必要性が生まれた。またこの事例は，評価プロセスとは一度限りのものではなく，変革プロジェクトが進むにつれて，評価プロセスもまた進化させていかなければならないということを示す良い例ともなっている。

　1990年代，「アモコ石油」は社内の技術に関わる業務を再構築し，技術部門の全てを1つのサービス・グループにまとめた。それまでは800人の技術者たちが精製，探査，製造など諸々の事業単位に分かれ，各組織の一員として働いていた。新しくできた中央集中型の組織では，技術者たちはそれぞれの事業単位にコンサルタントとして出向いて仕事をし，その仕事に対する技術料を請求するシステムになった。技術の提供は全て支払いを請求してから

行うが，社内の様々な顧客に対する料金は，800人の従業員を抱える技術部門の経費を賄うのに十分な金額とするというのが正式な規則となった。探査，製造，精製およびマーケティング活動を構築，維持していくために技術者を「雇う」ことになった他の各事業単位は，社内の一部署に集められた社内技師を活用しても，社外の外注サービスを利用してもどちらでも良かったが，技術サービス部はサービスの外販ができず内販のみが許された。

　私にこれら全てのいきさつを教えてくれたのは，この中央集権化されたサービス・グループを任された社内の組織開発部長であった。この組織開発部長を仮にメアリーと呼ぶことにしよう。メアリーはその技術サービス部を統括する部長から，「文化委員会」を設立するよう頼まれた。その使命はこの組織単位が新しい役割を担うようになってからの，いわゆる新しい文化を明確にすることにあった。彼女は文化に関する問題を検討するには，外部からの視点も必要であると考え，このプロジェクトのコンサルタントとして私を招いたのだ。メアリーと私は，技術者たちが自らの役割とアイデンティティの大転換により深刻な問題に直面していることに気がついた。つまり，これまで各事業部の一員であったのが，独立したコンサルタントへと立場が変わり，自分や自分の技術を売って，決められたレートに従って時間給を請求しなければならなくなったのだ。

　技術者たちだけで構成された組織単位に新しい文化を作るということは，彼らが所属している，より大きな会社全体の現在の文化に密接に関わることだ，とメアリーは気づいた。なぜならば，技術者たちも，その顧客（となる各事業単位）も，アモコ石油に長年勤めている従業員たちであったからだ。また，技術者たちがそれぞれ異なるサブカルチャーを持っていることも明らかになり，それを1つの組織にまとめるということは極めて難しいことも分かってきた。さらに，ひとたび技術者のグループがまとまれば，そこに技術者の職業上のサブカルチャーが新たに生まれ，それによって，技術者たちが新しい役割をどのように感じるかということに影響が出てくることも予想された。

　私はメアリーと，どうすれば文化委員会が効果的に機能するか，どのような介入（調停）が必要か，という問題に関して構想を立てるべく数時間の話

し合いを行い,様々なプロジェクトに関わっていた技術者たちがどのような仮定をこの技術サービス部門に持ち込んでいるのかを探るためには,アモコ社の企業文化を評価しなければならないという結論に達した。メアリーは新しい組織を横断的に代表する15人の技術者を選び,アモコ社の文化およびこの新しい組織との関係を解読すべく半日(4時間)のワークショップを行うことを伝えた。私はワークショップの計画を手伝い,当日はファシリテーターとなることにした。

1. まず,ビジネスの問題について意見の一致を図るため,グループの調査を行った。ここでのビジネスの問題とは,実際のアモコ社の文化を考慮しつつ,新しい労働形態とサービス部門の新しい価値観を進化させなければならないということになる。
2. 文化のモデルとその3つの階層について説明した。
3. グループで,文物に関してブレインストーミングを行ってもらった。
4. 文物が明らかになったら,次に,標榜されている価値観について質問をした。
5. 価値観と文物とが,一致しているか,あるいは,していないかを検証した。それらが一致していない場合は,そこにある暗黙の仮定を探し出した。
6. 部門単位での新しい働き方を進めていくのに,その実現を助ける仮定は何か,逆に,妨げとなる仮定は何かを探し出した。

このワークショップは大変うまくいき,多くの重要な仮定を特定することができた。ただし,メアリーと文化委員会に所属する彼女の同僚,それに私も含めた全員が,あと1つかそれ以上のグループで同様のワークショップを行う必要があると感じた。そうすれば,ワークショップから描き出される全体像をより鮮明なものにし,私たちが耳にしたことから辿り着いた結論を検証できると考えたからだ。それから数カ月にわたって,さらに2つのグループに半日のワークショップに参加してもらい,現在の企業文化を映し出す,一貫した全体像を完成させた。

第5章　文化を評価する時期と方法　89

　この全体像を明確にしたかったのには理由がある。そもそも新しい働き方や価値観というものを広めたいのであれば，新しい組織の上層にある経営陣も，それに関わる必要があるからだ。彼らに対して，今われわれに分かりかけてきたような文化に関するフィードバックを提供した。そのお蔭で，上層の経営陣と作業部会における議題が明らかになったのである。彼らは文化の評価を真剣に行い，新しい価値観と一致するような新しい仕事のやり方を定義するには，どのようなステップを経ていけば良いかについて，何かしらの決定を下すだろう。

　私は，評価グループが用いた表現を使い，文化のフィードバックを，できるだけ多く提供するようにした。また，グループのワークショップを通じて明らかとなった，文化の重要なテーマに関する仮定を，この段階で提示することに決めた。図表5.2は，私が経営陣と「アモコ社の文化」を議論した2時間の会議に出席した際に使用した資料である。主な仕事のカテゴリー，従業員／士気，経営，風土のそれぞれを，パワーポイントを使って示した。各スライドに関する質疑応答は，私も含めて全員で行った。また，参加者には，各スライドがどれほど事実を反映しているかについて，自らの経験を交えて意見を出してもらった。資料は長く，詳細に渡っている。ワークショップに参加したメンバーたちは，類似したポイントを各々の表現方法で話してくれた。経営陣にとっては，このようにサブ・グループごとの様々なニュアンスが存在すると知ることも重要だと判断したからだ。

　経営陣は基本的にこの全体像を受け入れ，自らの経験から見ても，テーマが正確に描かれているという確証を得た。自らの文化を省みたことで，経営のトップたちは，自らの役割について根本的に考え直すこととなった。彼らは，アモコ社の文化で最も根深い問題は，失敗に関わることや何かがうまくいかない場合に，自分が非難されることへの本質的な恐れであることを認めた。また彼らは，技術者特有の文化の視点から見ると，自らの技術を売ってクライアントに時給を請求するコンサルタントに転身することは極めて難しいことであると理解した。

　これらの洞察の結果，このプロジェクトの最優先課題は，技術者たちが抱く自己像（セルフ・イメージ）と一致する，働き方のイメージを構築するこ

図表5.2　「アモコ石油」文化の評価ワークショップで特定された文化のテーマ

Ⅰ．やらねばならない仕事の性質に関する仮定
- 組織は問題を特定し，それを修正していくことを奨励している。
- どのような問題でも，発見次第すぐに修正することでうまくいく（「撃て，構え，狙え」）。
- 問題は，対処できるくらいの小さな部分に分けて，各部分を修正していけば大きな問題でも解決すると考えられている（相関関係の存在という観点が欠如している）。
- 不具合がいったんある程度のレベルに達すると，問題が認知され，指摘される。そこで，管理職が介入し，大急ぎで診断，修正を行い，新しい組織構造や，修正のための手順が設定される。その後は，のんびり構えて，進捗状況を追跡することはしない（そのため，例えば，費用回収が不十分であったりする）。
- 「英雄」文化がある。問題が深刻になるまで放置しておいて，大きくなってから消火活動を始め，消し止めた人に報酬を与えている（「しかし，消防士に報酬を与える文化が放火魔を生むことを覚えておこう」）。
- 即効薬（訳注：速やかであるがその場しのぎの解決策）として，いつでも新しい組織構造や手続きが作られ，ひとたび新しい組織構造や手続きが導入されれば，仕事は完了し，それを実行することは，他人事である。
- ジレンマや苦境は全て解決せねばならない問題であるため，組織構造を修正することで，速やかに対処しなければならない。
- 「デリケートな」問題の複雑さや，新しい組織構造や手続きの導入が宣告された後のそれを実施する困難さについては配慮されない。
- 即効薬的な解決方法では，チームやグループが新しく作られることが多く，ひとたびチームが編成されれば，仕事は終わったと考えられている（しかし，基本的には個人主義文化であるため，チームがうまく機能しない可能性がある）。
- 自分の失敗が露呈しないよう，実行に関わるのは避けようとする。
- 即効薬的な解決は，受け入れられるに決まっていると考えている。

Ⅱ．人々や士気に関する仮定
- 人々は自らの意思で働くことができ，そうするものだと考えられている。つまり，士気が高く，献身的であると考えられている（つまり，管理職は細部に至るまで綿密に管理する必要はない）。
- 人は，成功して当たり前だと考えられている。成功が期待され，当然のこととされている。
- 人は，仕事において自我も社会的欲求も持っていないと考えられている。
- 長時間労働や，ブリーフケースを2つ家に持ち帰るなど，会社のためなら喜んで犠牲を払うべきだ。今日では，誰もが2種類の仕事を抱え，両方をこなせることを求められている。
- グループは独自に仕事を進め，優先順位を自分たちで決めるのが当然である（しかし，経営側からの指示不足を感じている向きもある）。

Ⅲ．管理手続きに関する仮定
- 組織は手順と数字で動いている。
- ドルとコストが全てである。
- コストを表面化させることは良いことだ。
- 組織は数字（例えば，組織に何名雇い入れるかといった数値的目標）を重視する。
- 組織は命令と統制によって動いている。
- 「管理職が決定して，その他の者が行う」と考えられている（例えば，やらなければならない仕事がある時，管理職はほとんど何の相談せずに，誰にその仕事をやらせるかを決める）。
- 無責任がはびこり，自由裁量の余地が広い。特に，数字で示すことが難しい目に見えないソフトな分野で顕著となっている。
- チームワークが標榜されているが，報酬システム（強制的にランキングにより振り分けられる）は非常に個人主義的である。とりわけ，「英雄」に報酬が与えられることでそれが強調されている。
- 技術者が会社を動かしている。誰が技術者かはすぐに分かる。背が高く身だしなみの良い白人男性で，意欲的ではあるが闘争的ではない将来を約束された金の卵（ゴールデン・ボーイズ）たちだ。
- 会社は専制的で家長主義的な家族であり，子どもたちが忠誠心を持ち，一生懸命働き，成功している限り，その子どもたちの面倒をきちんと見る（給料は高く，退職金も奮発するが，退職金を持ってよそに行くことはできない）。誰かがいくぶんかの不安を抱いていたとしても，それは普通のこととして看過される。
- すでに決まったことは撤回できない。

Ⅳ．組織の「風土」
- 風土は平等主義的で，親密で，控えめ，親切であるが，いったん見捨てられると悪意のある仕打ちを受けたり，責められたりする可能性がある。
- 制裁を加え，責め立てる文化である。
- 「分かりません」は言わない。間違いは認めない。
- 誰も自分の非は認めたがらないが，他人に起こった悪いことは話題にする。
- 間違いや失敗が見つかった場合，すぐに誰かに責任を押し付け，体系的な分析はあまり行われない。責任を押し付けられた人の名前が挙がり，悪口が言われ，烙印が押される。それが以後の仕事の割り振りには影響する一方で，公式の処罰を受けることはない。
- 協力して働くことを動機づけるもの（インセンティブ）はあまりない。
- 自分に責任があるとされる失敗がたった１回あっただけで，それまでの数多くの成果が帳消しにされてしまうことがある。その結果，烙印が押され，将来の仕事や昇進が制限されることもある。
- 失敗したという烙印を押されると，将来誰と一緒に働けるかということに影響するので，否定的な烙印は，キャリアにとって非常に破壊的結果をもたらす。

- いったんラベル付けされると，ずっとついて回る。例えば，そのようなラベル付けには，「優秀」，「時代遅れ」，「強調性がない」，「将来有望」，「将来性が低い」，「幹部候補ではない」などがある。
- 残業は当たり前である。
- 仕事は人間関係を通して行われる。よく知っている人と一緒に仕事をするのが良い。「学閥」のネットワークも活用する。
- 自分を守る最良の戦略は，支援してくれる人々のネットワークを築くことである。
- この職場に留まっているのは，高い賃金と手厚い退職後のプログラムのためである（黄金の手錠）。
- 今では，風土として恐怖感が漂っていて，将来が不確実である。
- これまで会社は寛大であり，終身雇用を保証してくれていたが，様々な部署で過去に10回もレイオフや定員削減を行ってきた。
- その結果，根深い恐怖感が風土としてある。立ち向かったり，不平を述べたりするのをためらい，対立を避け，自分を抑えている。
- 人員削減を行い中央集中型サービスへ移行したことで，このような感情が強まっている。
- リストラによって，業務領域や序列順位，面目を失うのは耐えられるが，賃金だけは失いたくない。
- 組織側に明らかに味方だと思える人がいない。
- 雇用の保障と個人の能力には関連性がない。

とだということがはっきりした。文化委員会は新しい価値観や実践，つまり「新しい働き方」を提案する役目を負った。これらは，その後，組織全体に広められることになる。これまでは「新しい文化」と言えば，チームワークなどの一般的価値観の詰め合わせと考えられてきたが，今回の新しい働き方とは，文化の評価とアモコ社が直面している事業の現状に基づいた具体的な記述となった。新しい仕事のやり方は，技術者の仕事が現状ではどのように定義されているかという構造的な現実に対処していなければならなかった。また同時に，組織全体が埋め込まれたより大きな次元での「失敗を非難する文化」に適合するものでなければならなかった。

　プロジェクトを進行させている最中に，「どのような失敗にも関わってはいけない，なぜならばキャリアの可能性が閉ざされるからだ」等の仮定の威力を示す具体例に直面することになった。その当時，アモコ社ではあるジョイント・ベンチャーの計画が着々と進み，その成功が見込まれていた。

しかし，提案されたプロジェクトのシステムでは，アモコ社の技術者がジョイント・ベンチャーに参加する他の会社から来るプロジェクト・マネージャーの部下として位置付けられることになることが判明した途端，計画はほころびを見せることになった。アモコ社の技術者が違う会社の人の下で働くことを拒否したため，計画そのものが暗礁に乗り上げてしまったのだ。彼らの言い分は，「もしプロジェクトが失敗した場合，他の会社から来た管理職は単にいなくなるだけだが，自分たちは失敗にかかわったということによりアモコ社内で否定的に評価されてしまう」というものであった。上司が他社から来たからだという事実は，アモコ社内では有効な言い訳とはならないと思われていたのだ。

要約すると，文化の評価を行った効果には2つの側面があった。文化を評価することにより，経営陣のトップたちは自分たちが直面している変革の重大さを認識することになった。また，彼らは，単に新しい価値観と目標を宣言するだけでは，自分たちが望む変革を実現することはできないことにも気づいた。経営陣のトップたちが仕事の新しいやり方を具体的に示せなければ，組織に所属する技術者が自らに課せられる新しい組織の条件にうまく適応してくれるなどということを期待しても無理なのである。

メアリーと私は新しい働き方を定義する作業を続け，「社内コンサルタント」へうまく転身できた技術者を，そのモデルとして配属した。しかし，変化プログラムが浸透する前に，ブリティッシュ・ペトロリアム（BP）社がアモコ社を買収してしまった。その上，技術者部門を再度ばらばらに解体し，未知の次元での文化変革プログラムをスタートさせてしまったのである！

事例5.2 「デルタ」販売組織

この事例は，後継者問題に関する重大な決定を行う際の，文化の評価の必要性を表すものである。また，評価をいかに行うべきかという選択肢を示す事例ともなっている。

デルタ社は，ヨーロッパの大手製薬会社傘下にあるアメリカ法人であった。販売担当の副社長は，30年間その職にあり，非常に強固な販売組織を築き上げたことで，広く信頼されていた。彼の退職後，誰を後継者に指名するかで，

文化の問題が持ち上がった。社内の候補者を任命し，長い間に渡って築かれてきた販売のサブカルチャーをさらに強化していくのか，それとも社外から人を招いて，別のタイプの販売組織へと文化を変えていく動きを起こすべきかという問題が持ち上がったのだ。この事例の場合，文化を評価する目標は，単に販売組織の現在の文化を**理解する**だけでなく，現在の文化をそのまま存続させるべきか，それとも新しい文化に変更すべきかを**判断する**ことにあった。

　私は経営側のトップチームに会い，彼らには本心からどちらの選択肢も受け入れる用意があると判断した。経営陣が求めていたのは，真に効果的な販売組織であった。効果的であるかどうかの判断基準は，第一にこれから解明されるであろう文化について経営トップがどのように感じるか，第二に販売組織のメンバーが自分たちの文化をどう感じているか，にあった。提案された評価計画では，私が自分のやり方で組織を調べて良いということであった。そこで，私が適切と思う範囲内で，個人あるいはグループ単位のインタビューを行うことになった。

　経営陣と計画を立てる段階で，重要な問題が持ち上がってきた。当時の販売担当副社長が，文化を解読するために個人のインタビューを徹底的に行うことを，私に求めてきたのだ。経営陣は長期にわたるプロセスを完遂するため，十分な時間と予算を用意してくれていた。彼らは，そうして得られた個人のインタビュー・データを私が解析すれば，文化の全体像が浮かび上がるだろうと想定していたのだ。私は，グループ単位で調べる方が，はるかに有効であるばかりか，効率も良いことを販売担当副社長に納得してもらわねばならなかった。ただし，グループのメンバーが他人の前で文化について語るのが禁止されていると感じられた場合は別である。結果的には，文化に関する議論が禁止されていると推察された組織のトップレベルの人々とは個別にインタビューを行い，各地域，地区の組織では，これまで述べてきたやり方でグループによるワークショップを行うことで，同意を得られた。

　図表5.3は，私の報告書からの抜粋である。この報告書を基に，最終的には，社内からの候補者が新しい販売担当副社長に任命されることなった。現在の文化を保持し，強化するという決定を反映したものである。この事例では，

第 5 章　文化を評価する時期と方法　95

図表 5.3　「デルタ」社の販売文化報告書から抜粋

- 間もなく退職予定の現在の副社長により，過去数十年に渡って非常に強力な販売文化が構築されてきた。
- この販売文化は，会社が現在好調である理由として信頼されている。
- 現在の販売文化は，会社が未来を託す最大の希望であると考えられている。販売組織はそのような文化をみだりに変更すべきではないと強く感じている。
- 販売文化とその長所は以下の通りである。
    - 販売担当者の高いモラル，献身，忠誠心。
    - 販売担当者は，既存の商品を販売する際，変化を続ける需要にも非常に柔軟に対応している。
    - コミュニケーションが非常にオープンに行われており，問題をすばやく解決し，協力体制を維持し，必要な場合には戦略を変えることができる。
    - 地区担当部長と販売担当者との間のコミュニケーションや協力がうまくいっている。
    - 家族のようにつながりが強く，地位に上下関係があっても，ざっくばらんな付き合いができる。管理職は全ての従業員をファーストネームで呼び，彼らのことをよく知っている。従業員も管理職を信頼している。
    - 強力な能力開発プログラムがあり，キャリアについては，自らの能力と必要に応じて複数の選択肢を販売担当者に提供している。
    - 販売における倫理的水準が明確で，プロとしての意識が高い。単に製品を押し売りするのではなく，医師を教育することにも重点を置いている。
    - 製品をどのように置くかなど，会社の指示に従うよう教育が非常に行き届いている。「管理職が物事のやり方を示し，それがうまくいっている」と感じている。
- 自分たちが築いてきた文化を理解できるのは，社内の人間だけだという意識が強い。社外の人間を招聘するのはリスクが大きい。なぜなら，外部の人間は，自分たちが効果があると信じているものを過小評価したり，破壊したりしてしまう可能性があるからだ。
- 文化は権威主義的で階層的であるが，それが非常にうまく機能している。なぜなら，現在のシステムを実際に動かしているのは販売担当者と地区担当部長であるというメッセージを，組織のトップが行き渡らせてくれているからである。また，経営陣の仕事は最前線の現場を支援することだというメッセージも伝えられている。柔軟性と規律の両方を兼ね備える，従業員を大切にする文化である。例えば，どの地区も販売およびマーケティング計画に従って営業しているが，どの地区の部長も，個々の販売担当者が各自の技能を用い，各自の得意分野を最大限に利用できるよう任せている。独断的に1つのやり方を全ての場合に当てはめるよう強制することはない。販売担当者は自主性が尊重されていると感じる一方で，会社の計画には義務感を持ち，業務に専念している。
- 個人およびグループ単位のインセンティブ，ボーナス・システムがうまく機能し，個々人が競い合うこととチームワークの協調性のバランスが非常にうまく取れてい

> る。管理体制も，これらの力のバランスを取ることに気を配っており，販売部門とマーケティング部門との組織間のバランスなど，もっと高いレベルでも同様の配慮がなされている。
> - 広義の会社文化は従業員を大切にすることを信条としており，多様なキャリアの選択肢が利用できるようになっている。研修により個人の技能向上および開発に重点が置かれているが，これは会社トップの方針であり，このため，従業員は非常に意欲を持って働いている。

　文物と価値観がより顕著であり，暗黙の仮定はそれとなくは示されたが，明白な形では現れなかったということに注目してほしい。文化の全体像と暗黙の仮定に関する明白で完璧な全体像を示す必要性は，必ずしもない。ビジネス上の問題を解決するには，1つか2つの暗黙の仮定を特定するだけで十分な場合もあり，徹底的な分析をする必要がないこともあるのだ。

　この報告書は，販売担当副社長の後継者選びのような，非常に具体的な問題を扱う場合に，文化の評価をいかに活用すれば良いかを示すものである。もし，文化の中に根深い対立や不調和があれば，後継者選びはもっと複雑なものになったであろう。しかし，ここで明らかになったように，この組織全体の文化は一貫したものであった。

事例5.3　海軍研究所

　この事例では，文化の評価を実施することになったそもそもの原因は，研究所のサブカルチャーのいくつかが，スポンサー組織のサブカルチャーと対立しているのではないかという推測があったからであった。しかし，これから議論していくように，実際には他のサブカルチャーの力学が作用しているという全く予測もしていなかった見解にたどり着くことになった事例である。当初の目標は，ニューイングランドにある海軍研究所が持つこの地方独特のサブカルチャーと，ワシントンD.C.にあるその政治行政機構との間に潜在的に存在する対立を特定し，改善することにあった。それぞれの機関は人員数も仕事も異なっているため，2つの機関の間にはサブカルチャーに関する重大な相違があり，そのために，ワシントンに所在する複数のスポンサーとの間にコミュニケーションや資源の配分において，問題を起こすのではない

かと想定されていた。

　私はその研究所で働いている人から連絡をもらった。その人はマサチューセッツ工科大学の同窓生であり，私が文化に関する研究を行っていることを知っていた。彼は上級管理職に私を紹介した。そして，丸1日かけて文化を評価するためのワークショップを開催し，私の方法を用いて地理的サブカルチャーを解明することになった。研究部門および行政部門の双方から上級管理職が集まり，評価が行われることになった。私たちは特定すべき問題は管理職トップの問題であり，評価を行う対象となるグループは研究所のトップとワシントンのスポンサーのトップであると考えていた。

　しかし，文物と標榜されていた価値観を特定していくにつれて，それまでは気づいていなかった重要な組織構造上の違いを考慮しなければならないことが分かった。海軍研究所の地方部門は**プロジェクト単位**で働いており，プロジェクトごとに政府機関や海軍の機関から財政上のスポンサーを別個に獲得していたのだ。そのため，地方プロジェクトごとに特定の行政官をワシントンに置き，予算を獲得したり，スポンサーに情報を伝達したり，その他，日常的に生じるあらゆる対外的政治問題に対処していた。

　当初はワシントンとニューイングランドという，2つの機関の間に潜在的に存在する地理的な対立を評価することを目的としていたのだが，実際にはなんと9つもの並立したプロジェクト単位が存在し，しかもそのそれぞれが，ニューイングランドとワシントンに下位組織を有していたのである！　さらに，各プロジェクトでは円滑に仕事を進めることが重要であるため，複数のミーティングや連絡を密にすることで9つのプロジェクト全てで地理上の問題点は解消されていたのだ。その結果，プロジェクトごとに，仕事の性質とプロジェクトに関わる人々に基づいて独自のサブカルチャーが形成されていくこととなり，実際，プロジェクトごとにサブカルチャーの相違があった。だが，当初，考えられていた地理上の問題点は，完全に消去されることとなった。

　この事例から分かる重要なポイントは，文化に焦点を合わせることで，それまでは見逃されたりあまり重要とは思われていなかったりした組織構造が明らかになったということである。地理的に離れていることが問題とならな

いよう，想定されるマイナスの結果を最小限にくいとめるため，各プロジェクトはすでに多くの対策を実施していたのである。評価を行った結果，サブカルチャーを変えるのではなく，逆に強化すべきであることが明らかになった。

結論

この章では，以下のことを理解してもらおうと努めた。

- 文化は個人のインタビューでもグループ単位のインタビューでも評価できるが，グループ単位の方が，有効性においても効率面でもはるかに良い方法である。そのような評価は，半日もあれば十分に実施することができる。
- 文化を調査やアンケートによって評価することはできない。なぜならば，何を質問すべきか分からない上，回答の信憑性および有効性を判断できないからだ。また，アンケート調査そのものを通して，組織に対して不確かな方法で影響を与えることは好ましくはない。
- アンケート調査への回答は文化的文物あるいは，組織風土の反映として捉えることができる。しかし，実際に文化の原動力となっている，より深層で共有されている暗黙の仮定を示す指標として信頼することはできない。
- 文化の評価は，それが何らかの組織の課題や問題に結び付けられない限りほとんど価値がない。つまり，文化を診断したいためだけに評価を行うことは，課題が大きすぎるばかりでなく，おそらく退屈で役に立たないことと見られてしまうだろう。一方，組織に目的や新たな戦略，解決しなければならない問題などがある場合には，文化がその問題にどのように影響を与えるかを知ることは，役に立つばかりでなく，多くの場合必要なことである。
- 課題は組織の有効性に関係していなければならず，しかも，できるだけ具体的に述べるべきである。「文化」そのものが課題や問題になること

はほとんどないが，文化的要素が問題の解決を助けたり，妨げたりする。
- 評価の手順としては，まず文化的な仮定を特定すべきである。その後，組織が行おうとしていることに関して，それらの仮定が有利に働くのか，障壁となるのかを評価する。組織を変えようとする際は，大概の場合，文化を変えることで障壁を克服するよりも，変革の助けとなる文化の長所を活用する方がはるかに容易である。
- どのような文化の評価手順でも，サブカルチャーの存在に注意を払う必要がある。また，各サブカルチャーは別々に評価を行う心づもりでいなければならない。そして，組織がやろうとしていることに，それらがどのように関係しているかを判断するべきだ。
- 文化は，文物，標榜されている価値観，共有された暗黙の仮定という3つのレベルで表され，評価される。共有された暗黙の仮定のレベルまで掘り下げることは重要である。共有された暗黙の仮定が理解できなければ，共有され標榜されている価値観と観察された行動などの文物との間に必ずと言ってよいほど表面化する食い違いを，説明することができない。

さて，読者の皆さんは文化を評価する手順がどのようなものであるかを理解できたと思う。皆さんは，どのようにして文化を構築，発展，強化させていくべきか，さらには，どのように文化を変革すれば良いのかについても，考える準備ができたのだ。

第2部

文化の形成，発展，変革のダイナミクス

　文化のダイナミクスを理解するには，組織の成長段階により，文化のダイナミクスが大きく異なることをまず認識しなければならない。第2部では，学習と変革に関する一般的なモデルについて検証する。次に，このモデルがいかに組織の各発達段階に適応しているかについて議論する。組織の発達各段階とは，新しい組織における文化の形成期，組織が成長するにつれて文化が進化する時期，異なるサブカルチャーを統合する際のサブカルチャーのダイナミクス，そして，組織が年老いて文化がうまく機能しなくなり，文化的要素が変革や終焉を迎える時期である。

第6章

文化の学習，学習棄却，そして変容

　文化の創造と進化を理解しながら文化の変化と変容を管理するには，まず，学習と変化に関する理論を理解しなければならない。特に，学習と変化が人間のシステムにいかに作用するかを理解することは大切である。ここで扱う学習者は大人であり，彼らは何か新しいことを学ぶ前に何かを捨て去らなければならない（**学習棄却**）のである。人間が「変化に抵抗する」根本的な理由は，新しいことを学習するために，捨てたくない，または捨てられそうにない何かを捨てなければならないからである。そのため，大人が学習することは，全てが未知の世界である子どもが学習することとは，全く異なる行為となる。組織で働く従業員のために学習と変化のモデルを構築する際には，変化への抵抗とその理由を考慮しなければならない。

　変化への抵抗は，特に文化的仮定を変革する際に顕著となる。ひとたび文化的要素が組織内に定着すると，組織のメンバーは，その仮定によって，物事を意味付けし，予測を立て，安心感を得るようになる。しかし，文化の変革プログラムが開始されると，組織のメンバーは，新しいことを学ぶために，これまで持っていたある種の信念や態度，価値観や仮定を捨てなければならないのだと気づく。それにより，組織はすぐに不快感や不安感でいっぱいになるだろう。

文化の学習，学習棄却，変容に関する単純化モデル

　私たちはいつでも「準定常的均衡（訳注：社会的な場において様々な力が一定領域内で均衡を示している状態）」と呼ばれる精神状態にある。内外からの刺激は，常に「均衡状態」を揺るがせたり覆したりしてそれを攻撃し，新しい状態に移行させようとしている私たちの精神は，これに対し，感情と

図表6.1 学習／変容のモデル

第1段階
解凍——変化の動機づけを行う
- 否定的確認
- 生き残りの不安あるいは罪悪感を作り出す
- 学習することへの不安を克服するために心理的安全性を作り出す

第2段階
古い概念に取って代わる新しい概念および新たな意味を学習する
- 役割モデルの模倣およびモデルとの同一化
- 解決法の探索および試行錯誤による学習

第3段階
再凍結——新しい概念や意味，基準の内面化
- 自己の概念およびアイデンティティへの取り込み
- 継続している関係への取り込み

認識を常に安定させようとしている[1]。これが，大人が学習を行う上での基本的な仮定となる。内外からの刺激は，私たちを新しい何かに向かわせる「推進力」だと考えることができるが，同時に私たちの中には，現状に留まろうとする「抵抗力」がある。学習や変革が実現するのは，推進力が抵抗力を上回る時である。このモデルは，図表6.1に示すように，いくつかの段階から構成される。変化を起こそうとするマネジャーの視点から考えると分かりやすいだろう。

この学習／変容のモデルを見ると，様々な疑問が生じるだろう。学習したい，向上したい，という**自然な欲求**もあるのではないか？　自然な好奇心から，新しいことに挑戦したり，古い慣習を打ち破ったりするものではないのか？　そうでないなら，新しいことを学びたいという気持ちが起きるためには，何らかの不満がないといけないのか？　この種の疑問を組織に当てはめてみると，「**成功している**組織は，大きな変革を実現できるのだろうか？　あるいは，変革をしようという気になるには，何らかの脅威を感じたり，失敗したという気持ちを持ったりすることが必要なのだろうか？」という疑問が生まれるだろう。大損害や大スキャンダルによって，足下に火がつかなければ，実際に変革を受け入れられないのだろうか？

人間は新しい文化の下での不測の事態や不安定さを嫌うものであるから，均衡状態を覆すための新しい刺激が必要だというのが，大人の学習に関する議論の根本である。そのように作用する刺激とは，「否定的確認」であると考えられる。つまり，信念や仮定を揺るがすような，予想していなかった何かに気づいたり，感じたりすることである。否定的確認は，それを意識しているかどうかにかかわらず，このままでは何か悪いことが起きるのではないかという「生き残りの不安」や，理想や目標を達成できないのではないかという「罪悪感」を惹起する。

否定的確認

　組織のメンバーが否定的確認の力を直接経験することもある。また，組織の誰か，例えばCEOや告発者，あるいは，何らかの指標を追っているマネジャーが，否定的確認を明言することもある。否定的確認に関する情報には，以下の分類のいずれかあるいは全てが含まれる。

- 経済的脅威——自分たちが変わらない限り，競争に負け，市場占有率を落としたり，その他の損失を被ったりすることになるだろう。
- 政治的脅威——自分たちが変わらない限り，もっと強力なグループが私たちを打ち負かし，優位に立つようになるだろう。
- 技術的脅威——自分たちが変わらない限り，時代遅れになるだろう。
- 法的脅威——自分たちが変わらない限り，刑務所に入れられたり，高い罰金を支払わされたりするだろう。
- 倫理的脅威——自分たちが変わらない限り，自分本位で，悪徳であり，社会的責任を果たしていないと見なされるだろう。
- 内面的苦痛——自分たちが変わらない限り，自分たちが目標とすることや理想を実現できないだろう。

　最後に挙げた内面的苦痛は，しばしば「自発的」すなわち自然発生的学習の基礎になり，それによって私たちは自分自身を動機づけると考えられてい

る。私たちには，もっと良くなりたい，理想を実現したいという欲求がある。しかし，私の経験から言って，そのような自発的に動機づけられた学習も，大抵は，目標や理想がまだ実現できていないという何らかの新しい情報に触発されている。例えば，私が「自発的に」テニスの実力を向上させるためにレッスンを受ける決意をしたとする。しかし，レッスンを受けようと決めたのは，いつも勝っていた相手に突然負けたことが原因であることを，私自身も気づいているのである。

否定的確認の源泉：大損害とスキャンダル

　企業にとって，変化をもたらす最も強力なきっかけは，事故やスキャンダル（例えば，スリーマイル島の原子力発電所事故，スペースシャトルのチャレンジャー号の爆発事故，ハリケーン・カトリーナの被害，テキサスシティ製油所爆発事故，エンロン社の不正発覚事件，近年のウォール・ストリートの金融恐慌）の発生である。これらの出来事によって，組織の標榜している理想や価値観の一部が，実際には機能していないことが暴露されてしまう。そのため，実際に働いている深層部分の文化面の仮定は何かを再度評価することが必要になるのだ。

　例えば，世界金融危機（訳注：いわゆるリーマンショック）を考えてみよう。多くの金融機関は，「住宅市場への貸出には責任を持つべきである」という価値観を標榜してしたが，実際には，支払い能力のない顧客に多額の住宅ローンを無責任に貸しつけていた。金融機関側は，住宅価格は上昇を続けるという仮定を持ち出して，自らの行為を正当化しようとした。今では，このような金融機関も，自分たちの行為は，「何が起ころうと支払いができる顧客にローンを組ませる」という仮定よりも，「自分たちの利益を最大にする」という仮定を前提としていたことを認めている。この件では，経済に関する否定的確認がいくつも積み重ねられたため，金融機関が自らの仮定を再検証するだけでなく，アメリカ政府さえも規制を強化せざるを得なくなった。

　別の事例も挙げておこう。とある国際的な大企業では，管理職の海外勤務に関して，自由な選択権のあるキャリア制度を誇っていた。しかし，海外に派遣されていた重要な経営幹部が自殺した時に，現実に直面しなければなら

第 6 章　文化の学習，学習棄却，そして変容　107

なくなった。彼の遺書から，彼自身および家族の意思に反して，その職に就くことが強制されていたことが判明した。標榜されている価値観のレベルでは，会社はキャリア制度を理想的なものにしていたはずだった。スキャンダルによって，実際に会社を動かしている，共有された暗黙の仮定が暴露されたのだ。実際には，自分の行きたい所ではなく，上級経営幹部が行ってほしいと思う所に行くことが期待されていたのである。この食い違いに気づき，この企業では，標榜されている価値観と仮定が一致するようにキャリア制度を刷新する大規模なプログラムが実施された。

　テキサスシティ製油所爆発事故では，ブリティッシュ・ペトロリアム社の掲げる安全第一の方針と，深層の仮定とが一致していなかったことが露呈した。経費削減の断行と，合併後に発せられた元アモコ社の従業員からの警告を無視したことは，同社が安全に関する仮定よりも経営に関する仮定を重視していたことを如実に表すものであった。結果として，CEO であったロード・ブラウンが辞任し，新しい安全基準が導入されることになった。

否定的確認の源泉：新技術の導入

　新しい技術は，変革を起こす力として，組織に目に見える形で影響を与える。今や，ほとんどの組織が，コンピュータや IT 技術の導入による影響を受けている。従業員は新しいハードウェアの操作方法を学ぶだけでなく，ネットワークや在宅ワークというオプションが増えることにより，仕事の仕方や，仕事に求められるものについて，多くの仮定を否定的に確認することになる。新しい技術というものはどんなものでも，働き方を変える力となり，最終的には文化的な仮定にまで影響を及ぼすだろう。IT 技術は，その中でも特に，変革を起こす力として極めて重要な要素である。

否定的確認の源泉：合併，買収，ジョイント・ベンチャー

　2 つ以上の文化が一緒になって協力して仕事をする場合，いずれかの，あるいは，両方の組織の文化要素を否定的に確認するような多くの力が作用する。残念なことに，文化の変革の必要性に気づくのは，たいていの場合，組織が一緒になった後でしかない。現状のそれぞれの文化が適合しあえるかど

うかが事前に考慮されることはほとんどない。

否定的確認の源泉：カリスマ的リーダーシップ

カリスマ的存在である新しいリーダーが，「自分たちはそこそこやっているが，この新しいやり方を採用すればどれほどの成果が上げられるか考えてみるべきだ……」と自信たっぷりに指摘し，変化へのモチベーションを上げることがある。これがオオカミ少年の戯言だと無視されず，従業員の注目を集めるためには，リーダーのカリスマ性が必要となる。カリスマ性のないリーダーが，組織は困難な状態にあり，生き残りや成長を実現するには違ったやり方を学ばねばならないと，いくら説得しようとも，そのメッセージにはしばしば疑いの目を向けられてしまう。従業員は，リーダーが「会社が危機だ」と言っても同意しない。彼らは，組織が経済的，政治的，技術的，あるいは法的困難に直面していることを信じようとしないのだ。リーダーたちが高額のボーナスを受け取りながら，経費削減をうるさく言う場合などは，とりわけ信じない。従業員は，自分たちの仕事の経済的側面について教育を受けたことがなく，組織の経済的状況を十分理解していないことが多い。また，彼らは経営陣を信用していない。代わりに自分たちがより一生懸命，賢く働けば，とりあえず良い結果を生むと信じている。カリスマ的リーダーが強力なのは，このような従業員たちの疑いを払拭する力を持っているからだ。

否定的確認の源泉：教育と訓練

多くの組織が，従業員や管理職に物事をこれまでと異なったやり方でやる必要があると納得させるには，「教育による介入」こそが，唯一の方法であると気づいている。先ほど述べたように，自分たちの仕事の経済的現実についての教育がなされない限り，従業員は，組織の経済に関してリーダーの言うことを信じない。企業をとりまく環境，健康，安全についても似たような問題が生じている。従業員は，環境上の事象に関わる危険について，教育を受けない限り，責任感のある新しい行動パターンが必要であることを受け入れないのだ。

そのため，変革プログラムはまず教育的努力から始めねばならない。これ

は時間とエネルギーを要するものである。そのようなプログラムは，既存の価値観に直接的に対立して否定的確認を行うことはないがその代わりに既存の価値観に対しわずかに疑念を抱かせるような刺激となる新しい情報を提供することで，対象の気持ちの変化を誘発する。このような誘発による否定的確認は，従業員を教育するための時間が十分にある場合や，後々もっと直接的な否定的確認をするための土台としては，特に適している。

生き残りの不安（罪悪感）対 学習することへの不安

　否定的確認をすべきだと示すデータを否定することもできず，それから身を守ることもできなければ，**生き残りの不安や罪悪感**を持つことになる。それは必ずしも直接的な不安や罪悪感であるとは限らない。何らかの対策を講じなければ，何か悪いことが起こるかもしれない，というちょっとした不安感かもしれない。それにより，変革の必要性や，古い習慣や考え方を捨てて，新しい習慣や考え方を学ぶ必要性を感じるようになる。しかし，変革の必要性を認めても，すぐには求められる新しい行動様式を学習することは難しく，新しい信念や価値観は受け入れ難いものであることが分かる。この不快感は**学習することへの不安**と考えられる。生き残りの不安と学習することへの不安，この２種類の不安の相互作用によって，変化の複雑な力学が生まれる。

　この力学を説明するには，テニスやゴルフで新しい打法を学ぶことを例にすると最も分かりやすい。このプロセスは，否定的確認を迫られることから始まる。以前は打ち負かしていた相手にもはや勝てなくなったり，より良いスコアを取りたい，より良く見せる試合をしたいという野心を満たせなくなったりして，「何か」をしなければならないと感じることがある。これが生き残りの不安である。もちろん，そこから逃げ出し，テニスやゴルフを諦めるか，もっと低いレベルでプレーすることを受け入れることもできる。同様に，従業員が変化の必要性に直面した場合，組織を離れる選択肢も存在する。しかし，たいていの場合，逃げ出せないか，逃げ出したくないという理由で，自分の腕を磨く決意をすることになる。

　しかし，今までの打法やスイングを学習棄却し，新しいやり方を上達させ

ていく実際の手順を考え始めた途端，結局はうまくできないかもしれない，あるいは学習途上で一時的ではあるがより下手になるかもしれないということに気づく。この気持ちこそが，学習することへの不安である。文化の領域でも同じような感情が生じる。例えば，コンピュータの習得，管理スタイルの変革，仲間同士競争し合う関係からチームワークや協力体制への変化，高品質高コストの戦略から低コストの製造への転換，技術者優位の製品志向からマーケティング優位の顧客志向への移行，社内の序列の廃止，ネットワークの普及といった場合がそうである。

学習することへの不安の心理的基盤／変革への抵抗

　学習することへの不安はいくつかの具体的な恐れが組み合わさったものである。それら全ては，あることを学習棄却して何か新しいことを学習しなければならないと考えると，いついかなる時にも浮上してくる心配事である。

権力や地位を失うことへの恐れ
　新しいことを学習した結果，人は今までとは違う地位につくことになるだろう。新しい地位は，現在の序列よりも低いかもしれないし，それによって自分の権力が今よりも弱くなるかもしれない。これを恐れることが，変化への抵抗が起こる最も大きな理由である。

一時的にできなくなることの恐れ
　変化の過渡期には，古いやり方を放棄した一方で，新しいやり方をまだマスターしていないために，自分は前よりもダメになったのではないかと思ってしまいがちである。この最も良い例は，コンピュータの使い方を学ぶために悪戦苦闘している最中の気持ちだろう。

できないために制裁を受けるのではないかという恐れ
　新しい考え方や物事のやり方を学ぶのに長い時間がかかると，その間，生産性が落ちるために制裁を受けるのではないかという心配を生む。特にコンピュータに関しては，従業員がそのシステムの潜在力をフルに活用できるほ

ど十分に新しいシステムを学ぶことができないという事例が目立つ。彼らは，変化の最中でも生産性を維持しなければならないと感じているため，新しいことを学ぶのに十分な時間を割くことができないのである。

自分自身のアイデンティティを失うという恐れ

現在の考え方が自分自身のアイデンティティの強力な源泉になっているならば，新しい文化によって求められるようなタイプの人間になりたいとは思わないだろう。例えば，アメリカの通信会社のベル・システム社が解体した時，古くからの従業員の多くが会社を辞めた。彼らは，支払いのできない顧客からは電話を取り上げるような，人使いが荒く，経費にやかましい組織の一員という新しいアイデンティティを受け入れることができなかったのである。

グループの一員でなくなる恐れ

誰がグループの一員であり，誰がのけ者であるかは，文化を形作っている共有の仮定によって判別されている。そのため，新しいやり方や考え方を身につけていくと，グループから逸脱してしまい，拒絶され，追い出されることさえあるかもしれない。だからこそ，グループの一員でなくなることを避けるために，新しい考え方や行動を学ぶことに抵抗するのだ。この4番目の要因は，おそらく克服するのが最も難しいだろう。身内とよそ者を分ける基準を変えるためには，グループ全体が考え方を変えることが必要だからである。

学習することへの不安に対する防御反応[2]

学習することへの不安が大きい間は，否定的確認を迫るデータの有効性を否定するか，今すぐには変化をもたらす学習プロセスに従事することができないという言い訳を考えるかの，どちらかをしがちである。これらの反応にはいつくかの段階がある。

拒絶

否定的確認を迫るデータは有効ではない，または一時的なものだとか，取るに足らないことであるとか，狼少年が「狼だ！」と叫んでいるようなものだと思い込む。

身代わり，責任転嫁，言い逃れ

原因は別の部署にある，そのデータは自分には当てはまらない，自分よりも先に他の人たちが変わるべきだ，などと思い込む。

画策および交渉

変化への努力に対して特別の代償を要求する。それによって，変化が自分にとっても意味のあることで，長い目で見て自分の利益になると納得しようとする。また，他の人が変化を受け入れた場合にだけ，自分も受け入れる。

このような防御反応や意識下での心理的作用を考えると，どのようにすれば変化を起こすことができるのだろうか？ どのように学習プロセスを始めれば良いのだろうか？

学習と変化における2つの原則

チェンジ・マネジャーは，変化への抵抗をどのように乗り越えれば良いのだろうか？ ここでは，次の2つの原則が働くことになる。

- 原則1——生き残りの不安あるいは罪悪感が，学習することへの不安よりも大きくなければならない。
- 原則2——生き残りの不安を増大させるよりはむしろ，学習することへの不安を減らさなければならない。

原則2を実現することで，変化を求められている人に「心理的安全性」を生み出すことができる。それが，新しいやり方を学習するため，古いやり方

第6章 文化の学習，学習棄却，そして変容　113

や仮定を捨て去っても大丈夫だということの保障となるのだ。

　チェンジ・マネジャーからしてみれば，変化への動機づけには，単純に生き残りの不安を増大させ，このままでは理想を実現できないという罪悪感をさらに募らせるようにすれば良いと思うかもしれない。このやり方の問題点は，脅威や罪悪感を増大させると，脅威や学習プロセスの苦痛を避けるために対象者が防御を固めるということにある。あるいは，皆がこの状況から逃げ出そうとするかもしれない。このことが理解できれば，原則2で示した変化が，学習の成功の鍵となることに気づくはずだ。学習者の不安を取り除き，「心理的安全性」を高めることで，抵抗を無くすことができるのである。時間であれその他の資源であれ，必要なものは必ず提供されサポートを受けられるという状況を用意すれば，学習者は，「学習棄却と再学習による苦痛は乗り越えられるものだ」，「それを乗り越える値打ちのあるものだ」というやる気を持つことができる。

どのようにして心理的安全性を作り出すか

　変化を伴う学習に従事している組織のメンバーのために心理的安全性を作り出すには，多くの段階があるが，それらはほぼ同時に行われなければならない。ここでは時系列的にリストを挙げたが，チェンジ・マネジャーはこれら全てを実行する準備を整えなければならない。

1．説得力のある積極的ビジョン

　変化の対象者は，新しい考え方，仕事のやり方を学べば，自分も組織も良くなるのだと信じていなければならない。そのようなビジョンは上級管理職が明言し，広く共有されなければならない。そして，最も重要なことであるが，そのようなビジョンでは，望ましい「新しい働き方」が明確に示されなければならない。もしも学習者が求められている行動を具体的に理解していなければ，何を学習棄却する必要があり，どのようにそれを行うべきかが分からない。また，**新しい働き方は，組織の生き残りや成長のために必要なものであり，交渉の余地がないことを明確にしなければならない。**

2．公式なトレーニング

新しい考え方，態度，技能を学ぶ際は，必要とされる公式なトレーニングが用意されていなければならない。例えば，新しい働き方によってチームワークが必要とされるなら，チームを作り，維持するための公式なトレーニングが提供されなければならない。

3．学習者の参加

公式なトレーニングが行われる場合も，自分独自の非公式な学習法が容認されなければならない。学習法は皆少しずつ異なるため，それぞれに最適な学習プロセスを設計するには，学習者を巻き込むことが不可欠となる。学習の目標は交渉の余地のないものであるが，学習方法には独自性が認められるべきである。

4．関連する「身内」グループおよびチームの非公式訓練

変化への抵抗はグループの規範に埋め込まれていることが多いので，非公式の訓練，練習をグループ全体に行う必要がある。それにより，メンバー共通の新しい規範，新しい仮定が創造されていく。新しい学習に従事する決意をしたために，グループから外れてしまったという感情を味わうことがあってはならない。

5．練習の場，コーチ，フィードバック

時間や資源，コーチング，フィードバックといったものがなければ，根本的に新しいことを学ぶことはできない。とりわけ練習の場は重要である。練習の場があれば，組織に迷惑をかけずに失敗し，そこから学ぶことができる。

6．明確な役割モデル

新しい考え方や新しいやり方があまりにも現状と異なっている場合，自分がそれをやっているのを想像してみる前に，実際にそれがどのようなものであるかを目にする必要がある。それによってやっと，それらを取り入れた自分自身を想像できるのである。自分の場合をイメージできるように，他の人物の新しい行動，態度を見る機会が不可欠だ。

7．支援グループ

学習に関わる問題を話し合い，議論するグループを作るべきである。自分が学習中に抱える欲求不満と困難を，同様の経験している他の人々と話し合

う必要がある。そうすれば、お互いに支え合い、困難に対処する新しい方法を一緒に見つけることができる。

8．望ましい変化に一致したシステムと組織構造

新しい考え方、働き方と一致した報酬と規律のシステムと組織構造を持つことが不可欠である。例えば、いかにしてチームプレイヤーになるかを学習しているのであれば、報酬制度はグループ志向であるべきである。規律のシステムにおいても、自己主張が強く自己中心的な行動には制裁を加えるべきである。同様に、チームとして仕事をすることが可能な組織構造でなければならない。多くの変革プログラムが失敗するのは、新しい働き方が組織の構造、報酬、管理システムによってサポートされていないからである。

ここまでをまとめてみよう。学習および学習棄却を含む変革プログラムにおいては、前述した8つの条件を全て整えていなければならない。8つの条件全てを達成するのが困難であったり、達成するためのエネルギーと資源を提供するのが難しかったりすれば、変革は短命に終わるか、途中で頓挫することになるだろう。ある政治家が最近話していたように、「資金に裏打ちされないビジョンは幻覚にすぎない」のである。一方で、次章のいくつかの事例にあるように、組織が本格的に変革に乗り出した時、上記の8つの条件は全て満たされ、本物の改革が達成されるのである。

なぜ変革する必要があるのか？：認知的再定義

学習者が実際に経験するプロセスは、「認知的再定義」と呼ぶことができる。短期的、表面的には、分かりやすい行動だけが変化する。従業員は新しい働き方を強制されているため、調査や罰則の恐れがある限り、新しい行動を示し続けるだろう。しかし、新しい行動が学習者の自己イメージとして内面化するまでは、新しい学習が実現することはない。新しい行動をするだけではなく、新しい認識、新しい定義、新しい判断基準が内面化されなければならないのである。ある種のやり方で考えるように訓練され、グループ全体も同じような考え方をしてきたという場合は、まず、新しい考え方に変わる

ことを想像するところから始めなければならない。

　昔のアモコ社のエンジニアは，エンジニア部門に専門家として所属していた。キャリアの道筋ははっきりとしており，一人の上司の下で働いていた。しかし，新しい組織構造では，エンジニアがコンサルタント組織のメンバーとなった。コンサルタント組織では顧客にサービスを販売し，顧客は取引条件が気に入らなければ，他からサービスを購入することもできる。このような変革を達成するには，まず，「フリーのコンサルタント」，「サービスを提供し代価をもらう」，「自分より安い料金を提示するかもしれない部外者との競争」といった新しい概念を持たなければならない。加えて，エンジニアというものへの認識や，アモコ社の従業員であることの新しい意味を学習しなければならない。これを実現するには，「エンジニアの仕事そのものが全てを語る」，「エンジニアの仕事を宣伝販売する必要はない」というエンジニア文化の中核となる仮定を学習棄却しなければならない。また，新しい報酬制度にも直面することになる。給料は，営業努力によって仕事を獲得するという販売能力に基づいて支払われる。つまり，自分をエンジニアというよりもセールスマンとして考えなければならない。このように，自分のキャリアを異なる表現で定義し，たくさんの上司（依頼主）の下で働くことを学んでいく。

　新しい概念と共に，新しい評価基準が設けられる。以前の組織構造では，「コストがいくら掛かっても品質と洗練さを追求すれば良い」という仮定に基づき，エンジニアとしての仕事の質を評価されていた。しかし今では，与えられた仕事にどれだけの日数が掛かるか，その期間にどのくらいの品質レベルが達成できるか，またこれまでのような高品質を求めた場合はどのくらいの費用が掛かるかといったことを，より正確に予測できなければならなくなった。

　DEC社のコンピュータ設計技師の場合は，IBM社のパソコンに太刀打ちできる製品を開発しようとしたが，顧客が何を求めているかの評価基準を決して変えることはなかった。製品の設計に凝り過ぎたのである。非常に高価なものとなった上に，全く必要ない機能をたくさんつけすぎていた。設計者は旧来の考え方に固執し，組織は新しい市場が何を求めているかを認知的に

再定義することを援助する，強力な変革プログラムを用意していなかったのだ。

多くの変革プログラムでは，上級管理職が，製品と技術に焦点を当てていた戦略を顧客中心のマーケティングに焦点を当てた戦略にシフトすることを宣言する。これは，従業員の多くに，不可能に近い大幅な認知的枠組のシフトを求めることになる。上級管理職が格式ばった序列主義から，網状型あるいはマトリックスのままにするか，ネットワーク型のプロジェクト構造に移行すると宣言することは，従業員にとっては，皆目見当もつかない仕事のやり方，権限の捉え方についての概念を理解するように求められていることを意味する。従業員にもっと参加させ，権限を委譲するべきだと上級管理職らが宣言することは，従業員，あるいは，監督者とは何を意味するのかという認知的枠組み全体を変えることを，従業員と監督者の両方に求めていることになる。

組織が十分な心理的安全性を生み出すことができれば，このような認知的枠組みのシフトは可能である。とりわけ，変革の標的にされている人々の学習プロセスにおいてこの安心感があればなおさらである。そうなれば，試行錯誤（新たにとるべき行動を現場で見い出す），あるいは，公式な訓練プロセス（通常，役割モデルを模倣し，心理的なアイデンティティを共有する）のどちらかを通した学習が行われる。これらの全てを実行するために，求められる新しい行動が明確に定義され，新しい行動が望ましい結果をもたらすことに学習者が気づかねばならない。変革当初でこそ，新しい行動を従業員に強制することも可能であるが，新しい行動がより良い結果を導くことを確信できて初めて，従業員は新しい評価基準とその意味を内面化することができるのである。

模倣と同一化 対 探査と試行錯誤

新しい概念や，古い概念に代わる新しい概念の意味，新しい評価基準を学ぶメカニズムには，次の2通りの方法がある。1つは，役割モデルを模倣し，その人と心理的に同一化するやり方で，もう1つは，自分にうまく合ってい

る自分なりの解決法をいくつも作り出し続けるやり方である。

　チェンジ・マネジャーには，どちらのメカニズムを奨励するかの選択権がある。1つめのやり方を取るならば，訓練プログラムの一環として，事例，映像，ロールプレイ，シミュレーションを通して役割モデルを提供することができる。新しい概念を体現した学習者を連れて来て，他の人たちがどのようなやり方をしているか気づくように仕向けることもできるだろう。新しい仕事のやり方がどうなるかが明白で，教えなければならない概念自体も明白である場合には，このメカニズムが一番うまくいく。しかし時には，模倣によって学んでみたものの，それが自分たちの個性や現状の人間関係に根本的に合っていないことに気づくだけだったりすることもある。そういった場合には，役割モデルが示されなくなり，自分たちだけに任されるようになると，結局古い行動に戻ってしまうのである。

　代わりに，学習者の個性に本当に合わせることを望むのであれば，役割モデルを提供することを差し控え，学習者が自分たちの環境を調査し，自身の解決法を開発していうように奨励すべきである。例えば，アモコ社では，うまく変わることのできている技術者を中心にして，いかにしてコンサルタントになるかという訓練プログラムを開発することもできたはずだった。しかし，これは非常に個人的なことであるので，上級管理職たちは，組織構造とインセンティブ（刺激給制度）を作っただけで，新しい人間関係にどう対処するかは各技術者の判断に任せることにした。組織を離れていく者もいたが，自らの経験からいかにしてコンサルタントになるかということを学んだ技術者らは，新しいタイプのキャリアを純粋に身につけていった。その職業を彼らの人生全体に組み入れていったのである。

　ここでの一般原則は，チェンジ・マネジャーは，最終目標や達成すべき新しい仕事のやり方を明白にしなければならないということである。しかし，全ての人が同じやり方で目標に到達しなければならないということではない。学習者の参加とは，学習者が最終目標を選べるということではなく，そこに至る手段が個人の選択に任されているということである。

再凍結：新しい均衡を求めて

　変革プロセスの最終段階は，新しい行動を自然に導くことができるように，新しい概念を内面化することである。新しい行動が学習者の個性や職場におけるその他の重要な人物が期待すること，社会的環境などに調和していれば，その行動は個人にとってもグループにとっても安定したものとなる。しかし，新しい概念を学んだ結果として新しい行動がとれるようになっても，その行動が自分の仕事や社会的集団に調和しない場合には，注意してほしい。そのような場合，グループに価値を置くのであれば，古い概念や行動に戻ることになる。あるいは，新しい概念や行動に価値を置くのであれば，グループを去ることになる。グループを否定することや，グループから疎外されるという個人的な不安感は，新たな否定的確認となり，新たな学習プロセスを促すこととなる。私たちは，自分の性格に合い，大切なグループ関係を守ることができるような新しい要素を内面化することによって，安定感を獲得する。世界が激変し続ける今，グループは安定の島としてより重要な存在になっていくのである。

結論：チェンジ・マネジャーへのヒント

　チェンジ・マネジャーは，求めている結果について注意深く考えねばならない。まず，グループ全体あるいは組織単位全体が新しいやり方を取り入れねばならないのかどうかを判断しなければならない。多くの文化変革プログラムでは，作業グループや組織単位の全体が新しい考え方と行動を取り入れることが求められる。そのような場合は，訓練も個人を対象とするのではなく，最初からグループに照準を合わせるべきである。
　文化を変えようとしている組織全体を調査する際には，様々な職務グループ，階層レベル，部門，地域単位などの観点から考えてみる。重要な個人が変わっただけでは，彼らが自分たちの職務グループに戻った時，そのグループの規範に逆戻りしてしまうだろう。

次に、新しい考え方や行動を標準化できるかどうかを判断しなければならない。新しいやり方に関して明白な合意が得られているのであれば、新しい考え方と行動の役割モデルとその実例を示すべきである。そうすれば、学習速度を速めることができる。しかし、学習者に適合しない行動を新しく採用してしまうと、結局はうまくいかないこともある。別のやり方として、明確な行動目標を示すだけで、その解決法は各自に任せることもできる。この試行錯誤のやり方は、時間は掛かるものの、学習されたことは全て内面化されることが保証される。この場合、役割モデルや明らかな事例を示すことは差し控えられるべきだ。

また、変革の動機づけとなる、「生き残りの不安」を認識する一方で、心理的安全性によって、「学習することへの不安」を軽減しなければならない。

次の章からは、組織の成長段階ごとに、これらがどのように作用するかを検証していく。あなたが創業間もない成長期にある組織に所属している場合は次の章を、成長過程を終了した成熟期の企業に所属している場合は、第8章、第9章をご参照いただきたい。

読者の皆さんへの質問

・あなたの最近の変化について考えてみてください。あなたが変化したいと思うきっかけとなった否定的確認は何か、特定することができますか？
・変化しようと決意してから、どのようにそれを実行しましたか？
・実際には何が変化しましたか？ その変化をどうやって保っていますか？
・最近、あなたの組織があなたに求めた変化について考えてみてください。その変化についても、上の3つを考えてみましょう。
・あなたが自分で変化しようと思った場合と、変化を求められた場合との違いは何ですか？

第7章

スタートアップ企業における文化の創造，進化，変化

　文化の変革の性質は，組織が成長のどの段階にあるかによって異なる。本章と続く2章にわたって，創業および成長期，成熟期に入ったがまだ業績を上げている期間（中年期），成長を終え衰退期に入った期間，あるいは，合併，買収，その他さまざまな形態の多文化的ジョイント・ベンチャー等のそれぞれのプロセスにおいて，文化の変革を扱う場合，どのようなことが関わってくるかを示していきたい。

創業および初期の成長

　創業まもない組織に最も顕著に表れる文化的特徴は，文化が創業者およびその一族が作り出したものである，という点だ。事業家である創業者の個人的信念，仮定，価値観が，雇われた人たちに押し付けられる。その組織が成功すると，文化は共有され，正しいと認識され，最終的には当たり前のこととなる。そして，共有された信念，仮定，価値観は，組織を結びつける基本的な結びつき，組織のアイデンティティの源泉，その組織特有の能力を定義付ける主な方法として機能するようになる。

　この段階では，文化は組織の主要な資産の1つにすぎない。実際に文化に沿って行動することで，文化は繰り返し検証されていく。やがて，文化が補強され，組織が成功すると，文化は強力な存在へと成長する。組織が失敗した場合，創業者は排除され，創業者が掲げた仮定には疑問が投げかけられ，おそらくは放棄されることになるだろう。成長の過程において，成功に関する基本的な基準が作られると，組織は，そこで認められていない力に対しては抵抗するようになる。そして，そのような力を不当だと見なすようになっ

たり，それが不適切であることを合理的に説明しようとしたりする。後で述べるいくつかの事例でそのことが見受けられる。特に DEC 社の例では顕著である。

　若い組織においては，学習棄却する必要性があっても，創業者によりそれが制限されることが多い。成功をおさめた創業者は，自身と同じ信念や価値観，仮定を共有する従業員を選んで雇うことができるからだ。創業者の考えがはっきりしている場合は，考えの合う者だけが雇用される。逆に創業者が雇用する基準を明確に持っていない場合は，雇用されてから組織文化との軋轢に悩む者も出てくる。彼らは文化とうまくつきあい適応していくか，組織を去るかの選択に迫られることになる。つまり，若い組織では，創業者が全ての従業員を選び，個人的に感化することもできるため，文化の解凍をする必要がないのである。次の事例は，このプロセスがいかに機能するかを示すものである。

「ジョーンズ・フード社」の事例

　創業者のハロルド・ジョーンズは移民であった。彼の両親は1930年代に大都市の郊外の片隅で食料品店を始めた。彼の両親，特に母親は，基本的な接客態度をジョーンズに教え，事業を興し，成功するという夢を彼に植え付けた。彼は，正しく行動すれば，成功し，大きな組織を創業し，自分自身と家族がひと財産を築けるだろうと，当初から確信していた。やがて彼は，スーパーマーケット，百貨店，その他の関係事業を大規模なチェーン店として経営するようになり，何十年にもわたってその地域の市場を独占することとなった。

　会社の創業以来，ジョーンズが会社の主要なイデオロギーの源泉であった。そして，70代後半で亡くなるまで，ずっと自分の仮定を会社に押し付けていた。彼の最大の目標は，信頼できる高品質の商品を，清潔で魅力的な環境で顧客に提供することであった。主要な決定をする際には，常に顧客のニーズが第一に考慮された。街頭の食料品店を妻と経営していた若かりし頃のジョーンズが，お客にツケを認め，それによって「あなたを信用していますよ」ということを態度で示したなどという逸話がたくさん残っている。彼は，

少しでもクレームがあれば，いつでも商品を引き取った。店はちりひとつない状態に保たれ，顧客はますます彼の商品を信頼するようになった。このような指示の1つ1つがその後，彼のチェーン店の方針となった。その方針は，個人的に密接に関わって従業員を管理することで，従業員に教えられ，さらに強化されていった。

　ジョーンズは部下をうまく働かせるには，自らが手本となり，細かく監督しなければならないと信じていた。彼は自分のチェーン店を不意に訪れては，些細なところまで点検した。そして，自分の時は，このように対処したと個人的な事例を引き合いに出したり，他の店ではその問題をどのように解決しているかを話したり，規則を明確に熱心に伝えたりして，スタッフに何をするべきかを「教えた」のだ。自分が作った規則や方針に従わない部下がいれば，腹を立て叱りつけることもあった。

　ジョーンズは各チェーン店の店長がいつでも目の届く所にいて，自分たちの仕事を完全に掌握し，自分と同じように現場で監督することを期待していた。これは，彼の心の深層にある，良い経営管理とは何かということに関する仮定を反映していた。この仮定はその後，「見える経営管理」という彼の概念の主要なテーマとなった。「良き」管理職はいつも現場で手本を示し，部下に物事の正しいやり方を教えなければならないとする仮定である。

　この会社の創業メンバーは，基本的にはジョーンズと2人の兄弟であった。しかし，家族のメンバーではない「大番頭」が1人いた。この大番頭は早いうちに外部から雇われ，彼もまた創業者と共に文化を作り，それを体現した重要人物であった。事業をどのように運営していくかについては，ジョーンズと基本的仮定を共有していた。彼は公式なシステムを作り，これらの仮定が現実を動かす土台を作り上げた。ジョーンズの死後，この大番頭は見える経営管理という理論を明言し，ジョーンズがしていたように，現場で細かく監督する方針を実践することで，自分がその手本となろうとした。

　ジョーンズの仮定の1つに，市場で勝ち残りたいなら，高度に革新的であるべきで，技術的にも最先端でなければならないという考えがあった。彼はいつも，管理職たちに，新しいやり方を試すことを奨励した。人材管理の新しいやり方を唱える様々なコンサルタントを雇い入れ，アセスメントセン

ターを通じて選抜開発プログラムをスタートさせた。これは他の会社がこのやり方を試すよりずっと前のことであった。新しい技術革新が展示されている見本市や，他の事業の現場にも出掛けて行った。その結果，他社に先駆けてバーコード技術を導入した企業のひとつとなった。事業を改良する実験にはいつも積極的であった。真実と現実に関するジョーンズの考え方は，可能な限り真実を見つめなければならないというものであった。そのためには，外部環境に注意を払い，自分は何でも知っていると誤解しないことが重要だと考えた。

　ジョーンズは，新しい方法があれば，積極的に取り入れるように奨励した。うまくいかなかった場合は，取りやめさせた。彼にとって，結果を判断し，問題を解決することは，見える経営管理という理論に由来する，非常に個人的な事柄だった。様々な伝統的事業手法に加えて，自分の店全てを自ら巡回することも決して忘れなかった。何か気に入らないことを発見すると，その場ですぐに改善させた。たとえそれが，他人の権限を飛び越えなければならない場合でも，改善を断行させた。自分と似たような仮定を持つ管理職だけを信頼していた。好き嫌いがはっきりしており，気に入った者には多くの権限を委譲した。

　この組織では，権力と権限は極端に中央に集中していた。ジョーンズと大番頭は，各部単位の長が行った決定であっても，誰にも相談せず，有無も言わせずに覆すことができ，実際に覆してきた。そのことを誰もが知っていた。権力の究極的な源泉である議決権付き株式はジョーンズと彼の妻が全て所有していた。そのため，彼の死後は彼の妻が会社の全権を握ることとなった。

　ジョーンズは，組織全体で良い管理職を育成することに関心を持っていた。しかし，ストックオプションの付与によって所有者意識を共有することが，組織の向上に貢献するとは考えなかった。彼は主要な管理職には高給を支払ったが，株式の所有権は，たとえ創業以来一緒にいた者であっても与えなかった。この件に関しては，株式の所有権は家族のみに限定されるというのが彼の仮定であった。彼は自身の右腕である大番頭，親友であり共同創業者でもある男性に対してさえ，株式を与えようとはしなかった。

　ジョーンズは，幾人かの血縁者を重要な管理的地位に据え，早いうちから

第7章 スタートアップ企業における文化の創造，進化，変化

究極的な管理能力をテストし，育成に役立つ仕事を与え，恵まれた処遇をした。会社がその活動分野を広げるにつれて，血縁者らはしばしば管理経験がほとんどなくても，各部の長となった。もし，血縁者の仕事ぶりが良くなければ，その人のもとに優秀な管理職を置き，その血縁者を支えさせた。それで業績が上向けば，血縁者の功績となった。もし，事態が悪いままであれば，血縁者は面目を保つために様々な理由をつけられて，外されることになった。

私がこの会社に招かれたのも，このような力関係によるものだ。ジョーンズには娘しかいなかったので，長女の夫に社長の地位を譲ることになった。彼はジョーンズと非常に良く似たタイプではあったが，全般的な事業経営責任を担う職位のための訓練を受けていなかった。そこで，ジョーンズは組織の上位25名のための経営者育成プログラムを作成するよう依頼することにした（本当の目的は，義理の息子に経営管理を教えることであった）。ジョーンズの大番頭がプログラムのコンサルタント兼トレーナーとして私を招聘した。私は，プログラムの目的の1つは義理の息子を教育することにあると，はなから聞かされていた。

血縁関係にない社員同士の同輩関係は，必然的に，非常に政治的であった。公式には同輩関係であっても「競争的」でなければならなかった。ジョーンズは，個人間の競争の価値に強い信念を持っていた。勝者は報酬を得て，敗者は排除される。しかし，血縁者が権力を握っていたので，同僚の信頼を失うことなく，血縁者と良い関係を保つにはどのように折り合いをつければ良いかを知る必要があったのだ。

ジョーンズは，組織では全ての者がオープンなコミュニケーションが行い，強い信頼関係を築くことを望んでいた。しかし，彼自身が持っている，血縁者の役割に関する仮定と正しい管理に関する仮定は，相反するものであった。一方，組織のメンバーの多くは，互いに団結して一種の互助社会を作っており，そこでは独自の文化が育成されていた。彼らは組織に対してよりもお互いに対してより忠実で，親密に接し合っていた。その結果，ある意味では創業者に対する反体制文化とも呼べる仮定，規範が生まれつつあった。

この時点でいくつかのことを注意しておかねばならない。あるものが文化の一部となるのは，それがうまく機能している場合だけである。ある意味で，

組織を成功させ，（ジョーンズも含めた）メンバーの不安を低減させてくれる場合だけなのである。仕事のやり方に関するジョーンズの仮定は，経営環境がうまく機能していたため，強く支持された。会社が成長し繁栄していくにつれて，ジョーンズはますます自分の仮定を再確認するようになり，それが正しいという自信を持つようになっていった。彼は生涯を通じて，自分の仮定に固執し，権力が許す限りのあらゆることを行って，他の者にも自分の仮定を受け入れさせた。しかし，指摘してきたように，このような仮定のために血縁者ではない管理職は不安を抱くようになり，反体制文化が形成されるに至ったのだ。

　ジョーンズはまた，自分の概念や仮定を多くの人々と共有していかねばならないことにも気づいていた。会社が成長し，その経験から学ぶにつれて，彼の仮定も，ある分野では次第に検討を余儀なくされた。さもなければ，彼はそれらの分野を管理する地位から最終的には身を引かねばならなかったからだ。例えば，多角化路線の中で，会社はいくつかの製造部門を買収したのだが，食品，衣類のラインは経営的観点から垂直的統合をした。しかし，ジョーンズは自分が製造についてはほとんど何も知らないことに気がついた。そのため，強力な管理職を雇い，彼らに独自の経営方法を許した。それにより，製造部門によっては，組織本体の文化を全く受け入れない部署も現れるようになった。しかし，そのような部門の責任者は，身内に保証されていたような地位や安全を享受できなかった。

　やがてジョーンズは，自分では明白で一貫した信号を送っていると考えていたが，実はそうではなかったことを，いくぶんかの痛みを伴って知ることになる。なぜ，若い優秀な管理職は競争をあおるような彼のやり方に不服を唱え会社を辞めてしまうのか，彼には理解することができなかった。自分自身の中にある矛盾や不一致に気づくことができなかったのだ。管理職に十分な報酬を与えていると考えていた彼は，ストックオプションがないことや，創業者一族への裁量的な報酬が与えられていることから，組織の風土が政治的となり，昇進のプロセスが不明瞭となっていることが分からなかったのだ。彼はただ当惑し，腹を立て，自分の仮定と矛盾にしがみついたまま，若い管理職を非難していた。

第 7 章　スタートアップ企業における文化の創造，進化，変化　127

　ジョーンズの死後，会社は長期間にわたって文化的な混乱をきたした。ジョーンズがいなくなったことで文化的な空洞が生じた上に，文化を体現していた何人かの重要人物の退職も続いた。しかし，店舗をどのように経営するかという基本的哲学は組織に深く埋め込まれており，そのまま残った。ただ，一族の様々な人間が会社の経営を続けたが，ジョーンズほどの経営手腕を持つ者は一人もいなかったのだ。

　ジョーンズの片腕であった大番頭の退職と共に，不安定な時期が始まった。これは，ジョーンズに指導されていた管理職のうち何人かが，思われていたほど強力でも有能でもないことが露見したことに象徴される。ジョーンズの子どもも，その配偶者も，誰も立派に事業を引き継ぐだけの能力がなかった。そこで，会社を経営していくために外部の経営者が雇われることになった。しかし，これは予想通りうまくいかなかった。外部の経営者は，ジョーンズ・フードの文化とも創業者一族とも適合できなかったからだ。

　他の会社から引きぬいてきた CEO の失敗がさらに 2 人も続いた後で，以前ジョーンズ・フード社に所属し，その後不動産事業で財を成した役員に一族は白羽の矢を立てた。この役員は事業を安定化させることができた。それまでの経歴のおかげで全くの部外者よりも信頼されていた上に，一族との付き合い方も心得ていたからだ。彼の指導力のもと，古い仮定のいくつかは新しい方向へと展開を始めた。結局，一族はジョーンズ・フード社を売却することに決めた。その後，この役員はジョーンズの従兄弟の一人と独立して自分の会社を始め，ついにはジョーンズ・フード社のライバル企業となった。

　ジョーンズ・フード社の事例から学ぶべき教訓は次のようなことだ。成長の過程でリーダーが発したメッセージに一貫性が欠け，そのため，組織の大半のメンバーが葛藤を抱えている場合，文化を体現している主要人物が去ってしまえば，文化は生き続けられない，ということだ。ジョーンズ・フード社には強力な文化があったが，創業者自身の矛盾がその文化にも埋め込まれてしまい，それが更なる矛盾を生み出し，最終的には安定を欠く結果となった。もう 1 つの教訓としては，会社が成長し成熟していく過程で，サブカルチャーや反体制カルチャーが形成されるのは必然であるため，ビジネス・プロセスに対応できるような標準化の強化，コントロールのシステム化，新し

い文化要素の発達が必要となる，という点である．この問題については次章で詳しく論じる．

　ジョーンズ・フード社の事例で議論した創業と文化の成長過程は，企業の技術や市場，創業者の性格といったものが異なっていたとしても，多くの設立したての企業に共通するプロセスである．DEC 社の事例はジョーンズ・フード社の事例と多くの類似点がある．IBM 社の歴史をひも解けば，創業者であるトーマス・ワトソン・シニアが持つ販売とマーケティングに関する観察眼から生まれた価値観が，IBM 社の文化にしっかりと根付いていることが分かる．息子のワトソン・ジュニアの在任中は，技術力の強化が必要だという価値観が顕著となったが，マーケティングの文化も未だ残っていた．そして，IBM 社の経営が悪化した時期に，外部からガースナーを招くことで，マーケティング文化が補強されることになった．ガースナーはマーケティングの第一人者であった．その彼が招かれ，IBM 社の経営の軌道をマーケティング志向に戻したということは，非常に重要な点である[1]．

創業者やリーダーは文化的要素をどのようにして定着させるか

　創業者とリーダーがどのようにして自身の仮定と価値観を創造し定着させるかについては，図表7.1で示したような，様々なメカニズムでまとめることができる．なかでも，リーダー自らの行動は，最も重要なメカニズムとなる．文化の創造とその定着という点では，「言行一致している」ことが，特別な意味を持つ．新参者は，話されることよりも行動の方により多くの注意を払うからだ．特に重要なのは，リーダーはどのようなことに注目し，評価し，怒り，報酬を与えているかである．組織構造を支援するメカニズムおよびプロセスは，組織が中年期に入るとさらに重要となる．新しい世代のリーダーたちは，組織構造やプロセスの影響を非常に強く受けているからだ．極端な場合，これらが基準となり，どのようなリーダーなら受け入れても良いかさえ決めてしまう．しかし，創業間もない成長期にある組織では，リーダーの個人的な行動こそが，文化の枠組みを決める，とりわけ重要な要素となる．

図表7.1 創業者やリーダーは自身の価値観や仮定をどのようにして押し付けるか

Ⅰ．一次的なメカニズム
- リーダーは常に何に注意を払い，優劣を評価し，管理しているか
- リーダーは重大な事態や組織存亡の危機にどのように対処するか
- リーダーが限りある資源を割り当てる際の基準
- 意図された役割モデル，指導，コーチ
- リーダーが報酬，地位を与える際の基準
- リーダーが組織のメンバーを募集，採用，昇進，退職，解雇する際の基準

Ⅱ．二次的な明文化，および強化のメカニズム
- 組織の設計，構造
- 組織のシステム，手順
- 組織内の慣習，しきたり
- 物理的な空間，外観，建物の設計
- 人々や出来事に関する話題，伝説，逸話
- 組織の哲学，価値観，信条に関する公式声明

文化の学習，進化，変革のメカニズム

　創業してからの日は浅いが成功している会社のメンバーが，自分たちの仮定にしがみつくのには，2つの理由がある。1つ目の理由としては，それらの仮定が自分たち自身が作り上げたものであり，組織に元々こびり付いていたものではなく，自分たちの経験の産物だからである。2つ目は，それらの仮定が，創業者たちや創業者一族の価値観を反映しているからである。創業者たちは，所有権に裏付けられた権力を握っている。創業者が「これがわれわれのやり方で，私はこれを信じている」と言っているのに，従業員が「いや，もっと良いやり方を試してみるべきだ」と主張してしまったら，自分のキャリアを危険にさらすことになる。組織がうまくいっているのであれば，「父親的存在」である人の信念に挑戦的な態度を取るのは失礼だと感じられるものだ。結果として，このようにして発展してきた文化は，非常に強力に保たれることになる。

　創業間もない企業にとって重要なのは，自社を外部環境や他の組織に対し差別化することである。結果として，組織はその文化を明確にし，できるだ

け統合し，新参者にしっかりと教え込む（あるいは，自社の文化と相性の良い人材だけを採用する）。また，創業から日の浅い企業では，事業の中で，ある職務だけが偏って好まれる場合があり，それがまた，生まれつつある文化に影響を与える。ジョーンズ・フード社では小売販売と顧客の職務に傾斜しており，他方，DEC社では，明らかにエンジニアリングと製造にウエイトが置かれていた。DEC社ではエンジニアリングと製造以外の職務では，地位や名声を得ることが困難であった。マーケティングを専門とする社員は，古参の上級管理職に「セールスの人は自分たちが何を説明しているのか分かっていない」とか「販売の人は，お客さんの問題を解決するのではなく，嘘をついてごまかすから，だめだ」と言われることすらあった。チバ・ガイギー社は，当初から科学と研究を重視してきたが，かなりの年月が経ってもそれは続いた。研究開発が会社の成功の礎であったため，多くの管理職が，会社の将来はマーケティングと厳重な財務管理，それに，効率的な経営で決まると公言したにもかかわらず，依然として科学こそが会社特有の能力と定義されてしまっていたのだ。

ここまでの論点をまとめてみよう。創業間もない企業の文化が強力なのは，次の理由による。

- 文化を最初に作り上げた人物が，まだ社内にいる
- 文化は，組織が自身を定義するのを助け，潜在的に敵意に満ちた環境に踏み出す際の後押しとなる
- 文化的要素の多くは，組織が自らを作り上げ維持していく際に，不安に対する防衛手段として身に付けているものである

このように，文化を意識的に変えていこうという提案は，出所が社内であれ，社外であれ，全く無視されるか，激しい抵抗を受ける可能性が高い。反対に，支配的なメンバーやその取り巻きたちは，文化を維持，強化しようとする。このような状況における唯一の例外は，成長率の大幅なダウン，売上・利益の消失，主力製品の失敗，その他無視できない重大な出来事による

組織存続の危機だけである[2]。もし、そのような危機に至れば、自動的に次の段階（社外から招聘された人間による経営）への移行が始まる。危機の度合いによっては、創業者は信頼を失い、新たな上級管理職が招かれることもある。しかし、組織自体が無傷であれば、文化が変革を迫られることはない。

　成功して成長を続ける組織において、文化はどのように発展するのだろうか。どのような変化のプロセスであれば、リーダーやコンサルタントが積極的に関与できるのだろうか。いくつかの変化のプロセスを定義してみよう。

1. 自然な進化：一般的な適応と特定の適応

　組織が成功を続け、創業者あるいは創業者一族が長期間にわたって在職する場合、最も成功した事例を吸収しながら、文化は年月をかけて少しずつ発展していく。**一般的な進化**では、組織が多様化や複雑化、高いレベルでの分化・統合、さらに新しい、より高次元の形態に独創的に総合されていくことで進化を遂げる。**特定の進化**では、組織の特定の部分が特殊な環境に適応していき、それによってサブカルチャーが形成され、最終的には核となる文化に影響を与えるようになる。このようなメカニズムによって、様々な産業の各組織が、それぞれその産業特有の文化を発展させる。このため、ハイテク企業は非常に高度な研究開発技能を持つようになり、食品や化粧品などの消費財を扱う企業は、非常に高度なマーケティング技能を持つようになる。私は、このような進化を「自然な進化」と考えている。なぜなら、これは組織が出会う現実に対峙するために必要な適応であったからである。

　このような適応の違いは、前提となる世界観に関する仮定や、実際の組織の成功体験を反映している。また、組織の各部分はそれぞれ異なった環境にあるため、それぞれが特殊な環境に適合するように発展していく。サブグループが分化し、サブカルチャーが発展するにつれて、主要な文化が変化する機会さえ発生する。しかし、この段階では、サブカルチャーによる違いが大目に見られているというだけであり、その違いを最小限に抑えようとする努力がなされる。この種の進化のプロセスは、何か特別なことをするしないにかかわらず起きる。もしも、そのプロセスに気づくことができたならば、進化のプロセスに関する計画を立て、計画実行を導く知識を得ることで、進

化のプロセスを促すこともできる。

このような成長段階においては，新しい行動を否定的確認によって，定義したり，前述のようなメカニズムを埋め込むことでそれを実行しようとしたりする例が散見される。しかし，全体的に見れば，文化を変えるよりも，現状を維持することの方に重点が置かれている。

2．物事の本質を見抜いた，進化の推進計画

文化を予測可能なメカニズムとして扱うことができれば，世の中に意味を持たせ，状況が予測不能で無意味に思えるという不安を避けることができる。文化の主題とその要素を明白にすることで，組織のメンバーを助けることができる。共有されている仮定が何であるか，なぜそれに頼っているのかを見抜くことができれば，周囲の状況が変化した場合に，それらの仮定がどのくらい機能的であり続けるかを評価分析し，診断することも十分できる。第5章で述べた組織の文化解読プロセスにより，文化の将来の進化における方向性をグループ自ら決められるほど，文化に対する洞察力のレベルを高めることができる。このプロセスにおけるリーダーの重要な役割は，そのような介入の必要性を認識し，内部評価を取り仕切ることである。このような状況では，リーダーはカウンセラー，あるいは，プロセス・コンサルタントの役割を果たし，組織の進化を導かなければならない。そうすれば，文化的な進化を全体的な計画のプロセスに統合することができる。

このような考察を通して変化を実行させた事例として，「ガンマテック社」を挙げることができる。ガンマテック社は技術者中心の企業で，そのため，マーケティングは他の職務に比べると無駄な部門であるという仮定を持っていた。会社の存続においてマーケティングの重要性が増していっても，社内では依然として技術者の文化が幅をきかせていた。上級管理職たちは，自社の文化を評価し，自分たちがマーケティングに関しては非常に限定的で否定的な定義しか共有していないことに気がついた。彼らはマーケティングについて「すでにある製品を単純に販売すること」という定義しか持ち合わせていなかった。上級管理職たちは，外部コンサルタントの助けを借りて，自分たちのマーケティングに関する定義は限定的で偏りがあるという認識を

持つようになった。その後の研修を通じて，上級管理職たちは，マーケティングがガンマテック社のブランドイメージの創造を担う重要な部署であると，自分たちの考えを改めることができた。マーケティング部門は，顧客と製品開発部門との関係を円滑にし，新製品の特徴に関する販売担当者の教育を行い，長期的な製品戦略の開発や将来の顧客ニーズを見越した様々な製品ラインの統合を行うなど，多くのことに関わる部門であると理解したのだ。

ガンマテック社の管理職は，改善する必要があるのは，実は「マーケティング」であったことに突然気がついたのである。彼らは，マーケティング部長らに今までは気づかなかった技能があることを理解し始めた。これにより，マーケティング部の同僚らに敬意を払うようになり，管理手続きのより中枢に近いところに彼らを抜擢するようになった。管理職たちはそれまで，マーケティングは無駄であるという仮定を信じ込んでいたが，マーケティングとは何かという発想を再定義することによって，マーケティングが非常に価値のある部門であると信じるようになっていった。様々なマーケティング業務に注意を払うようになるにつれて，ビジネスは回復の兆しを見せるようになった。そして，組織の存亡にとって，マーケティングは極めて重要であるという仮定を徐々に受け入れていったのである。

DEC社で数年間に渡って行われた介入の多くは，自社についての洞察をDEC社の文化に取り入れるための努力であったと捉えることができるだろう。例えば，経営上層部の80名を集めたある年次セミナーで，会社の業績不振が話し合われたことがあった。雰囲気は大変重苦しいものであったが，最後に次のような発言があった。「もしも，社長か，側近の誰かが方向性を決めて，どちらに向かうべきか示してくれさえすれば，業績は回復できると思うのですが」。

DEC社の文化をよく知っていた私たちには，この発言を現実味のある要求としてではなく，魔法のような解決を願う声として聞こえた。私は，DEC社の文化に関して手短な発表を行うことになっていたので，その機会を利用して次のような質問を投げかけた。「会社の歴史をふまえ，あなた方のような管理職や社員を思い浮かべてみて下さい。ケン・オルセン氏が今すぐこの場にやって来て，この方向に進んでほしいと話したとしたら，皆さん

はオルセン氏の指示に従いますか？」と。長い沈黙のあと，出席者たちは次第に，意味ありげな笑みを浮かべた。それから，より現実的な議論が始まった。DEC社のこれまでの歴史を考えれば，たとえ，CEOであるケン・オルセンの要請であったとしても，他人からの命令を鵜呑みにすることなどあり得ないことに，全員が気づいたのだ。それよりも，自分たちで新たな方向性を見出すことに全力を尽くす方が良い。セミナーに集まった人々は，個人の責任と自律性という仮定を再確認し強化することになった。しかし同時に彼らは，上級管理職が命令云々を口にしたことから，自分たちが組織内の規律も願っているということにも気づいた。そして，自分たち自身のレベルでより緊密な連携を築くことにより，規律ある組織も実現できると認識したのである。ただ，最終的には，彼らはこの連携を実現することはできなかった。これについては，DEC社の文化の他の要素，つまり，個人への権利委譲や内部での競争を是とする仮定が原因であったと推測することができる。

3．「混合種(ハイブリッド)」の促進による進化

　環境が変化すると不均衡が生まれ，本物の変化が引き起こされることがある。組織のアイデンティティを構築途中の，創業間もない若い組織の場合はどうだろうか？　明らかに言えることは，組織の中心となるリーダーは，まずそのような情報を否定的にしか捉えないだろうということだ。スタート期のDEC社では，技術や市場の変化はかなり組織的に**無視**されていた。変化自体は認識されていたのだが，真剣には検討されなかった。DEC社が認識した新しい変化は，自社が目指す革新的な変化とはかけ離れたものであったため，そのような承認しがたい変化は無視することを選んだのだ。反対に，ジョーンズ・フード社は，自分たちの生産を拡大させるなら，ビジネス・プロセスを変化させる必要があると認識した。では，そのような変化はどのようにすれば達成できるのだろうか？

　1つの方法として，「混合種」と呼ばれる従業員育成を計画的に促進し，計画的に文化の改革を促進するというメカニズムがある。彼らは，自社の文化の中で育ち，その文化を十分に理解している上で，環境に適応したやり方を身につけるため，新しい信念や仮定を手に入れた人々である。「混合種」

であるマネジャーや従業員は,その性格あるいは人生経験ゆえに,またはそのキャリアが育まれたサブカルチャーゆえに,組織の中心とは様々な角度で異なる仮定を持つに至っている。そのため彼らは,新しい思考や行動様式を,徐々に組織に取り込むことができるのである。そのような管理職が重要な地位につけば,「私たちは,あの人が職場を変えようとしてやっていることは気に入らないけれども,それでもあの人は私たちの仲間だ」という感情を他の従業員から引き出すことになる。混合種たちは率先して適応を進めるだけではなく,組織の中心となる文化について熟知しているので,文化の力を前向きに利用して水際からうまく変化を起こすことができる。

　このメカニズムがうまく機能するには,会社の管理職の大半が,否定的確認のサインに注意を配り,何が見逃されているかについて洞察しなければならない。彼らはまず,自らを自分たちの組織と外界との境界に位置するようにするべきである。そうすれば,自分たちの企業文化を正確に認識することができる。そのような洞察力は,取締役のメンバーからの質問を通して,あるいはコンサルタントから,または他のリーダーと出会う教育プログラムの機会を通じて得られるだろう。リーダーが変化の必要性を認識することができれば,新しい仮定を最もよく体現しながら現状の文化に所属している者を,重要な職務に抜擢していくことができる。

　例えば,DEC社はある段階で,数多くある事業単位ごとの仕事を調整していく能力を急速に失っていることに気づいた。また,ケン・オルセンも他の上級管理職も,外部の人間を重要な地位につけても従業員から拒絶されることを理解していた。そこで,規律と中央集権を規範とする製造部や顧客サービス部出身者を,管理職として少しずつ重要な地位に登用していった。このようにして登用された管理職は,従来の文化の枠の中で仕事をしながらも,少しずつ中央集権的で規律を重んじるやり方を浸透させていった。同様に,チバ・ガイギー社も,よりマーケティング志向になる必要があると気づいてからは,かなり早い段階からマーケティングの重要性を認識していた薬品事業部出身の管理職を,上級経営者に登用するようにした。組織によっては,部外者を組織に招くことで,変化を達成しようとすることがある。しかし,この段階では文化が非常に強力であるため,部外者が文化を拒絶するか,

あるいは，文化が部外者を拒絶するという結果に終わることが多い。

4．重要なサブカルチャーの並立を利用した進化

　創業者の信念が，新しい組織の直面する外部の現実にうまく適応していれば，組織は成長し，成熟していく。企業が成長し，年月を経るにつれて，新しい組織的現象が現れてくる。職能，地域，市場，製品に基づいた強力な下位単位が生じてくるのだ。それぞれの下位単位は異なる外部環境のもとで生き残らねばならない。そのためそこでは，異なった外部環境に適応していくうちに，創業者の中核的な仮定と調和はしているものの異なる性質を持つ信念と仮定が進化していくことになる。そのような部門ごとのサブカルチャーは，職能，製品，市場，地域のそれぞれをバラバラに反映しているため，しばしば「サイロ」とか「ストーブの煙突」と呼ばれる。それぞれのサイロの壁は彼ら自身によって強化されていく。このため，サブカルチャーをまたいで意思の疎通を図ったり，いろいろな業務を統合していったりすることが難しくなっていくのだ。

　しかし，サイロだけがサブカルチャーの全てではない。年月を経るにつれて，組織内の階層レベルごとに従業員や管理職の各グループが，グループ固有の体験を共有することになる。そして，この体験を基に，物事の在り方や進め方について，階層レベルによる共有の仮定を持つようになる。従業員が持つ共有の仮定は，経営者の持つ仮定とは異なる。労働者が組合組織を作っている組織，とりわけ国際的な労働組合にも加盟している場合などはその違いが顕著となる。現場の係長クラスも，自分たちの仕事の性質に基づいた共有の仮定を発展させる。技術，財務，企画などの職員は，自分たちの専門およびキャリアに基づいたサブカルチャーを発展させる。中間管理職層も，自分たちの役割の類似性に基づいたサブカルチャーを発展させる。そして，特に重要なのは，CEOやその信頼を得ている側近たちも，彼らにしか理解されない極めて複雑な財務の世界に生きているため，同様に彼らだけの共有の仮定を持っているということだ。これもまた，組織内のサブカルチャーの1つである。

　一般的な3種類のサブカルチャーを理解することは大変重要である。その

3種類とは，1）**営業**のサブカルチャー（製造部門や販売部門），2）**エンジニア**のサブカルチャー（製品・プロセス・組織構造の設計者），3）**経営**のサブカルチャー（CEOとその側近）である。この3種類のサブカルチャーは，その形態に多少の違いはあるものの，全ての組織に存在するものであり，またそれらは潜在的に対立している[3]。なかでも，エンジニアと経営のサブカルチャーは，組織外にある同職種のコミュニティを，準拠集団（自分たちと比較するグループ）として持っている。技術者やその他の設計の専門家にとって，自分がよりどころとしている価値観や仮定の多くを支配しているのは，設計という専門性である。彼らにはまた，ミスをするのはいつでも人間なので，完全な設計をするには，できるだけ人の手が関わらないようにすべきだという共通の仮定を持っていることが多い。そのため，エンジニアのサブカルチャーは，様々な作業者や製造ライン，販売部門と衝突する危険性を持っている。これらの人々は，チームワークが直接業績に関わるために人間を大切にしているからだ。

　CEOが環境を定義し，それによって仮定を作り出す場としているのは，取締役会，金融市場，アナリスト集団，同業他社のCEOである。CEOが「企業は人なり」といかに強く信じていたとしても，業務上，組織の財務状態が主な関心事となる。そのため，必然的に人をコストの一因として見るようになる。このCEOのサブカルチャーは，技術者のサブカルチャーとかなり異なっている。技術者は，いくら費用がかかろうとも，最も高度なシステムの構築を望んでいる。このように職種の違いに由来する各サブカルチャーが存在するため，それらが互いにどの程度連携されているかによって，組織全体がうまく機能できるかが決まってくる。

　リーダーとしては，これらのサブカルチャーが組織の全体的な効率を実現するために必要なものであり，それゆえ，互いに連携する必要があることを理解しなければならない。このような場合，効果的な進化を進めたいならば，それぞれのサブカルチャーをはぐくんでいかなければならない。しかし，それぞれのサブカルチャーが，他のサブカルチャーは全て機能不全を起こしていると考えていたら，その組織がうまくいくことはない。創業間もない若い組織での文化変革者の役割は，多くのミーティングやイベントを開催するこ

とで，各サブカルチャー間の相互理解を高め，組織を繁栄させ成長させることである。多国籍・多文化の組織で採用されるプロセスのいくつかもこれに当てはまるだろう。この点については，第10章で詳しく述べている。

規模と経年の影響：官僚化と「職務上の親密さ」の喪失

　様々な種類のサブカルチャーへの分化が，お互いをよく知る小さな組織で起こったのであれば，協力関係を築く上でのコミュニケーションの問題は非公式な方法で解決することができる。人々はお互いの働き方を知っており，口頭での約束が何を意味しているか，お互いの時間的な理解，普段お互いをどう評価しているかを知っているという意味で，お互いに「職能上は親密」である。組織の規模が大きくなるにつれて，人々はもはや職能上では他の人をよく知っているという状態ではいられなくなる。そこで契約を交わしたり，お互いに監視したり，さらに個人的に連絡を取ることをやめて，標準的な手順や手続きを採用するなど，公式なプロセスを踏んだりしなければならなくなる。

　DEC社がまだ小規模であった頃，あるハードウェアの技術者がソフトウェア部に行き，ハードをサポートするソフトが新製品の売り出しに間に合うように，6カ月でできるかどうか尋ねたとしよう。ソフトウェア部長は「もちろん」と言うのだが，ハードウェア部長はその答えが9カ月を意味することを「理解」していた。ハードウェア部長は，「ソフトウェア部長はいつでも多少楽観的であるが，やることはやってくれる人なので，それに合わせた計画を立てる」と言うだろう。DEC社が大きくなり，より分化してくると，同じシナリオでも，同じ結果を得ることはできなくなった。ハードウェア部長は，ソフトウェア部長の回答が6カ月を意味するのか，9カ月なのか，12カ月なのか，あるいはもっと優先すべきプロジェクトが割り込んでくるかもしれないので，いつまでたっても無理ということなのか分からないと言うだろう。今や，ソフトウェア部長は気心が知れない人であり，別の組織に埋め込まれており，性格も分からない人なのである。そのため，ハードウェア部長は契約書を交わして，ソフトウェア部長にそれをやらせるという手段を取

第7章 スタートアップ企業における文化の創造，進化，変化　139

らざるを得なくなる。その結果，官僚主義が生まれることになっていく。

　気心が知れない人と契約の交渉をしなければならない場合，信頼は損なわれ，共通の目標を追い求める時には，政治的な手順がチームワークにとって代わる。下位単位が権力の中枢となり，そのリーダーが実力者となって，ますますその部署特有のことだけに関わるようになる。上級経営者，中間層，下位管理層それぞれが自分たちの規範を発展させ，階層の上下間でのコミュニケーションには一定の様式をとるように強制するようになる。例えば，技術者が中間管理職に提案を見てもらおうと思えば，設計のアイデアを財務的視点から表現しなければならないことに気づくだろう。一方，中間管理層は，そのプロジェクトの利点を，CEOがその時点で取り組んでいる特定の財務上の問題を関連づけて示さねばならないことを学ぶのである[4]。

　創業者およびその一族が，所有権を持ち支配を続けている限り，彼らは組織を統合する力として機能し，特定の文化の基本的仮定，統合と統制のメカニズムを主要な要素として用いることができる。カリスマ的創業者でオーナーでもある場合，組織における経営管理面で守るべきだと考える価値観や原則を明言することで，結びつきとして存在し続けることができる。しかし，成功が続けば，組織の規模は大きくなり，年月を経るにつれ，このやり方で調整を実行するのはいっそう難しくなる。創業者は他人に任せることができないために，文化面でうまく機能していない要素がいつまでも残り，環境への適応という視点から見れば，適切な仮定や価値観を持つ新しい管理職が権力を持たせてもらえないという危険性が高まる。そうなると，組織の存続のため，後継者をどうするかが大きな問題となる。

後継者問題

　創業者およびオーナー一族の会社から，経営全般のプロである経営責任者の下での中年期の会社へと移行するには，様々な段階，プロセスを経なければならない。会社が創業者および一族の支配下にある段階から，2，3，4世代目の全般経営責任者（CEO）が経営する状態になるまでに，会社が実際にどのような形の移行を経験するかは，非常に多くの異なる例があるため，原型とな

る手順や事象を確認するくらいしかできない。

　これらの手順のうち最初に起こり，しばしば最も決定的となるのは，創業者から（たとえそれが一族の誰かであろうと部外者であろうと），次のCEOへの移行である。たとえ，新しいCEOが創業者の息子や娘，あるいは信頼された一族の者であろうと，創業者の性質として，自分が作り出したものを手放すことは簡単なことではない。極端な場合，創業者は，自分がいかに不可欠の存在であるかを世の中に示すために，無意識のうちに自分の組織を破壊してしまう場合さえある。反対に，常に新しい冒険的事業を興すことに情熱を燃やす起業家の場合は，何のトラブルもなく，株式を公開して引退するか，成功した事業を友人や同僚に譲渡する。

　過渡期においては，文化のどの要素が好きで，どの部分が嫌いであるか，という問題に関して，従業員同士で意見が対立することがあるが，これは，従業員たちが創業者のどの部分を好み，どの部分を好んでいないかを反映している。この段階の文化の大半は，創業者の個性の反映である可能性が高いからだ。対立は，創業者の文化を好む「保守派」と，文化を変革したい「リベラル派」または「急進派」との間で展開される（もちろん，自分たち自身の地位基盤を強固にしたいという理由もある）。リーダーを交代させようとする状況において危険なのは，創業者に関する感情が文化に投影されてしまうと，文化の多くが批判の対象となってしまうということだ。組織文化とは自社が学習してきた解決法であり，それによって成功，喜び，アイデンティティがもたらされてきた。それを忘れてしまうと，自分たちが価値を置き，必要としてきた文化そのものを変えてしまうことになるかもしれない。

　この段階でしばしば見落とされているのは，文化がどのように形成されたかに関わりなく，文化とは何か，文化は組織のために何をしてくれているかだけを理解してしまうことである。それゆえ，後継者への継承のプロセスは，アイデンティティ，組織の独自能力，不安からの保護になるような文化的部分を強化するように設計されねばならない。このようなプロセスは，おそらく社内から登用された人の方がうまく管理できるだろう。というのも，部外者には，文化的な問題のニュアンスと，創業者と従業員の感情的な関係の機微を理解できるはずがないからだ。

　後継者への継承の準備に際しては，起業家は自らしっかりと掌握しておき

第7章 スタートアップ企業における文化の創造，進化，変化　141

たいと考えるのが普通であるため，その準備は，創業者と後継者候補の両方にとって心理学的に困難となる。彼らは，公式には後継者に訓練をさせているかもしれないが，無意識のうちに強力で能力のある人物がこのような役割を担うのを妨げてしまうことがある。後継者を指名はしても，仕事のやり方を学ぶことができるだけの責任を持たせない場合もある。これは「アルバート皇太子症候群」と呼ばれるもので，読者にはビクトリア女王が息子に国王になる勉強をする機会をあまり与えなかったことを思い出していただきたい。とりわけ，父親から息子への継承における移行期にこのパターンが生じがちである。IBM社の歴史をひも解けば，同様のパターンが生じていることが分かる[5]。

　上級経営者あるいは創業者が，後継者が満たすべき基準は何かという問題に直面する際には，文化的な問題が白日の下にさらされる。文化は，もともとは創業者の個性から生まれた個人の所有物として始まったとしても，今や，その大部分は組織の所有物となっているのは明らかである。創業者あるいはその一族がいまだに組織を支配しているのであれば，文化が変わることはほとんど期待できないだろう。しかし，文化は創業者そのものであると考えれば，文化を明確にし，統合，維持，発展させようとする努力は期待できるはずだ。継承に成功した企業の多くは，文化の必須となる要素，言わば文化のDNAと，その他の周辺要素とを区別し，文化のDNAを保存している。これこそ，混合種が最良の後継者と言われる所以である。混合種は，文化のDNAを残しつつ，周辺要素を改善することができる。IBM社のワトソン・ジュニアが，マーケティングというDNAを維持しながら，テクノロジーという新しい分野に乗り出して行った例を見てもそれは明らかである。

　創業者あるいは創業一族が最終的に支配を諦めた時，公式な経営交換が行われる。もしも，ふさわしい後継者である混合種を見つけることができれば，文化の方向を変える機会が与えられる。混合種は，組織が生き残るために必要な新しいことを体現しながらも，それでも「私たちの仲間」であり，古い文化のある部分については保持してくれる人物として受け入れられている人材である。ある会社では，社外から招かれたCEOが次々と失敗した後で，

以前その会社に勤めていたことがあり，そのため会社を理解してくれていると一族に認知された人物に白羽の矢が立った。もちろん，ジョーンズ・フード社の例と同様に，この人物もその会社のビジネスに関して多くの新しい仮定をもたらすこととなった。

　後継者への継承をうまく行えなければ，創業者およびその一族は権力を失い，やがて正当な手段により交替させられることになる。株式が公開されている場合，主として外部者からなる取締役会が作られ，社外からやってきた専門経営者がCEOとなる。一族の影響が減少し，取締会がCEOを任命することが続くと，組織は私が考えるところの組織の中年期を迎えることになる。後述するが，組織の中年期の文化的問題は全く異なった様相を呈する。

　変化と学習に関するモデルにおいて，鍵となるのは，若い組織が，一見受け入れがたい情報が，実は自分たちに関わっていることに気がつくことができるか，という点である。文化はアイデンティティの源であり，社員を結びつける絆であるため，自社の文化に染まりきってしまうと，その文化では受け入れがたいような情報を，フィルターで排除してしまう。このプロセスの事例として，DEC社の例を挙げる。DEC社は，電源を入れれば誰にでもすぐに使えるパーソナル・コンピュータ市場が台頭してきたため，自社が得意とする，製品のイノベーションに価値を置く純粋に科学的な市場が急速に収縮していることに，気がつかなかった。DEC社はいつでも「自分の顧客に注意を向けていた」のだが，DEC社が市場としている顧客ベースの成長が，他社が対象としている顧客層の成長に比べて極めて遅いことには気がつかなかった。そのため，「成長することで，現時点での人員と製品の超過は解消される」というDEC社の合理的思考そのものが，致命的な盲点となってしまったのである。DEC社では，会社の経済面を立て直すための文化変革のプロジェクトは一度として実施されなかった。反対に，イノベーションの文化が極めて強固に高く評価されていたため，経済的な基準が犠牲となってしまったのだ。

第7章　スタートアップ企業における文化の創造，進化，変化　143

結論

　若い組織においてリーダーによってなされる文化の成長と進化には，いくつかの異なったメカニズムがある。スタートアップ期およびスタートアップ間もない発展段階においては，文化にまつわる仮定がそのグループのアイデンティティと独自能力を規定しているので，その仮定は強力に保たれる。リーダーが適応に有害な仮定を発見した場合，文化を変えられる唯一の方法は，通常の進化のプロセスをある方向に偏らせるか，あるいはグループのメンバーに新しい洞察を与え，それによって文化をもっと扱いやすいように進化させていくような治療的介入を行うことぐらいである。その他のメカニズムとしては，文化の主要部分を体現しながらも，様々なサブグループにおいて環境への適用のための仮定を身につけた組織内の「混合種」を見つけ，彼らを体系的に昇進させていくことがある。

　組織の中年期への移行は，後継者への継承という問題により文化面の仮定が否応なく白日のもとに暴かれるため，多くの文化的問題を伴うことになる。グループのメンバーは，文化的要素と創業者の個性に関わる要素とを混同しがちである。しかも，創業者が信奉していることにあれこれと賛成したり反対したりするサブグループも形成されている。このため，文化的な問題が，後継者へ継承する過渡期に顕著な問題となって現れる。しかし，変化のメカニズムとしては，これまで述べてきたものと同じであることが多い。ただし，過渡期において，会社が売却されたり経営権の譲渡があったりした場合は，この限りではない。この場合には，新しい文化形成のプロセスが開始される。

　文化変革のリーダーにとって重要なのは，あえて自らを文化の境界に身を置くことである。そうすれば，残すべき強みは何か，変革が必要でありながら適応を拒んでいる仮定は何かを理解できるようになる。また，自社の文化では重要とは思われていない情報に気づき，その情報を使って，新しい行動を定義する能力も必要となる。そうすれば，適切な学習を行い，変革プロセスを開始できるはずだ。起業家である創業者にとっては，これは特に難しいことである。というのも，組織の当初の成功によって，自分自身の仮定が絶

対に正しいと思い込んでしまっている場合が多いからである。

読者の皆さんへの質問

　あなたが若い組織に所属している場合，あなたが手放したくない，交渉する余地のない価値観は何であるか，考えてみてください。
・なぜあなたはその価値観にしがみつきたいのですか？
・その価値観は何に由来するものですか？
・その価値観はあなたの組織が将来成功するための役に立ちますか？

　あなたが若い組織に所属していない場合，該当する人物を探して，その人に上記の質問をしてみてください。

第8章

成熟企業における文化のダイナミクス

　組織の中年期あるいは成熟期には，成長や進化段階の初期における問題とは劇的に異なる文化的課題が，次々と現れるようになる。第7章で指摘したように，成長の期間においては，うまく機能する文化的要素を構築し，進化させ，それを安定化させ，制度化することに重点が置かれる。そのような価値観や仮定は，組織の構造やプロセスに浸透していく。やがて，組織が成熟すると，これまでとは全く異なる問題が生じてくる。なぜなら，この段階では，変革が必要となる場合，非常に細分化しているサブカルチャーの価値観や仮定を，**学習棄却**したり，置き換えたりしなければならないからだ。そのような価値観や仮定は，組織のある部分ではうまく機能しているが，別のある部分では機能不全を起こしていることが多い。第7章で指摘した変革のメカニズムの全てが，この段階においても当てはまる。しかし，成熟した組織では，創業者が推進力でありオーナーである組織とは管理構造が異なるため，新たな変革のメカニズムも求められる。

オーナー支配から全般的経営管理構造へ

　組織の中年期の最も顕著な特徴は，企業家や創業者，創業一族ではなく，ゼネラル・マネジャー（全般経営管理者）に昇進した人間によって，管理プロセスが創造されている点である。創業者一族がもはやオーナー的支配権を手放し，支配的地位にいなくなるか，ゼネラル・マネジャーによる管理が少なくとも2世代に渡るか，あるいは組織が拡大したために，一族に属さない純粋なマネジャーの数が一族を凌ぐようになるか。このいずれかになった時，組織は中年期もしくは成熟期を迎えたことになる。
　事業の設立期，創業者および創業者一族は，単に実利的なもの以外の価値

観を抱いていることが多い。デビッド・パッカードは「紳士的なやり方でビジネスを行うことは可能なはずだ」と語り，常に（株主だけではなく）従業員志向であることを示すことで，「HPのやり方」を体現していた。DEC社のケン・オルセンは，自分はメイン州に多くのプラントを開くことに消極的であったと話してくれたことがあった。メイン州にプラントを開くことで，経済的には潤うが，それにより，メイン州の経済的，社会的構造を変化させてしまうというのがその理由だった。創業者は組織に，経済的な観点とは関係のない価値観を与え，それを文化に埋め込んでいくのである。

一方で，組織内で昇進してきたゼネラル・マネジャーは，多くの場合，人道主義的，環境的，社会的，あるいは，精神的価値観といった非経済的価値観よりも，事業運営における実利的な問題や財務的健全性を，優先しなければならないと学習してきている。内部昇進してきた彼らは，創業オーナーと異なり，自分たちの価値観や信念を守るために金銭的危険を冒すようなぜいたくは許されていないし，また，大抵の場合，社外取締役中心の強力な取締役会よりも立場が弱い。そのため，短い在任期間において，組織内で生き残る術を身につけている。CEOの場合，組織のサブカルチャーがすでに高度に分化されてしまってから，その職に就くのが普通である。

そのような管理職も，昇進し責任が重くなるにつれ，管理が，人の手から管理システムや管理プロセスによるものに次第に取って代わられているという，苦々しい現実に気づくようになる。ある消費財企業のCEOは次のように述べている。

「私は最初ある店の店長になったが，そこでは全ての従業員のことを非常によく知っていた。10店舗を抱える地域担当に昇進すると，一定間隔で全ての店を見回ったが，その時にもそれらの店で働いていた数百人を知ることはまだできていた。しかし，その後さらに広域の地域担当へ，やがて事業部長へと昇進していくと，もはや個人的知り合いであると言えるほどには，店の従業員を知ることができなくなったのに気づいた。私は，システム，手順，規則を定め，直属の部下を通じて管理していくしかなかった。しかし，この段階にきて，私の仕事の性質が全く変わってしまったと感じ

第8章 成熟企業における文化のダイナミクス

た。すっかり人と関わらなくなってしまったのである。管理職としての私のキャリアの中で，このことが最も重要な節目であった。」

このコメントは，前章で指摘した「職務上の親密さ」の喪失を意味するものである。これは，組織の成長と年月の経過がもたらす，最も重大な結果である。直属の部下と限られた数人を除くと，管理職と従業員との関係は形式的な，決まった手順の積み重ねとなる。文化的視点でいうと，中年期にある組織は非常に複雑な状況に直面する。何らかの成長と変化のプロセスを続けることを通して，組織を構築，維持していかねばならない。地理的な拡大，新製品の開発，新たな市場の開拓，コストや資源で優位に立つための垂直的統合，合併および買収，事業部制への移行，スピンオフなどをさらに推し進めて，そのような成長路線を追求していくべきかどうか判断しなければならない。組織が成長発展してきた過去の歴史が，環境の変化によって，必ずしも将来への良い指針とはならなくなる。さらに重要なことに，組織内に変化が起こり，その組織特有の強みと弱みに変化が生じることもある。そのため，組織内に埋め込まれた文化は，組織のさらなる戦略的発展の助けとなることも，妨げとなることもあるのだ。

成長期には文化が必要な結びつきの礎であったが，組織の中年期では，文化の最も重要な要素はもはや組織の構造や主要なプロセスに深く埋め込まれてしまっている。そのため，文化を意識したり，ことさらに文化を構築，統合，維持したりしようと努めることは，それほど重要ではなくなってくる。組織が初期段階で獲得した文化は，今では当然のことと見なされ，ほとんどが目につかないほどになっている。わずかに，信条，最も有力な標榜された価値観，スローガン，文書化された憲章，その他の理想像や主義（哲学やイデオロギー）などの公式宣言だけが，意識されている文化的要素となる。

初期の段階では，リーダーシップによって文化が作られていたが，今や文化がリーダーを作り出すのである。文化の鋳型に合う管理職しかトップに登りつめることができないという意味だ。実際，この段階では文化の最も危険な側面として，共有された暗黙の仮定により，**組織で行われていることの大半が無意識に決められてしまうということがある。組織の使命や戦略さえも**

そうである。
　この段階にくると，文化が日常のルーチンに埋もれてしまっているので，文化を解読し，人々にそれに気づかせるのは困難になる。何らかの危機，あるいは解決しなければならない特別の問題がなければ，文化を意識させることは非生産的でさえあるだろう。規模が大きく，社会的にも確立されている会社の場合，文化を論議するのは退屈で無意味であると管理職は考えるだろう。他方，組織の地理的拡大，合併と買収，ジョイント・ベンチャー，またさらに新しい技術を導入する等の場合には，注意深く自社の評価を行い，導入しようとしている新しい考え方や行動の仕方に，既存の文化が適合するかどうかを判断しなければならない。
　また，この段階では，文化を拡散と統一性の喪失へと向かわせる，強い力が存在することもある。大規模になり，分化し，地理的にも分散した組織では，強力なサブカルチャーが育ってきており，高度に統合した企業文化を維持するのは困難となる。さらに，組織が歴史を重ねるにつれて，組織の各サブカルチャー単位の全てが，一様に統合されていなければならないかどうかもはっきりしなくなる。私が関わってきたいくつかの巨大複合企業（コングロマリット）では，共通の文化を保持するべきか，さらにある場合には構築するべきかという問題にかなりの時間を費やした。そのような努力は果たして価値があるだろうか。ある下位組織に，それが置かれている状況に全く適合しないような仮定を押しつけてしまうという危険性があるのではないだろうか。他方，全ての下位組織が各自の文化を持つことが許されるならば，単一の組織の競合優位性とはなんであろうか。このような疑問に答えるには，組織全体の課題の変化に応じて，一般化されるべき文化的要素を鑑みながら，実際の文化を慎重に評価しなければならない。
　文化的な観点からは，この段階の組織におけるリーダーの仕事の本質はどのようにして組織の文化を作り出すかということではなく，すでに作用している多様なサブカルチャーの力をどのように管理するかということになる。つまり，高度に分化した組織をどのように統合し展開していくか，さらに文化の中で機能しなくなった要素を変えながら，新たに生じてきた外部環境の現実に調和する文化的要素をいかに強化していくかということだ。文化的要

素を変化させなくてはならない場合には，初期の成長期にある組織の自然な進化プロセスで必要となったメカニズム以外にも，文化を変革しやすい状態にするためのメカニズムが必要となってくる。

読者の皆さんへの質問

　自分自身で，あるいは数人の同僚と一緒に少し時間をかけて組織の歴史を振り返ってみましょう。
・創業者たちまで遡ってみましょう。彼らは，組織文化の一部となる，どのような深いレベルの価値観や仮定を持っていましたか。もし必要ならば，創業当時の文化を覚えている古参のメンバーを見つけてみましょう。
・創業者の後に入ってきた強力なリーダーを考えてみましょう。彼らがリーダーであった頃，彼らは文化的要素を変えましたか。もし変えたのであれば，どのように変えたのでしょうか？　どのような新しい考え方や行動方法が導入されたのでしょうか？
・今度は，外部環境に目を向けてみましょう。あなたの会社の外部環境では，経済，技術，政治，社会に関わるどのような変化がありましたか。現状では，創業者や初期のリーダーが深いレベルで抱えていたいくつかの仮定が，どれくらい機能しなくなっていますか？

組織の中年期における文化変革のプロセス：
並行学習システムによる計画・管理された文化変革

　第7章で述べた文化変革のメカニズムは全て，中年期の組織にも有効である。それらには，一般的な適応と特定の適応，物事の本質を見抜いた，進化の推進計画，混合種の促進による進化，特定のサブカルチャーからの管理職の登用などがあった。しかし，中年期の組織では文化がさらに細分化し，それが定着している。そのため，機能不全となりそうな文化的要素を変革するには，進化の力だけに頼るのではなく，変革を推進するプロセスが必要となる。この段階での変化は，古い考え方や行動様式の学習棄却を含んでいる。このプロセスは基本的により一層の脅威であり，ほとんど例外なく，変革への抵抗を生み出す。特定のサブカルチャーに属する管理職を体系的に登用し

て，文化を進化させていくというやり方は，必要とされる変化を達成するプロセスとしては，あまりに時間がかかりすぎる。そのため，主要な変革メカニズムは，「計画・管理された文化変革」になる。これはチェンジ・リーダーと変革チームが，同時並行作用する体系的プロセスなのである。

　変革のために実際に行われることは，状況によってまちまちであるが，そのようなプログラムのほとんどに，「並行学習システム」を作ることが含まれている。その中で新しい仮定のいくつかを学習し，検証してみるわけだ[1]。このプロセスは，変革プロセスを開始する必要があることを理解するため，上級管理職が十分な否定的確認を経験することから始まる。上級管理職はまた，もしも文化的要素の変革が必要なら，一時的に並行学習システムを行う必要があることも理解しなければならない。組織に所属する誰にとっても，すでに共有されている仮定を捨てて，代替となるよく分からない仮定を受け入れたり，検証もされていない新しい行動様式を学習したりすることは，大きな苦痛を伴うことだからだ。

　並行学習システムという概念の真髄は，組織のある部分を境界に位置づけ，新しい考え方に触れされることだ。そうすれば，その部分は，既存の文化的要素の強みと弱みについて客観的に判断できるようになる。また，文化的要素が変化をどのように助けたり，妨げたりするかについても，客観的に評価することができる。組織の内部の人間は，自分がその中に完全に没頭しているがゆえに，文化的要素を評価したり，見極めたりすることができない。例えば，2008年の金融危機では，不況に苦しむアメリカ自動車産業へ融資を行うかどうかが問題となった。これは，当時のアメリカ自動車業界の経営トップが，再び国際的競争力を持ち，環境問題に対処する変革をもたらすことができるかどうかということに掛かっていた。しかし，彼らが変革できるかについては，懐疑的な見方が強かった。事実，ゼネラル・モーターズ社は「サターン」の開発に成功し，電気自動車も開発し，トヨタ社の工場をモデルとしたフリーモント工場も稼働させていたのだが，これらの成功からの考察を活用することなく，彼らの旧態依然としたビジネスモデルにしがみついていた。

　反対に，全くの部外者が行った文化の評価もまた，生産的とはなりがたい。なぜなら，部外者には文化的なニュアンスが分からないため，正確な評価が

第 8 章 成熟企業における文化のダイナミクス 151

下せないからだ。また，部外者には変革プロセスを始めるための原動力が，組織のどこに存在するかも分からない。一時的な並行学習システムを実行するには，混合種や部外者と一緒に，文化を解読し，変革プログラムを計画できる内部のキーパーソンが必要となる。もしも，組織のいずれかの部署が新たな行動や思考様式を身につけることができれば，また，その新しい様式で仕事がうまくいけば，組織の不安は解消され，新しい様式は組織の主要部署に次第に導入されていくことになる。並行学習システム実践の代表的な成功例は，プロクター＆ギャンブル社が製造プロセスを再構築した事例だろう（詳細については第 1 章を参照）。

　さて，次にアルファ電力社の例を挙げることにしよう。アルファ電力社は大規模な都市電力会社であるが，伝えられるところでは，アルファ電力社のプラントの 1 つがアスベストの存在を隠匿したため，15 年前に刑事告訴された。裁判長はアルファ電力社に対し，膨大な罰金を課した。また，数年間の保護観察処分とアルファ電力社の「文化」が問題の一部であることを認める同意命令書に署名するように言い渡された。裁判長は外部コンサルタント会社からの定期的な進捗報告書の提出と，環境に責任を持つ企業に生まれ変わるプロセスをチェックする監視官を任命した。監視官は四半期ごとに，アルファ電力社の改善に関して，うまく進捗している部分と進捗が遅れている部分についての報告を行った。監視官が進捗の遅れを指摘し，詳細な報告を行った箇所は，アルファ電力社の組織全体に，さらなる否定的確認と生き残りへの不安を引き起こした。

　最も厳しい目標の 1 つは，環境に関わる事件の発生を認めたり，復帰のための対策を軌道に乗せたりすることに関して，政府に対して，オープンかつ正直になるということだった。同時に，上級管理職もある重大な事実に気づくこととなった。それは，環境，健康，安全（EH&S: environment, health & safety）の問題に関して，責任ある行動をとれるような従業員のふるまいは，将来の規制が緩和された市場で競争力を維持するためにも，望ましいものであるということだった。

　求心力のある CEO が，従業員にビジョンを明確に伝達した。この結果，よりチーム志向になり，互いのコミュニケーションをよりオープンに行い，

個人的責任を果たし，計画やリスクの評価をより厳密に行うことにより，EH＆Sの問題について評価し，改善する能力も高まった。環境問題担当の上級副社長が雇われ，組織作りが委任された。これは，診断および改善のための研修，助言，専門的見解を提供し，あらゆるレベルで，EH＆Sの問題が最も重要なこととして適切に扱われていることを保証するための監視を行うものであった。ハイレベルな環境対策委員会（EHSC）が作られ，その月例会では，石油流出などの環境に関わる事故を減らすことの進捗状況を評価し，方針を設定し，さらにプログラム全体を概括した。

加えて，環境監視役員委員会（EQRB）が作られ，著名な弁護士２人を任命し，法令順守に努力した。この委員会の働きによって，３年の期間が終了する時点で執行猶予が解かれるという勧告が連邦地検によってなされた。一方で，監視官の四半期ごとの報告書から，会社の「文化」がEH&S領域での効果的な変革を行う大きな妨げとなっているとの見方が明らかになったため，私が「文化の専門家」としてこの委員会に迎えられた。しかし，この時点では，誰ひとりとして，「文化」が何を意味するのかという確信がなかった。私たちはEHSCの常務委員となり，文化的分析に関して部外者からの意見を代表することになった。この委員会は，内部の上級管理職と部外者とで構成されており，事実上，並行構造をなした文化変革の運営委員会として機能することになった。

変革チームと変革の手順

並行構造として機能するグループが，必要とされる変革プログラムを実際に設計し実行することもあるが，しないこともある。そのようなグループが説明責任と監督責任を負う「運営委員会」となる場合が多いが，変革チームは，また別のグループあるいは特定の部署の下位組織により構成される。変革チームは実際の設計および日々の評価と変革活動を実行する。このような活動は，全体の変革を成功させるために必要な手順によって実施される。この手順に関しては多くの提案がなされているが，ベックハード＆ハリス（1987）によるものが最適なモデルである。これを図表8.1に示す。

第8章 成熟企業における文化のダイナミクス　153

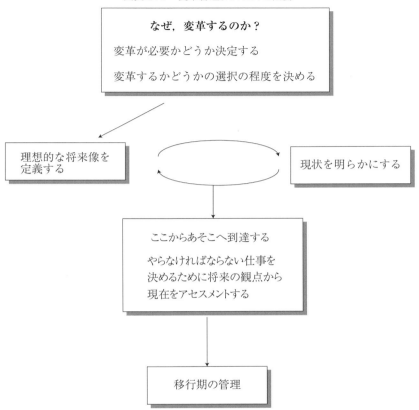

図表8.1　変革管理プロセスの概要

出所：ベックハード＆ハリス, 1987年より翻案。

　他の手順とは異なり，以下の5つの手順は短時間で実行できるものではあるが，いずれかの手順を無視して次に進むことはできない。このプロセスモデルはどの変革にも当てはまるが，文化の変化を伴う変革を実行する際には，特に効果的である。なぜなら，このプロセスモデルは，文化を評価し分析するための，最高の機会を与えてくれるからである。実際にこのモデルがどのように作用するかを，アルファ電力社の文化変革プログラムを使って解説しよう。

手順1　なぜ，変革するのか？

　最初の手順では，実際に変革が必要あるかどうか，実現できるかどうかを決定する。否定的確認は，生き残りの不安や罪悪感を生み，多くの混乱を招き，新しい行動の提案や新しいビジョン，解決の必要性が叫ばれる。会社内外からの否定的確認がある程度まで高まると，生き残りの不安や罪悪感が生まれる。リーダーは変革の必要性を認識し，変革チームを始動させることを決意する。変革チームは，それまでの行動様式を検証し再確認した上で，否定的確認のデータは有効であり，変革プログラムを開始することは実際に理にかなっていることを保証しなければならない。

　アルファ電力社の場合，環境対策委員会（EHSC）が環境対策担当の副社長に権利委譲したため，彼の組織は変革チームとして，様々なプロセスを実行するライン部門管理と協力することになった。私たちの議論は，全てが，変革の必要性を再確認するものであり，環境問題を解決することは組織全体の経営の向上につながることも確認された。これにより変革プログラムは，より大きな目標を抱くことになった。外部からの否定的確認だけではなく，組織全体を向上させたいという内部からの願望にも基づくものとなったのだ。環境プログラムは，ある意味で，組織全体の改善計画の先鞭となった。

　変革プログラムを本格的に始動させるため，環境問題担当の副社長は「文化委員会」を発足し，アルファ電力社の文化が，いかに変革プログラムに影響を与えるかを考えさせることにした。この委員会は，いずれの評価プロセスにおいてもサブカルチャーが十分考慮されるよう，組織を斜めに切るような形で構成された。

手順2　理想的な将来像とは？

　もしも変革が必要であり，実現できるものなら，上級管理職と変革委員会は，次に，理想的な将来像を定義しなければならない。これは組織のリーダーによってすでに明言されているかもしれないが，変革チームは，そのコンセプトを再評価し，新しいビジョンを明確で具体的な行動につながるものであることを，保証しなければならない。理想の将来像のビジョンは，次のような問いに答えうるものでなければならない。「もしも，変革が成功した

ら，将来の私たちの**行動**は，どのようなものになるのだろう？」

理想的な新しい行動を，具体的で明確なものにすることは，決して容易なことではない。アルファ電力社の場合，上級管理職は，変革後の労働者は「もっと環境に責任感を持ち」，「コミュニケーションがオープンになり」，「チームワークを強化するべき」だと言っていた。これらは，行動を明確に示してはおらず，曖昧な目標でしかない。私は部外者の役割として，リーダーが，上記3つのゴールによって何を言いたいのかを突き止めることにした。そして，下記のような結論に辿り着いた。

- 「責任感」とは，全ての労働者が，どんなに少量であっても，環境への流出を見つけたら，速やかに特定，報告，補修を行い，適切な行動を実行することを意味する。
- 「オープンなコミュニケーション」とは，環境に関わる事案が特定された場合，従業員は特定の期間内に速やかに関係する環境当局に報告することを意味する。報告に関して，隠匿や遅延を行わない。
- 「チームワークの強化」とは，もしも，他の従業員が環境に関わる事案を報告するのを怠ったり無視したりした場合，従業員は該当人物と話し合い，自己変革を促すことを意味する。もしも聞き入れられない場合には，該当人物の上司に報告する。

将来のビジョンがこのレベルまで明確に示されると，アルファ電力社には次のような自問が浮かぶことになる。「私たちの文化はどうなっているのか？」，「文化は変革を促進するのか，妨げとなるのか？」，「何を変革しなければならないのか？」最終的には，現状が正しく認識され，文化の問題がはっきりと意識されるようになる。

手順3および4　現状の評価と計画

理想的状態をよく理解できたら，変革チームはシステムの現状を評価して，理想の将来像と現状の間にどのようなギャップがあるかを明文化する。現状を評価する際には，客観性を確保するために並行学習システムを構築するこ

とがとりわけ重要である。全て内部者で構成された変革チームでは、メンバーがその文化に埋め込まれているために、文化の状態を誤って認識するか、あるいは全く気づくことがないかのどちらかになりがちである。

　第5章で述べた文化の評価手順は、この時点でも適切であり必要なものである。理想的な将来像が明確にされる前に、文化を評価してしまうと、評価は散漫で、つまらなく、意味の無いものになってしまう。理想像を理解した上で文化を評価すると、ギャップがどこにあり、理想とするビジョンを潜在的に妨げているものが何であるかを明らかにし、具体的なゴールを明確にすることができる。この時点で、変革プロセスは、分析と評価から、具体的な計画へと進むことになる。明らかとなった各ギャップに関しては、次に何を行うべきか、現状からどのように将来を構築するかという、特定の計画を作成しなくてはならない。

　アルファ電力社では、EHSCと文化委員会の両方が、長い時間をかけて、新しい行動様式を実現するのを助けたり、妨げたりする文化規範が何であるかを特定する作業を行った。

手順5　移行を管理する

　第6章で説明した変革モデルは、「力場分析（force field analysis）」と呼ばれる変革プロセスの詳細を計画する際の、有効なツールとなる。理想の将来像とされる全ての行動に関して、現在の行動を考慮し、次のように自問することができる。「理想とする将来像に向けて、現在の組織に存在する『推進力』は何であろうか？」これら推進力となるものを、用紙の左側に記入する。用紙の右側には、変革を妨げる「抑止力」を記入する。例えば、有害物質の流出に関して適切なタイミングで報告することは、管理職からのプレッシャー、報告を怠ることによる罰への恐れ、従業員本人の責任感等により推進される。反対に、抑止力としては、原油流出についての無知（あれはきっと水か何かだから、すぐに乾くはず）や、どのくらいの流失量から報告すれば良いのか分からない、他の仕事との兼ね合いによる時間的制約、何かしらの不都合、管理職が労働者に流出を忘れるように促す、従業員はそのようなことに関与すべきではないというグループ規範、自分の仕事ではないという

思い込みなどがある。

　行動様式に関する目標のいくつかは，従業員の基本的業務とは両立不可能なものであった。例えば，ある病院で変圧器が故障し，修理のため作業員が派遣された際に，自分たちの乗ってきたトラックから近くの下水管に油が漏れ出していたとしよう。旧来の仕事のやり方であれば，まず変圧器を修理して，それから油の流出について心配していた。新しい仕事のやり方では，両方を同等にやることが求められたが，それは不可能なことと思われた。別の例をあげよう。旧来のやり方では，作業員の誰かが安全装備を身につけていなかったり，何か危険なことをやったりしても，チームの仲間は，たとえ自分たちまで危険にさらされることになっても，何も言わないことが良しとされていた。新しい仕事のやり方では，連帯責任を負い，互いを監視し合うことになった。このことも先の例と同様に，グループの規範によってできないと思われてきたことだ。

　新しい仕事のやり方を進める活動は，推進力を強めるか，抑止力を弱めることで，力場のバランスを変えるところから始まった。文化の評価をどのように行うかによって，文化の規範や仮定は，力場の両方に，つまり推進力としても抑止力としても現れることが多い。推進力には，生き残りの不安を引き起こす，否定的確認の情報が含まれる。一方，主な抑止力の1つに，いわゆる「学習することへの不安」というものがある。

　推進力（生き残りの不安）が抑止力（学習することへの不安）よりも大きくならない限り，いかなる変化も起こり得ない。変革チームは，利便性，実現可能性，コスト，望ましさという観点において，変革プログラムのどこに照準を合わせるかを決定する際，力場の各要素を考察する必要がある。例えば，報告漏れに対し，いかなる場合においても厳しい懲罰基準を適応することは，生き残りの不安を増大させる。一方で，そのような対策は労働組合の抵抗を生み，関係を悪化させる可能性がある。あるいは，報告を怠る理由として，管理職が隠匿を推奨するケースもあり，そのような場合，担当従業員を厳しく罰することは逆効果となる。管理職が隠匿するように圧力をかけることが，変化の抑止力の1つとなっている場合は，管理職に圧力をかけ，従業員が管理職から反対されても情報を明かせるようにする必要がある。

第6章で指摘したように，一般的には，変革を起こす最善の方法は，学習中あるいは学習後に心理的安全性を与えることで，**抵抗力や学習不安を取り除く**ことであると考えられている。学習プロセスには，トレーニングや役割モデル，資源，サポート報酬やインセンティブが必要であるということである。

例えば，アルファ電力社における学習不安の代表的な理由として，環境危険物質に関する情報と知識の不足があった。従業員は，環境への流出物であるアスベスト，水銀，PCB，その他の危険物質を特定し洗浄することになっていたが，道路やビルの地下といった，従業員が働く様々な化学的，電気的プロセスにおいて，何を確認すればよいかを理解していなかった。全ての従業員が，教育や特別なトレーニングを受ける必要があったのである。

この種のトレーニングは，私がアルファ電力社に招かれる前に，すでに実施されていた。アルファ電力社は全ての有害物質を扱う技術トレーニングを行うことができる，高度なトレーニングセンターを持っていたからだ。環境問題に関するコンプライアンスを技術面から促進するため，従業員を増やす場合，強い独裁，家族主義，技術者中心といった文化的な仮定が，上手に使われてきたのである。このような文化的要素は，報酬や規範システムを動かし，それらを非常に明確なものにした。例えば，環境に関わる事案を隠匿するように勧めたり，あるいは，報告を上げようとする他の従業員に嫌がらせをしたりした管理職や従業員は，深刻な規律違反と判断され，契約解除の対象とされた。

さらに問題であった文化的抑止力は，従業員が自分たちのことを，電力を供給し電力に関する緊急事態を解決する者と考えており，有害物質を取り除く者とは考えていないということであった。先ほど挙げた病院の例でも分かるように，理想の将来像は，多くの従業員が抱く自己のイメージとは一致していなかった。この問題に対処するため，全てのレベルの管理職，監督者に，この問題をじっくり考察し，自己イメージを変化させることを，前向きなメッセージによって推進してもらうことになった。

私と作業を行っていたEHS担当の副社長とEQRBの環境問題を担当する2人の弁護士は，文化委員会を使って，この重要な文化的要素を進化させる

第8章 成熟企業における文化のダイナミクス

ため，文化に対する洞察をいかに利用するかについて考え始めた。この委員会といくつかの付属委員会は，最良の方法として，望ましい理想像の達成を妨害するものを克服し，変革の目標の達成を助ける，プログラムの詳細を明らかにすることを明言した。

私は数カ月後にEHSCで発表することになった。その発表で，彼らに文化の概念を教え始めることとした。教育的介入の真髄は，難しい概念を具体的に噛み砕いて説明し，聴衆がその理論を自分たちに当てはめ，すぐに実践できるようにすることである。私の発表に対して，長時間の討論が行われた。上級管理職らは，この変革がどれほど複雑であるかを理解し始めた。最も重要なのは，何を進化させるべきか十分に理解した後に，グループが依然として文化を変えることに注力しているかどうか，検証してみる必要があったということである。彼らは実際に専念していると主張し，自分たちのすぐ下の管理層にも似たような発表を聞いてもらうように予定を立てて，同じことが主張された。一方で私は，従業員レベルでの文化的ジレンマは何であるかを見極めるために，グループでの面接を続けていた。文化的ジレンマとは，言い換えれば，新しい仕事のやり方を定めなければならない際に，従来の仕事のやり方でその障害となるのは何か，ということだ。このような文化的要素は，従業員とのグループ面談を続ける中で，次第に表面化してきた。

従業員が責任を持つことに関しては，新しい仕事のやり方を全員に浸透させる家長的温情主義（パターナリズム）の文化が，そのプロセスを助けてくれた。その文化により，全ての従業員にトレーニングを受けさせるという強い伝統が，元からあったからだ。上層部に素早く情報を伝える必要性も，組織に深く染み込んだ規律システムに大いに助けられた。しかし，「従業員同士が密告をし合うこと」は，労働組合の強いサブカルチャーとは，明らかに相容れないものであった。EHSの副社長は実際の経験から，誰も解雇しないという家長的温情主義により，キャリア・システムが機能不全を起こしていることに気づいていた。競争力のない従業員や管理職は，環境部や安全部のような部署に，退職するまで「押し込まれて」いた。

私が一番扱いにくいと感じたのは，従業員と労働組合のサブカルチャーにある文化的要素だった。労働者グループには，汚れ物をそのままにしておく

という行動規範があった。もし，怠慢やミスによる流出を報告するのがバツの悪いことであるならば，報告に対する強い抵抗力となる。同僚が報告を忘れたり，環境に害を及ぼしたりした場合でも，同僚の独立性を尊重し，何もしないという強い規範もあった。また強い家長的温情主義が信望されていたため，管理職が規則違反となることを行うように命令した場合も，部下は言われたとおりに規則違反を実行していた。

この分野の変革については，強力なグループに基づく規範が存在していたため，それを実現する唯一の方法は，組織の全ての階層，特に従業員自身を巻き込むことであった。従業員自身が学習の手順の決定に積極的に参加してくれなければ，彼らの規範が変化することはない。全体のプログラムをサポートし，全ての従業員の参加を促すため，組織構造への介入を数多く行うことになった。

組織構造およびプロセスへの介入

多くの文化的要素——強い序列構造，上司への服従，家長的温情主義，終身雇用制という暗黙の約束，責任を持って安全に働くための教育や訓練に，必要に応じて参加すること——が，プログラム初期の段階から変革されていった。変革プログラムの最初の数年で，私は次のような変革を実行した。

- 環境問題担当の副社長を雇い入れた。
- 事業単位ごとに環境問題担当の管理職を置き，EH&S関連の仕事をどのように行うかの決定権を与えた。
- 環境への危険性を指摘し改善する詳細な手順を開発し，発表した。
- 現場監督者と従業員の両方に対し，これらの手順に関する集中訓練プログラムを開始した。
- 裁判所が任命した監視官に報告をした者に対して嫌がらせをした現場監督者や仲間の従業員を罰する，厳しい懲戒規定を制定した。
- 環境に対して責任ある行動をしたり，能率と環境の両方に対する責任感を向上させる手順を開発したりした従業員を，表彰し賞金を与えた。

- 石油の流出やその他の問題に対処することを助ける，新しい技術が開発された．
- 環境に関わる事案の発生率を追跡する，詳細な測定システムを導入した．
- プログラム全体を監視するために，EH&S の監督委員会を定期的に開催した．
- 監査部門が EH&S 関連の事案を全て調査し，根本原因やその他の要因をつきとめ，データベースを構築することで，EH&S 関連の問題について可能な限り一般化した．

従業員の参加

　前述した構造への介入は必要なことであるが，それだけで十分とは言えない．従業員や労働組合にも環境問題に取り組んでもらう必要があった．なぜなら，有害物質を特定し対処することは，職場の安全確保に関わる問題でもあるからだ．従業員を参加させるプログラムを促進するため，労働組合側のリーダーにも上級管理職が行う運営委員会に参加してもらうことにした．組合のリーダーと何人かの代表者は，毎月行われる定例会議に出席するようになり，EH&S 関連の問題に関して重要な決定を下す際には，積極的な参加者として活躍してくれた．

労働・管理安全委員会
　アルファ電力社の主要な部署では，合同安全委員会が作られ，安全と環境に関する問題が特定されるようになった．また，できる限り，問題を解決する手順も開発された．例えば，ある委員会では，前述した病院の変圧器とトラックのオイル漏れの問題に関して，解決法が示された．**全て**のトラックに砂の入ったバケツと保護用毛布を積んでおけば，病院到着時にオイル漏れに気づいた場合でも，オイル漏れの応急処置を行ってから病院の変圧器を修理し，最後に漏れたオイルを綺麗にすることができる．この手順が採用されると，従業員たちは，昔はなぜこんな簡単なことを「解決できなかった」のだろうと，不思議に思うようになった．

一時中断プログラム

　アルファ電力社のある地方にある下位組織では，環境あるいは安全に関する事案が検出された場合，「仕事を中断すること」が会社の方針であることは理解されていた。しかし，実際に従業員が仕事を中断するメカニズムは簡単ではなかった。このグループは従業員が「中断を実行する」ための具体的なツールが必要であることに気づいた。そこで，各従業員に小さな緑色のカードを渡して，作業を続行するとEH&S関連のリスクを冒すことになると感じた時には必ず「一時中断」を呼びかけるように指示した。そのような場合には，EH&Sの専門家が状況を判断し，次に何をすべきかの指示を受けるまでは，仕事を中断しなければならないことにした。

　言うまでもないことであるが，管理職側にはかなりの不安があった。従業員が深く考えずに一時中断を実行してしまうと，無責任な一時中断が横行するのではないかと心配したのだ。しかし，そのような乱用が行われることはなかった。従業員が実際に作業を中断したのは，本当に専門家の支援が必要な場合だけであった。こうして新しい手順が導入された。このプログラムはこの組織で非常にうまくいったので，アルファ電力社はやがてこのプログラムを全社に広めることにした。上級管理職はこれを承認し，サポートを行った。

　この「一時中断」とは，従業員に仕事を中断させる資格を与えることであり，文化の階層的規範を変える具体的方法であったことに注意していただきたい。これは，現場監督者の命令さえ否定できることを意味している。ただ，気をつけなくてはならないのは，常に命令には従わなければならない，という旧来の規範を超越してはいるが，「必要な場合には仕事を中断する権利と責任がある」という新しい規範は，完全に受け入れられたわけではないということだ。新しい文化が形成されたのではなく，新しい行動が容認されただけだ。新しい文化的要素が形成されるかどうかは，新しい行動によって，長期間，アルファ電力社が今まで以上の責任を果たし，生産性を上げるようになるかどうかに掛かっている。さしあたっては，このプログラムを現場監督が受け入れたことが，EH&Sの問題に関しては，これまでの階層的文化から従業員に権利委譲していく方向に徐々に向かっていくのだということの，

明らかなサインとなっている。

労働安全委員会

　環境の分野では新しい仕事のやり方が次第により明確になってきた。しかし，仲間を裏切ったり，仲間と対決したりしないという規範のために，安全の分野ではまだ問題が残っていた。ビジョンは次のとおり明確である。安全を確保するにはチームワークが必要であり，チームのどのメンバーにも安全の手順を順守させることは，全メンバーの連帯責任である。メンバーの1人が安全ヘルメットを被っていなかったり，安全メガネをかけていなかったりすれば，そのことを指摘し，規則に従わせるのは，他のメンバーの責任である。しかし，このことは，個人の勇敢な行為で仕事を成し遂げるという暗黙の英雄モデルを捨て去ることを意味する。さらに，何を身につけて何を身につけないかは各従業員が主体的に決めることであるとする規範も捨て去ることになる。

　このジレンマに対処するために，組織内の画期的な事例を探すことが必要である。ある部署から1つの事例が紹介された。そこでは，安全点検と事故後の再審査を，安全の専門家だけで行うのではなく，むしろ階級の同僚である労働者が行うべきであると，労務管理安全委員会が判断した。ある作業グループに対し，安全装備を身につけない「愚かさ」を別のグループに属している仲間の作業員が指摘すれば，現場監督や専門のスタッフから言われるよりも強烈な印象を残すことになる。他の部署では，職場を検査する安全監督者は専門家や管理職ではなく，労働組合のメンバーとすることに決めた。組合のメンバーは関連するトレーニングを受け，これにより，安全装備の装着率は大いに向上された。

装備の再設計への従業員の参加

　また別の事例があるグループから紹介された。そこでは，安全装備が扱いにくく，快適でないことに気づいた技術者がいた。これまでのやり方であれば，従業員に今ある装備を使う「訓練」を行うところであるが，代わりに彼らは，従業員のグループを作って，自分たちが直面する特有の作業条件に役

立つことを具体的な目標として，装備の再設計を行った。この従業員自身による再設計のプロセスは，多くの分野で成功を収めている。

作業部会のあり方

　ある種の規範が環境問題や安全作業問題に良い影響を与えた場合，その会社の社長によって，これらの規範を制度化すべく，ハイレベルの委員会が発足された。次に，作業部会を立ち上げ，これらの新しい原則を浸透させるためのプログラムを開始した。このような原則は「絶え間ない向上を必要とする」ものもあれば，「成功を祝福する」という類のものまであった。作業部会は異なる部署に適応する分かりやすい例を探すだけでなく，月例昼食会を企画して，特定の成果を上げた上級管理職を表彰するシステムも作られた。月例昼食会では，毎回4つのグループが表彰されたのだが，これは「新しい文化」を象徴する儀式として，重要な要素となった。

　絶え間ない向上という原則の下では，他の全てのプログラムが，全体的な変革プログラムの要因となることに注意していただきたい。したがって，対立の解決，シックス・シグマ，リエンジニアリング，品質改善サークル，従業員への調査などは，別個の変革メカニズムではなく，総合的な変革プログラムの構成要素の1つとして見ることができる。

結論

　新しい考え方や仕事のやり方を導入する場合，変革プログラムを助けてくれる文化的要素を活用しつつ，その障害となる文化的要素と対決することになる。文化的要素の変革には，第6章で述べた全ての段階が関わってくるが，なかでも特に「どのようにして心理的安全性を作りだすか？」ということが重要である。このことは，変革の影響を最も強く受ける従業員をどの程度深く巻き込めるか次第である。従業員の規範が変革に関係している場合は，なおさらである。規範は，単なる管理職の命令によっては変えることはできない。すでにある規範を捨て去る決断をし，異なる路線について考え始めることができるのは，その当事者であるグループだけである。

第8章 成熟企業における文化のダイナミクス

　ここまで多くの事例を見てきたように，中年期の組織の文化変革プロセスには多くの手順があり，ある意味，終わりのないプロセスでもある。あるプロセスが制度化され安定しても，別の否定的確認が起こり，新たな変革が必要となる。ある種の文化的要素は変化し，別の要素は強化される。例えば，多くの従業員や組合が変革に参加するようになると，序列構造が崩れることになるが，逆にトレーニングは徹底されるようになる。目標が環境問題への対処から安全性の確保に変化すると，仲間内の規範が変革プログラムの対象となり，互いの安全を配慮し合うために，個人の自主性が求められるようになる。

　中年期の組織の文化変革のきっかけは，組織により大きく異なるものであるが，文化を変革するメカニズムは，前述したとおり，常に計画された変革プログラムの実行という形式をとることになる。つまり，並行学習システムを構築し，変革チームを機能させ，変革プロセスの5つの手順を実行することである。

読者の皆さんへの質問

　あなたが経験したことのある，個人的あるいは組織の変革プログラムについて考えてみてください。変革プロセスの5つの手順について，具体的に何を実行したか特定できるでしょうか。
・文化が変革をどのように助け，どのように妨げるかを診断するための並行学習システムが構築されましたか？
・特定の行動に関して変革のターゲットを特定しましたか？
・変革を実行する際，文化はあなたを助けてくれましたか？　妨害しましたか？
・あなたが将来の変革プログラムを設計したり，管理したりする際に影響を与えると思えるのは，どのような教訓ですか？

第9章

組織版「中年の危機」と潜在的衰退

　文化の有効性について考える時，強い文化を持つことは有利なのだろうか，不利なのだろうか，という疑問は文化に関する普遍的な問いの1つだろう。では，この疑問を，組織の発達段階という視点から見直してみよう。第7章で検証したとおり，成長段階において強い文化を持つことは，組織の目標であり，長所ともなる。強い文化は組織のアイデンティティの源となり，組織のメンバーが同じような考え持つことで，公式な管理手続きを制度化する必要もなくなる。しかし，成長により組織が分化すると，職能上の親密さが失われ，公式な管理手続制度が必要となってくる。組織文化の**核**となる仮定——いわゆる文化のDNA——の存在を考えなければ，サブカルチャーが形成されるにつれ，強い文化を持つことの意味は失われることになる。

　核となる要素を考慮に入れれば，強い文化を持つことが長所であることに変わりはない。しかし，文化の全ての要素が強みになるかどうかは，定義するのも難しいばかりか，その価値については多くの疑問が生じる。原則的には，各サブカルチャーの中心となる要素は強みとなる。しかし，組織の機能が，それぞれ限定的な環境でのみ有効となるような様々な要素に依存するようになると，組織全体の文化的な強さという概念は意味を持たなくなる。実際に，環境の変化から考えれば，様々な適応を可能にするサブカルチャーの**多様性**自体が強みとなるのである。

　本章では，組織が成長期を過ぎ成熟期を迎え，**組織文化の中核となっていた仮定**が機能しなくなった場合，どのような問題に直面するのかを示していきたい。

中心となる文化のうち機能していない要素を変革する

　成功が続いていけば，仮定が強固に共有されることになり，強力な企業文化が形成される。もし，内外の状況が安定したままでいれば，このことは利点であり続ける。しかし，環境に変化が起これば，これらの共有された仮定の中に，それが**強力であるがゆえに**マイナスとなるものが生じてくる。この問題は，いくつかの状況下で発生する。

　最初に考えられる状況は，市場が飽和状態となったり，供給過多になったりしたため，組織が現状以上の成長を望めなくなった場合である。チバ・ガイギー社は工業化学の市場が飽和状態を迎えたことにより，大幅な縮小を迫られることになった。

　2番目に考えられる状況は，特許期間が終了し，組織に新しい経済的条件が加わった場合である。チバ・ガイギー社は特許期間が終了した時に初めて，自社の生産効率の悪さに直面し，大胆な経費削減プログラムを迫られた。

　3番目に考えられる状況は，市場において製品自体が標準化され，価格競争に突入した場合である。そうなると，開発にかかる費用が主な問題となってくる。DEC社は，電源をつなげばすぐに使えるPCの市場が急成長を始めたことによって，DEC社の画期的な製品を喜んで購入してくれる顧客が急速に減少していくのに気づいた。

　4番目に考えられる状況は，技術的進歩により自社製品の魅力が廃れてしまったのに，中心となる文化が，企業存続のために必要な，環境に適応するイノベーションに対して価値を置くことができない場合である。

　5番目に考えられる状況は，組織を構築してきた中心となる仮定に対し，価値を見出さず共有もしない，新しいリーダーが組織にやって来た場合である。中心となる文化を体現する者が組織を去ったり，同じ価値観や仮定を共有する人物に交代できなかったりすると，このような事態に至る。あるいは，取締役会が中心となる文化を変革したいと考え，異なる価値観と仮定を持つ部外者を故意に採用した場合も同様である。

　もしも，**中核**となる文化的要素が機能しなくなると，前章で述べたように，

第9章 組織版「中年の危機」と潜在的衰退　169

通常の進化はもちろん，管理された進化でさえ，役に立たなくなる。なぜなら，組織の中年期の上級管理職にとっては，変革の必要性を認めることは，感情的にできないことだからである。この感情的な抵抗や否定を払しょくするには，相当強い否定的確認が必要となる。そのようなものになり得るのは，経営不振やスキャンダル，訴訟といった外部からの圧力や，保守派を打破し変革プロセスを開始しようとする取締役会だけである。では，それによって何が実現できるのだろうか。

　この問題には，組織の規模は関係ないが，組織の操業年数や発展の歴史は大きく関わってくる。それらは，中心となる文化要素の強さを規定しているからだ。ある組織が自社や環境に関してある種の仮定を抱いていており，そのおかげで長い間成功を収めていた場合，中心となる仮定を疑ったり再検討したりはしないだろう。また，たとえそのような仮定の存在が心に浮かんだとしても，その仮定をそのまま保持したいと願うだろう。なぜなら，それらは過去を正当化するものであり，プライドや自己評価の源だからである。そうなると，仮定はフィルターとして作用し始め，中核となる管理職が，存続や再生のために代わりとなる戦略を理解したり受け入れたりすることを困難にさせるのだ。

　目下，状況が不透明であるアメリカ自動車業界も，この例に当てはまる。ゼネラル・モーターズ社の文化を推進してきた仮定の1つが，経営に関するものであることは明らかである。それは，「利益幅を常に最大限にしなくてはならない」というものだ。そのため，サターンや電気自動車のように燃費の良い自動車よりも，利益率の高いSUV車が優先されることになった。燃費の良い日本車が成功しており，自社も変革が必要だという否定的確認のデータは，ほとんど受け入れられなかった。また，自動車の製造には，厳格な「命令と統制」による組織構造のみが適しているという仮定も，ゼネラル・モーターズ社の中心となっていた。サターンの実験により，スカンジナビアの自律的なモデルのような協働モデルを実行すれば，製造工程の効率を上げることも実証されていたのだが，この実験が組織の他の部分にも移行されることはなかった。

　興味深い話をしよう。1970年代，私たちはY理論（第4章のマクレガー

の理論を参照）を実践する様々なグループの管理職を検証した。アメリカ自動車業界の管理職は Y 理論では低いスコアを示したが，X 理論（人間は熱心に働き，組織の目標を達成するために全力を尽くす，ということを信用しない想定に基づく理論）では高いスコアを記録していたのだ。ある主要な自動車メーカーの組織学習に関する研究では，協働できるように組織されていたデザインチームは，設計時間を短縮し，大幅にコストを削減することができたが，上層部は，デザインチームが採用したプロセスの革新性を理解できず，他のプロジェクトでこのモデルを再現しようと試みることもなかった[1]。

　重要なのは，否定的確認のデータが中心となる文化的要素と相反する場合，そのようなデータは無視され，否定され，そのうえ/あるいは，合理的に削除されてしまうということである。外部からコンサルタントを招聘して，現在の文化を保持し続けることが難しいことを示させ，明確な代替案を提案させることは可能だ。しかし，コンサルタントがいかに明確で説得力があったとしても，文化の中心的要素，言うなれば文化の DNA に合っていない代替案であったなら，理解すらされないだろう。たとえ理解されたとしても，代替案に対する学習不安が強すぎて，代替案が否定されたり，もっともらしい理由で退けられたりしてしまうだろう。否定的確認のデータは生き残りへの不安も生み出すのだから，それをそのままにして学習することへの不安だけを避けようとするのは矛盾しているように見えるかもしれない。しかし，文化の中心要素に対し否定的確認がなされた場合，実際に問題となるのは，何か全く新しい仕事のやり方があるかもしないということを想像もできないということか，新しいやり方を実現不可能で望ましくないものだと徹底的に否定してしまうことのいずれかである。

　先述した，DEC 社が，IBM 社のパソコンと事実上競合できるような製品を開発できなかったことは，鮮烈な事例である。上級管理職は全員，パソコン市場に参入しなければならないことを理解していたが，暗黙のうちにレベルの高いユーザーが主要なターゲットであると推定してしまっていた。この仮定は，「市場で決着をつけよう」という，DEC 社の中心にある仮定と結びついていた。このため，DEC 社は 3 種類のパソコンを作ったが，どれも立派すぎて，高価で，しかも複雑すぎて使いにくかった。技術者たちは，コン

ピュータや市場の性質に関して，従来どおりの仮定に染まりきっていたのだ。彼らは自分たちが本当に競争力のある製品を作っていると信じていたので，3種類のどれも市場でうまくいかなかったことに大変驚いた。

実現可能な変革メカニズム

　成長が鈍り，衰退が差し迫った状況では，中心的な文化的要素の変革メカニズムとしては，基本的に次の2つの選択肢しかない。

1. **倒産・再生**　文化の中心部分を破壊して，新しい管理のもとで新しい行動様式を開始する。環境に適応し，新しい文化の構築プロセスをスタートさせる
2. **買収・合併**　買収や合併による総合的な再組織化プロセスにより，組織とその文化を破壊する

　どちらの場合でも，組織を解凍し，変革プログラムを立ち上げるため，強力な新しいチェンジ・マネジャーあるいはチェンジ・リーダーが必要であろう[2]。中心となる文化の仮定を変革するためには，単純に，古い仮定を持ち続けている人々を排除するのが最も手っ取り早いことに，新しい管理職は気づく。いずれにしても，人的コストは高くつく。

　このレベルでの文化変革に，決まった公式やプログラムはない。しかし，次に挙げる2つの例を見れば，中心となる文化的要素が存続できなくなった場合，組織がどのように行動し，対処できるかを推論することができるはずだ。文化の大部分の要素を保ちながら，1つの重要な文化的要素だけを変革したチバ・ガイギー社と，いくつかの中心的な要素を変えるという劇的な変革の結果，ついには組織自体が崩壊してしまったDEC社の例である。

チバ・ガイギー社における穏やかな文化変革

　チバ・ガイギー社の事例でも，中心的な仮定は変革を余儀なくされた。し

かし，その他の文化的要素のほとんどが，経済的，技術的な外部圧力から必要性が生じてきた再生のプロセスの力となった。1970年代後半，この会社では，化学部門が過剰設備を有しており，縮小の必要があった。一方，製薬部門は競争相手と比較して，利益率を高める必要があった。先述したように，地域事業単位と各部門ではすでに経費削減が行われていたが，バーゼル本社はその諸経費の大部分を削減できていなかった。ライン部門は本社に経費削減の圧力をかけていた。

　製薬部門の効率を上げることは，通常の組織改善のプロセスで行うことができたが，本社の縮小は，人事に関する中核的な文化的要素を放棄することを意味していた。つまり，チバ・ガイギー社は終身雇用制を採用し，雇用保障を約束しているため，社員を解雇することはない，というのが文化の中心となる要素である。社員の解雇を行うことは，家長的温情主義と縁故採用が人事の慣例として受け入れられてきた本社地域では特に困難であった。

　この状況はリーダーにより「再生」と定義されたが，3カ年に及ぶプログラムは，実際には，第8章で示した管理された変革モデルに合致するものであった。上級管理職からなる作業部会が運営委員会として機能し，並行学習システムによって，将来のチバ・ガイギー社がどうあるべきかのビジョンを決定するために，25の個別プロジェクトを立ち上げた。これらのプロジェクトは，特に化学分野と本社を中心として，現在の全てのプロセスの見直し，コスト削減，技術の再結合，ダウンサイジングを断行するものであった。

　上級管理職が少数のグループに分かれて各組織をまわり，何をしなければならないかについて詳細に説明し，資源を提供した。これらの会合では，将来のあるべき姿についてビジョンが明言された。上級管理職が実際にその場に出席していたことから，変革という目標には交渉の余地がないことが明白であった。これは真剣な再生をかけたものであった。各プロジェクトに管理職がつき，プロジェクトを監督，モニターする取締役会のメンバーとの橋渡し役を務めた。運営委員会は毎月会合を開き，進捗状況を確認し，必要に応じて介入を行った。そして，変革を実現するために3年間が与えられた。

　各プロジェクトグループは，3年間という枠組みの中で目的を達成するための変革プロセスを各自，作成することになった。例えば，特許に保護され

ているおかげで，多くの部署で非効率な生産プロセスが残っていることが分かった。特許期間が終了すれば，コスト競争に勝つために，生産方法を大幅に見直す必要に迫られることになる。製薬部門では，マーケティングおよび財務管理についての，主要なプログラムを立ち上げた。製薬部門の成長のためには，研究開発さえやっていれば十分な数の新薬が開発できるという従来の仮定から，将来的には，新薬は少数に絞られるであろうから，競争力のある販売戦略と経費管理へと重点を移行する必要があるという仮定へと，管理職の思考を変更させなければならなかった。プロジェクトの多くで，前章で説明した管理された変革プログラムが使われた。

最も大きな課題を担当した作業部会は，終身雇用制と雇用保障という難題に立ち向かうことになった。バーゼル本社地区の化学部門では，大規模な縮小プロセスをすぐに実行しなければならなかった。このプロセスは，その他の文化の**中心的要素**，特に「チバ・ガイギー社は社員を大切に扱う」という原則を大いに利用して達成された。この仮定は，「チバ・ガイギー社は社員を解雇しない」という仮定よりも，より基本的なものとされていた。そのため，思いやりを持って，人道的な方法で対処することで，ダウンサイジングを行うことができた。

チバ・ガイギー社には強い家長的温情主義の文化があったため，解雇のプロセスは非常に気を使い，注意深く考えられた手順で行われた。各従業員には，最初に上司や上級管理職から，何をしなければならないのか，なぜしなければならないのかが説明された。解雇に当たっては，特定の「カテゴリー」は存在せず，郵送で解雇通知を送るようなこともしなかった。管理職は従業員との対話に関するトレーニングを受けていたため，解雇される従業員も，丁寧な扱いを受けたと感じることができた。

このような個人向けの説明に加えて，早期退職制度によって，最大限の人員削減を行うプログラムを作成した。その際，退職金の優遇措置や，手厚いキャリア・カウンセリングによる転職支援，また最も重要なものとして転勤やパートタイムのチャンスを与え，人員削減による摩擦を可能な限り減少させた。人事部に所属するベテラン社員の1人も退職を余儀なくされたが，6カ月間は顧問として研究プロジェクトに残ることになった。このような配慮

により自尊心が傷つくのを防ぎ，また，キャリア移行期に経済的な余裕を与えることができたのである。

教訓：文化は変わったのか？

　雇用の保障という文化の中心要素は明らかに変化した。しかし，私はチバ・ガイギー社の事例を「穏やかな」変革と呼んでいる。なぜなら，その他の文化の中心的要素は変わらなかったばかりか，実際には，それらによって変革が実現されたからだ。全てのプロジェクトにおいて，「文化の変革」が話し合われたのだが，現実には，権威システム，序列関係，グループやチームへの志向，忠誠心や上下関係の伝統を利用して，大きな変革を実現したのである。最終的に，チバ・ガイギー社の管理職は，自分たちの文化を変革したというよりも，むしろ再確認したと感じていた。自分たちのビジネスにおいて劇的な変化が必要となった時でさえ，チバ・ガイギー社は「社員を大切に扱う」という伝統を合理的に実行したのである。

　ビジネス慣行を変えること，経費削減を図ること，規模の適正化などによって，必ずしも文化の全てが変革されるわけではない。むしろ，この事例は，ビジネス上の問題を解決するために，うまく機能しなくなった中心的な文化の要素を変えなくてはならない場合，既存の文化の中のその他の中心的な要素を使うことで，必要な変革を達成できるということを表している。アルファ電力社の事例においても同様の文化のダイナミクスが見られる。普遍的な文化要素が，文化的な緊張を伴わずに変革された事例である。環境に対して責任を持つことは，文化の中核に反することではなかったのだ。一方，安全な組織に替わることが，「同僚を裏切らない」という従業員や組合のサブカルチャーの中核と衝突することとなった。従業員同士で安全な作業方法を確認することは可能であるが，従業員は，他人が行った安全ではない作業行為を管理職に報告することはしない。組織の業績に不可欠であるサブカルチャーによるグループ規範が，文化の中核的部分の一翼を担っていたのだ。この場合，安全性を重視する組織の変革プロセスに，サブカルチャーを含めたプログラムを構築するしかない。前章で述べたように，組合の規範が従業員同士の行動を監視し合うように変化するまで，安全性のレベルが目標値に

達することはないのである。

DEC社における劇的な文化変革

　前章やチバ・ガイギー社の例のように，計画・管理された文化変革によって，理想的な将来像から必要とされるビジネス結果を引き出せない場合，チェンジ・リーダーはより抜本的な手段を講じなければならない。最も一般的な解決法は，既存の文化とは異なる価値観や仮定を持つCEOを社外から招聘することである。サブカルチャーの中に混合種の管理職を見つけることができれば，この役目にうってつけだ。

　多くの場合，取締役会が新任のCEOに主要な再生を行う権限を与える。そして，はっきりと，または暗に，どのくらいの期間で業績を改善しなくてはならないかを伝える。このプロセスの極端な例は，直ちにあらゆる施策を実行することで，会社の財政をほぼ健全に戻すと約束する有名な「再建屋」を招聘することである。この場合のあらゆる施策とは，上級管理職の大量解雇，再組織化，利益を上げない部門の売却，組合の解体，他の組織との合併，組織の売却準備を意味する。

　もっと慎重なプロセスとしては，ジャック・ウェルチに権限を与えたゼネラル・エレクトリック社，ルイス・ガースナーを招聘したIBM社，ジョージ・フィッシャーを任命したコダック社の例があげられるだろう。本書を執筆中，アメリカ合衆国議会は，アメリカ自動車業界が要求するローンを承認する代わりに，将来の自動車業界にはどのようなリーダーシップが必要であるかを議論している。少なくとも，自動車業界の新しい「皇帝」は，崩壊しつつあるアメリカ自動車業界文化のこれまでのダイナミクスを理解し，この業界特有の中核的な仮定を変革することは極めて難しいことを理解している人物でなくてはならないだろう。

　DEC社は1980年代から1990年代初頭，主要分門で経済面の危機に直面した。この本で触れてきたような様々な理由から，DEC社は1980年代には成長が緩慢となり，非効率的になっていった。競争は過酷になり，市場参入の機会は狭くなり，DEC社の原価構造はその競合相手から大きく引き離され

ていた[3]。コンピュータが一般的になるにつれて、イノベーションを重視するDEC社の中心となる文化は時代遅れになっていった。DEC社の経営文化はあまりにも平等主義的であり、意思決定に多くの時間を要することは、認識されていた。しかし、下位組織があまりにも力を持ちすぎて、中央のどのような戦略に関しても、一致団結して取り組もうとする意欲を持っていなかった。ケン・オルセンは、市場をよく理解していると考える何人かの技術マネジャーを集結させて難局を乗り切ろうとしたが、それぞれのマネジャーはDEC社の苦境を打開する案をそれぞれに考えていたため、何に集中するべきかという問題に関して、マネジャーたちが互いに争う結果となってしまった。戦略的な目標や達成方法に関する論争は、手に負えない程だった。いくつかの削減案が企画されたが、取締役会の見積もりでは、DEC社を存続させ利益を上げることは極めて難しいものばかりであった。

　1992年後半、ケン・オルセンは逆境の中で辞任し、取締役会は半導体メーカーの副社長、ロバート・パーマーをDEC社のCEOに任命した。ケン・オルセンの後継者としてパーマーを選んだのは、彼は以前にDEC社で働いた経験があるため、DEC社を理解してはいるが、DEC社の問題解決には厳格に対処できる人物だろうと思われたからだ。この変革は、半導体という非常に異なる仮定のサブカルチャーから混合種の経営者を迎え入れ、主要な再生の任務を課した例である。

　新しい再生マネジャーが現在の文化に大きな障害があることを認識した場合、その文化を破壊するという段階は避けられない。多くのマネジャーは、新しい考え方や行動をできるだけ早く進化させなければならない。さもないと、組織は新しいマネジャーを追い出し、異なる仮定を持つ別のマネジャーを迎えることになるからだ。いくつかの例では（およらく、ゼネラル・エレクトリック社が良い例となるであろうが）、カリスマ性のある強いリーダーが、既存の幹部による経営陣と共に、変化を生み出すことに成功している。しかし、DEC社の例が示すように、既存の幹部は、組織を成功に導いた古い文化にしがみついていることが多いため、ビジネスの問題を解決する前に、彼らの首をすげ替える必要がある。そのため、大きな文化的変容を行う場合には、人的コストも大きくならざるを得ない。古い文化的仮定を破壊するに

は，組織は文化を体現する従業員を変えるか，排除する必要が出てくる。

　パーマーが数年間かけて変革させた主要な点は，意思決定を中央集権化し，規律を引き締め，生産性のない部門を廃止することだった。そして，最も重要なことは，古い文化を体現している人々の大半を排除したことである。解雇された人もいたし，退職した人もいたが，多くは新しい体制の下で働くことができずに会社を去っていった。より伝統的な独裁的で規律の厳しい階層型組織が選ばれ，DEC社の文化が破壊されつつあると，誰もが感じた。パーマーは，彼らが去った後に，様々な経験，技能，組織運営についての基本的仮定を持つ者を社外から採用した。彼の再生案により，組織はより小さく，より効率的になった。これにより，1998年にコンパック社に買収され，最終的にはコンパック社を買収したヒューレット・パッカード社に合併されることになった。

　DEC社に残った従業員は，古い文化を破壊することを嘆き哀しみ，その多くは会社を去って，新しいビジネスを起こしてそれを再現しようとした。多くの人々がDEC社の古い文化に対し非常に愛着を持っていたので，**同窓会**を作ったり，互いに交流するために会報を発行したり，定期的に親睦会を開いたりした。他社に転職した者は，DEC社でうまく機能していたと思う原則をそこに持ち込もうとした。逆説的ではあるが，DEC社内では旧来の文化がほとんど破壊されたにもかかわらず，DEC社の会社経営の一連の概念は，DEC社の元従業員の中で生き続けたのである。

　この事例で指摘すべき重要な点は，上級管理職が交代しなければ，文化の変革が達成できなかったということだ。彼らは，DEC社に最初の成功をもたらした旧来の仕事のやり方にとらわれていた。パーマーは，新しい仕事のやり方を導入するために，全く異なるメンバーからなる上級管理職を迎え入れねばならなかった。これによって新しい文化が創造されたのか，それともただ単に今後のさらなる移行や変化への方向づけをしただけなのかは，はっきりとは分からない。しかしそれによって，DEC社が，コンパック社にとって魅力的な買収の標的となるくらいの利益を上げ始めたことは間違いない。

教訓

　DEC 社の事例から得られる主要な教訓は，文化的な仮定を体現している人を排除することなしに，中核の文化的仮定を変革することはできないということである。しかし，それでも，そのような仮定のいくつかは残り，他の組織的状況で再浮上してくる。文化を破壊することは，人間的な観点から言えば辛く冷酷なプロセスである。しかし，DEC 社の元従業員たちが自分たちと共に育った文化的価値観をどれだけ大切にしているかを見れば，彼らの頭の中では，DEC 社の「文化」が破壊されたのではなく，ただ，DEC 社という組織が破壊されただけだというのがはっきりと分かる。

　2番目の教訓は，この再生が失敗したことから得られる。外部からやってきた新しいリーダーは，何を変える必要があるのか，どのような抵抗が予想されるかについて理解できるよう，旧来の文化を十分によく知らなければならない。混合種である部外者は，これを理解するのに非常に有利な立場にいる。第 7 章で述べたジョーンズ・フード社の例では，創業者が亡くなり，彼の大番頭が引退して，深刻な危機が訪れた際，会社は強力な部外者を招き入れようとした。しかし，この同族会社の既存の文化があまりにも強力であったため，最初の 3 人は失敗に終わった。以前ジョーンズ・フード社に勤めており，独立後に成功していた人物を，創業者一族が招聘して，やっと，文化を変革できる人物に巡り合えたのである。

　アップル社の例もいくぶん似通っている。ジョン・スカリーや，その後のギルバート・アメリオが，会社の求める変革をもたらすことができなかったのは明らかだった。そのため取締役会は，会社を作った創業者の 1 人で，間違いなくアップル社の文化を理解しているスティーブ・ジョブズを呼び戻したのである。ジョブズがアップル社を進化させることに成功したことは，文化に関するいくつかのテーマを反映するものである。第一に，彼は製品に対する自身の最初のアイデア「ヤッピーのためのオモチャ」に立ち戻った。そして，その製品コンセプトを広く一般に知らしめた。第二に，彼は，他のベンチャー事業を起こすことで，アップル社の外でビジネスと経営に関する重要な教訓を多く学んでいた。そのため彼は，アップル社に再び息吹を与えることができたのである。

ウェルチがゼネラル・エレクトリック社で成功したのは，彼が社内で育った人間であるということと関係があるのは間違いない。また，ガースナーがIBM社で成功したのも，会社の成長と共に損なわれてしまったマーケティングの価値観を復活させたことに関係があるだろう。これらの事例は，再生や大規模な文化の**変革**と考えられることが多い。しかし，実際には，機能しなくなった中核要素のいくつかを破壊し，一時的に損なわれてはいたが，組織を再生するために再び必要となった，その他の文化的要素を**生き返らせた**と考えた方が良いだろう[4]。この種の再生における，文化の移行のレベルは，それぞれの組織の現状とその経営状況により異なる。計画的な変革という視点からでは，大きな原動力となることはできない。外からリーダーを探さなければならない程の非常事態にある組織は，苦痛を伴う人員転換を行うことも避けられない。

本書で紹介した様々な事例を再検証すると，DEC社だけが，明らかに組織内の文化の中核要素を破壊してしまった例である。しかし，元従業員たちの中にはDEC社の仮定が生き続けた。他の事例では，いくつかの文化は破壊されたが他の要素は生き残り，その生き残った文化的要素が変革を達成させている。強い文化は，破壊されたとしても，完全に消え去ることはないのだ。

チェンジ・リーダーとチェンジ・エージェント

この数章では，文化とサブカルチャーの問題に焦点を合わせながら，組織の進化，学習，変革プロセスについて議論してきた。多くの組織の現状においては，変革のペースは遅々として上がらず，組織の問題を解決するために進化を当てにすることはできない。そのため，スタートアップ期，中年期，成熟期／衰退期のいずれの時期の企業においても，変革を指揮したり，管理したりすることが必要となる。では，そのような役目を果たすチェンジ・リーダーやチェンジ・エージェントには，何が求められるのだろうか。

チェンジ・リーダーには，組織内に変革の気運を高めるために十分な否定的確認を生み，さらに，変革を実現するために必要なプロセスを組み立てる

ことができる人物がふさわしいだろう。上の2つの条件は必須であるが，それを満たすのは必ずしも一人の人物である必要はない。変革と学習の動機づけを行うチェンジ・**リーダー**には，次に挙げる特徴が求められる。

1. 信頼性：どんなことを言っても信じてもらえなければならない（無視されてはならない）。
2. 明確なビジョン：どのような時も発言は明白で合理的でなければならない。
3. ビジョンを明確に示す能力：口頭および書面で，自分たちが認識したことは何であるか，また組織の将来にとってどのような関わりがあるのかを述べることができなければならない。自分たちのビジョンを嚙み砕いて，具体的な新しい行動として示さなければならない。
4. 組織の発達段階ごとに文化のダイナミクスが異なることを，理解していなければならない。
5. 組織の創業年数，規模，ビジネス／技術／文化などの状況を考慮した，ふさわしい変革プログラムを計画し実行するために，必要となる管理プロセスを構築する能力がなければならない。

いったん動機づけができれば，チェンジ・**エージェント**（これまでは「変革チーム」と呼んでいた）は，変革を生じさせるための様々なプロセスの開発へと進むことができる。上記の4番と5番の項目は，チェンジ・エージェントにとって特に重要となる。なぜなら，実際に使用される変革プロセスは，組織が置かれている内外の状況に合ったものでなければならないからだ。多くの変革プログラムが全ての組織の問題を同等に扱っているが，成長と学習を促したいのであれば，個人の性格が異なるように，それぞれの文化がそれぞれに異なる特徴を持っていることに考慮しなければならない。セラピストがクライアントの性格に特有な側面を扱うように，チェンジ・リーダーやチェンジ・エージェントは，その組織文化やサブカルチャー特有の側面に対処しなければならないのである。

チェンジ・エージェントは，チェンジ・リーダーと同一の人物であっても，違う人物であっても構わない。公式にリーダーシップを取るべき立場にいる

必要もない。実際，純然たるリーダーとしてより，むしろ触媒やファシリテーターとしての方が，より効果的に働けることが多い（ただし，何らかの動機づけとなるきっかけが，すでに存在している場合である）。彼らの最も重要な役割は，図表8.1に記述された様々な手順を実行していくことである。

　チェンジ・リーダーは，新しい方向性，新しい価値観，新しいビジョンについては，明確に表明することができる。しかし，組織が求める新しい考え方や行動を正確に定義するのは，一時的並行システムとして機能する変革チームであることが多い。そのため，変革チームには，変革の各段階を経ていく際に診断と介入を同時に行う，プロセス・コンサルタントとしての役割が求められる[5]。

結論および変革のダイナミクスのまとめ

　ここで，第2部で検証した考察をまとめておきたい。まず，第6章では新しいことを学習するだけでなく，すでに学習したものを棄却する際に予想される，心理的／社会的ダイナミクスについて検討した。変革プロセスはいつでも，リーダーたちによる**否定的確認**と，何かがうまくいっていないことを認識すること――私はこれを**生き残りの不安**と呼んでいる――から始まる。リーダーたちは，ビジネス上の問題を特定すると，将来のビジョンとして，学習するべき新しい事柄を提示する。望ましい将来像を提示する場合には，それを具体的な行動として明確に表さなければならない。また，この種の提示が，変革への抵抗や自己防御的な否定を生みだす場合があるが，私はこれを**学習することへの不安**と呼んだ。重要なのは，変革に対する抵抗が予想されるのは正常な現象であり，学習者が心理的安全性を感じられて初めて，新しいことを学べるようになるということを，理解することである。

　変革の原則としては，生き残りの不安が学習することへの不安よりも強い場合にだけ，望ましい新しい行動を学習する動機づけがされる，ということが挙げられる。ただし，2つめの原則として，学習者に心理的安全性を与え，学習することへの不安を軽減することによって，先の原則を達成する方が望ましい。心理的安全性を構築するための様々な条件を検証すると，なぜ変革

は困難で時間がかかるものなのかという理由がはっきりしてくる。さらに，文化の中心的要素を変革しなければならない場合は，計画された変革プログラムではうまくいかないことが多く，本章で解説したように，チェンジ・リーダーがより根本的な変革プロセスを構築しなくてはならない。

次に，計画的な変革の中で，変革チームは，一時的な並行システムにならなければならないということについて検討した。それによって変革チームは，図表8.1で示した変革プロセスのすべての段階を管理する必要がある。また，変革の目標である新しい考え方ややり方を，できるだけ具体的に明示しなければならないことを強調した。そうすることで，既存の文化によって，変革プロセスがどれほど，助けられるか，あるいは妨げられるかが判断できる。文化の助けを借りることができればできるほど，変革を達成するのが容易になる。文化的要素が妨げになることが分かれば，それに対処するための新たな変革プロセスを設計する必要がある。このプロセスは，本章で議論したような劇的なものになることもあるが，全ての変革が文化的な変革であると直ちに考えてはならない。

組織を破壊したり再編したりせずに，基本的仮定を変革しなければならない場合，移行には5年から15年の歳月が必要となる。並行システムを構築し，新しい仮定を学習してから，新しい仮定を元の組織に導入するためには，長い時間が掛かるのだ。第1章で説明したプロクター＆ギャンブル社の事例を思い出していただきたい。新しい製造システムが全ての工場に導入されるまで，15年の月日が流れている。

あなたがチェンジ・エージェントであるなら，抜け道を探そうとせずに，上記した手順の全てを実行してほしい。すぐに行動を起こし，「文化変革プログラム」の発足を宣言したい気持ちは十分に分かるが，文化の問題が含まれている限り，始めはゆっくりと進め，新しい考え方や仕事のやり方を明確にし，文化が変革を助けることができるのか，妨げとなるのかを予測した上で，指導力を大いに発揮するのが良いだろう。特に，文化がどれほど変革を助けてくれるのか，必要な変革を達成するために，現在の文化をどのように利用できるかを見極めることは非常に重要である。

第3部

多文化主義の現実

　最後の2章では，IT技術によりいかに世界が変化したかという現実，ビジネスと組織における全ての分野に広がる複雑性と，その複雑性により広義の文化の中にサブカルチャーが形成されていること，そして，グローバリゼーションにより組織文化やサブカルチャーが全く新しい種類の多文化の相互作用に曝されていることについて論じていきたい。第10章では，文化的相互作用の問題について，第11章では，多文化世界に生きる将来のリーダーが直面する現実を検証し予想していく。

第10章

文化が出会う時：
買収，合併，ジョイント・ベンチャー等による多文化のコラボレーション

多文化の問題

　2つの会社が合併，買収，ジョイント・ベンチャーに参加する時，あるいは，いくつかの異なる文化を背景としたメンバーが新しいグループを作る時には，必ず文化が出会うこととなる。合併では，2つの文化を融合しようとするが，必ずしもどちらか一方が優位になるわけではない。買収では，買収された会社は自動的に，親会社のより大きな文化の中のサブカルチャーとなる。ジョイント・ベンチャーでは，2つの異文化を統合して，ゼロから新たな文化を創造することになる。新しいグループを作る場合，いずれの文化も優位に立つことはなく，異なる文化を持つメンバーが，共に働き方を構築することになる。

　いずれの場合においても，これまでに議論してきた状況とは，根本的に異なる状況が生まれる。なぜなら，このような状況においては，国の文化，職能別の文化，組織文化が**同時に**出会うことになるからだ。所属するメンバーの視点から見れば，いずれの文化も日常の出来事を認識し，感じ，対処するための，正しい方法である。文化というものは「他者」に対する意見と偏見を持っており，自分の文化はいつでも「正しい」と考えるものである。そのため，異文化間で組織，プロジェクト，ジョイント・ベンチャー，作業チームを編成することは，前章まで議論してきた，組織文化とサブカルチャーが混在する組織変革の問題よりも，はるかに大きな文化的挑戦となる。

　この問題の究極的な例として，医療問題の扱い方に関して，異なる規範と

価値観を持つ文化を持つ移民に対処する，医療組織がある。処方箋の指示に関する言語の問題だけでなく，患者が，薬は有害であると信じており，こっそりと捨ててしまっているような場合もある[1]。ビジネスの例では，カナダとイタリアのジョイント・ベンチャーを挙げることができるだろう。カナダ側の親会社は，重要な指示をメモに書いて渡していたのだが，このメモはイタリア側からは組織的に無視されてしまった。イタリア人は，重要なことは**直接**会って伝達されるだろうし，会って伝達されるべきだと考えていたからだ。またイタリア人にとって，メモ書きは無礼なことであるため，その内容も重要ではないと判断されていたのである。

　様々な職能別文化も同様の問題を生む。チバ・ガイギー社の本社が，マーケティング技術を向上させるための経営開発プログラムを開発したことがあった。そのプログラムは，化学，農業，薬学の管理職を対象としていたのだが，該当する管理職の全員が**一緒**にプログラムを受けることが明らかになった途端，管理職たちは，マーケティングは「それぞれの分野において全く違う」ものだと，プログラムへの難色を示すことになった。医者を相手に薬品を販売しているセールスマンが，泥道を歩いて，農民に新しい肥料を販売するセールスマンとの共通点を見出すことがどうしてできるだろうか。プログラムの開発者は誰もが学ぶべきセールスの基本があると確信していたのだが，異なる職能グループにそれを納得させることは極めて難しい。

　この種の多文化企業の問題として，一般的に，結成当初においては文化が考慮されないという点も挙げられる。合併，買収，ジョイント・ベンチャー，一時的なパートナーシップ，作業部会のいずれの場合でも，それを行うかどうかを決める際，経営上の問題，戦略，政治的問題などが優先的に考慮される。文化の問題は，新しい単位が発足した後に解決できると思われているのである。契約の合意に先立ち，文化が懸案事項の1つと考えられている場合でも，文化の問題が中心に据えられることはない。しかし，現実には，そのような多文化企業は，往々にして文化的なミスマッチにより失敗する。

　合併の場合，分離，支配，混合，あるいは，対立という問題は，新たな組織に共有された歴史がないという事実から生じる。そのため，どちらか一方が劣等感や脅威を感じたり，怒りを抱いたり，防御的になったりする[2]。

このような状況においては，2つ，あるいは，3つの文化の相互作用に対処し，一定期間に渡り，互いの文化を調和させる必要がある。

異文化間の新たな問題は，今日のグローバル経済環境で増大する，様々な形態の一時的な，あるいは，その場限りの組織においても発生する。「コラボレーション」と呼ばれる形態はその良い例である。コラボレーションは，例えば，様々な国籍を持つ国連の医療チームのメンバーが，第三国に行き，共に医療行為を行ったり，シュランベルジュのようなグローバル・サービス企業のエンジニアリング・チームが，さらにまた別の国で石油生産を助けたりすることである。

「一般に，コラボレーションの参加者は，原則的に1回限りで一緒に仕事をします。次の仕事でも一緒になるとは考えません。中心メンバーは期間を延長するかもしれませんが，他のメンバーは流動的で，『必要な』期間だけ働きます。また，コラボレーションでは，相互依存的に相互作用を起こして仕事をする時期もありますが，その他の場合，メンバーは独立して仕事をします。多くのメンバーは1つの組織に属していません。メンバーが多組織の協力を代表している場合も，いずれの組織にも所属していない場合もあります。参加者たちは決められたプロジェクトの期間は共通の目標を共有していますが，自分たちのことを『チーム』とは考えません。コラボレーションでは，直接顔を合わせないこともありますし，地理的にかなり離れた場所にいることもありますし，主に通信技術によって繋がっていることもあります。このようなコラボレーションは，従来のチームよりも構造はより緩やかで，より一時的で，より流動的なもので，ITの力で可能となっている場合が多いのです。」[3]

この種の状況では，文化的な問題は根本的に異なる。なぜなら，作業グループは国籍も職能上の経歴も，すでに多文化であるからだ。前述の分析では，サブカルチャーのメンバーが変革プログラムを開始したことが，他のサブカルチャーにも影響を与え，結果として，全体的な企業文化の要素を変革することになった例を検証した。コラボレーションでは，関係する部署，プ

ロジェクト，作業部会，運営委員会がすでに2つ以上の異なる国や企業の文化を反映している場合もある。そのため，初めから，コミュニケーションや意思決定，実行において，潜在的に困難さを抱えている。

増大するチームや作業部会，その他のコラボレーションが同じ場所に存在しているわけではないため，複雑さはさらに増すことになる。例えば，多くのコンサルタント会社が，プロジェクト・チームを作るため多くの専門職を雇う際に，マッキンゼーのモデルを使用することを止めている。代わりに，コンサルタント会社は，多くの専門家個人をプールし，そこから，事実上クライアントのどのような要請にも応えるチームを構成するようになった。この場合，チームといっても，メンバーが隣同士で仕事をするとは限らない。このようなコラボレーションでは，文化に関する問題は，どのように顕在化するのか，という疑問が生じるはずだ。

このような広域に渡る多文化の問題に対処するために，まず最初に，組織文化や国の文化の問題を含む，合併，買収，ジョイント・ベンチャーについて検証し，それから，本章の後半で，「コラボレーション」等の多文化単位の問題について議論していきたい。

合併，買収，ジョイント・ベンチャーにおける文化評価の役割

合併，買収，ジョイント・ベンチャーは，組織のより顕在的な特徴，例えば，技術の共有，および，その互換性，事業目標の共有，財務的整合性，共通する市場，製品の相乗効果などにより進められる。2つの組織の目標を達成する手段が非常に異なっていたり，事業のやり方や人事に関する**仮定**が相反関係にあったりすることには，大抵，手遅れになるまで**気づかない**。会社のスタイルや経営哲学，技術的な由来などの基本的な仮定を知る鍵となり得るもの，そのミッションと長期的ビジョンに関する信念，組織の内部構造など，「文化的」と考えられる面については，まずチェックされることがないのだ。だが，合併，買収，ジョイント・ベンチャーにおける文化的ミスマッチは，財務，製品，市場のミスマッチと同じくらい危険である。

これを具体例で説明しよう。数年前，ゼネラルフーズ（GF）社は成功し

ていたハンバーガーレストランのチェーンであったバーガーシェフ社を買収した。しかし，10年間に及ぶ協調による努力にもかかわらず，親会社はこの買収から利益を上げることができなかった。第1に，バーガーシェフ社の優秀な経営職の多くは，GF社の経営哲学を受け入れられないために会社を去ったのだが，GF社はこれを予想できなかった。さらにGF社は，ファーストフード業界での経験を持つ新しい管理職を雇う代わりに，自社の管理職たちの中から抜擢して，新事業を経営する業務につかせた。これが，2番目の過ちであった。これらの管理職たちは，ファーストフード業界の運営ノウハウを理解していなかった。彼らは，食品製造業界で有効性が証明されている，多くのマーケティング技法を活用しようと努めたが，それらは役に立たなかった。3番目に，GF社は，自社での経験から効果的と証明された統制のシステムや手順の多くを，バーガーシェフ社に押し付けた。しかし，これによりチェーン店の営業費用に負担が掛かることには気づいていなかった。GF社の管理職たちは，フランチャイズ事業を決して理解せず，そのため，この種のビジネスで利益を生む方法をつかむこともできなかった。最終的に，GF社は10年間の何百万ドルもの累積損失とともに，バーガーシェフ社を売却した。後から考えれば，GF社が，ファーストフード業界には食品製造業界とは非常に異なった文化が形成されていることを，全く理解していなかったのは明らかである。

　フランチャイズ事業を買収することによって生じる文化的なリスクに対する理解が欠けているのは，別の事例で明らかである。ユナイテッド・フルーツ社は，その当時，古風で伝統を重んじる道徳主義の会社であった。経営陣は，その崇高な倫理観を誇りにしていた。その会社が，全米各地にフランチャイズ店を展開している，ファーストフードのレストランチェーンを買収した。しかし，極めて残念なことに，その中で最大のレストランとそれに付属した小規模ホテルが，実は地元の売春宿となっていることを，管理職が発見した。地元の様々なイベントが，このレストランと小規模ホテルで開催されていた。そのため，これを閉鎖するという代替案は，へたに注目を浴びてしまうリスクがあり，ユナイテッド・フルーツ社は，どんな犠牲を払ってでもそれを避けたいと思っていた。管理職は，その事実に直面して，次のよう

に自問自答した。買収に伴って何が表面下のリスクかを知るべきだった。両社が融和できるのかを確かめるため，自社の価値体系をよく理解しておくべきではなかったのか，と。そのため，大変な努力をして，この買収を機能させる一方で，潜在的に困る情報は隠すことにしたのだ。

　3番目の事例は，権限に関する2つの仮定の衝突を鮮明に表している。これは第1章で上げた第一世代のハイテク会社2社の事例で，仮にA社とB社としておこう。A社は，自発性を促し平等主義をとれば成功する，という強い信念を組織に植え付けた創業者が経営していたが，B社がこれを買収した。B社は非常に独裁的な企業家が経営しており，従業員には規律と形式を高度に重んじるように教育した。B社は，相手側の有能な管理能力を必要としていた。しかし，買収して1年も経たないうちに，A社の優秀な管理職たちの大半が会社を去った。彼らは，B社の形式主義と独裁的なスタイルに適応できなかったからだ。B社の独裁的な企業家は，どうしてこのようなことが起こったのかを理解できなかった。2社間にある文化的な違いを察する感受性がなかったのだ。

　これらの事例において驚くべきことは，買収側の企業に，自らの組織の文化や，事業運営に関しての無意識の仮定に対する自己洞察が欠けているということだ。最近の主要な合併（例えば，シティコープとトラベラーズ，アモコとブリティッシュ・ペトロリアム，クライスラーとダイムラー・ベンツ）を考えてみても，これらの巨大企業が一体どうやって事業だけでなく，自分たちの文化をもうまく調和させるのであろうかと不思議になる。これらの会社のこれまでの経緯をふまえると，各社の間には，ほぼ間違いなく，かなり重大な文化的な相違が存在する。

　では，契約を完了する前に，相互の文化を評価しておいた方が良いのではないだろうか？　しかし，逆に，文化の評価を行うことが有益ではない理由，あるいは，不可能な理由がいくつか存在する。1つの理由として，合併前には，交渉は全て秘密裏に行わなければならないということが挙げられる。それぞれの組織が**自己**評価を行うことはできるが，相手側の組織に入り，文化がいかに作用するかを探る自由も能力もないのである。2番目の重要な理由は，本書で繰り返し述べているように，合併をする前には，何を評価すれば

良いかが分からないということである。組織が実際に合併して初めて，どこでお互いの文化が対立するかが分かるのである。チバ・ガイギー社は，エアウィック社を買収するまで，自社の文化が，科学的発見や世界の食料や健康に関する重要な問題を解決していることを中心として構築されていることに，気がつかなかったのである。

　しかし，合併やジョイント・ベンチャーがいったん公にされたのであれば，そのような公式のアセスメントを実施することは，全く理にかなったことだろう。2つの組織で，双方の文化単位から招集された同数の参加者による，一連の作業部会を作ることも可能である。そして，これらの作業部会は，ミッション，目標，手段，職務評価，軌道修正のメカニズム，言語，グループの境界，職位と報酬制度などの，主要な分野における，文物，標榜されている価値観，共有されている暗黙の仮定を，評価すべきである。そのような「統合のための編成単位」は，概して以下のいずれかの方法を取る。(1)お互いのビジネス・プロセスを検証し，合併，買収，ジョイント・ベンチャーのそれぞれの最良の要素を選択し，異なる文化の融合を図る，(2)お互いのビジネス・プロセスを検証し，どちらの組織のプロセスが将来の組織に最適であるかを直ちに決定し，新しいジョイント・ベンチャーのプロセスに取り込む。

　例えば，私はDEC社の元マネジャーと話したことがある。そのマネジャーはコンパック社とHP社が合併する際に，統合チームに所属していたそうだ。合併にあたり当初から，DEC社の文化，コンパック社の文化，HP社の文化を融合するには，長い時間が掛かり，多くの不安要素を引き起こすだろうと予想された。代わりに，それぞれのプロセスや意思決定の方法を検証し，どの方法が将来の組織に最良であるかを直ちに決定し，それを新しい組織に適応させることに決めたということだ。

　完全な**買収**の場合，当然のことながら，親会社が中心となるプロセスを組織に課すことになる。たとえ，そのプロセスが機能不全を起こしていたとしても，である。チバ・ガイギー社の例を思い出してほしい。チバ・ガイギー社の財務部長は，エアウィック社に対して，エアウィック社独自の合理的な会計システムの開発を許可できない，と伝えた。なぜなら，チバ・ガイギー社のシステムが「適切」だからである。このような場合，エアウィック社が

適切に機能するのは困難になる。別の事例も挙げておこう。ゼネラル・エレクトリック（GE）社がイタリアのヌオーヴォ・ピノン社を買収した際，GE社は自社の財務システムや会計システムをイタリアの会社に課しただけでなく，集中トレーニングを行うことで，それらのシステムの裏にある知識や価値観を教え込んだ。さらに多くのプロセスを通じて，リーダーシップや説明責任，業績評価に関するGE社の文化を，イタリア人に課すことにしたのである[4]。買収当初に，会計システムや業績評価システムを課すことにより，現実に文化の融合が促進されるということが，この事例やその他の事例から分かる。健全な組織に必要な最も根本的なビジネス・プロセスから始めることで，買収側の組織は自らの正当性を主張することができる。GE社の会計プロセスの有益性がイタリア人に認識されるにつれ，GE社の文化を受け入れることに抵抗していたヌオーヴォ・ピノン社の従業員も，次第に抵抗を止めるようになった。このことで，その他のGE社の文化的要素を受け入れるようになり，やがて，ヌオーヴォ・ピノン社の文化は急速な変革を遂げることになったのである。

　世界中のあちこちで盛んになってきている**ジョイント・ベンチャー**には，異なる**企業**文化ばかりか，異なる**国民**文化も関わってくる。2つの文化が出会う時，その基本的な課題は，2つ以上の文化を協調，調整，融合，あるいは吸収しなければならないということである。それぞれの組織が，将来のジョイント・ベンチャーのメンバーに対し，相手組織の文化の中核や文化に関連する知識を教育しておくことは得策だろうか？　その答えは明らかではない。コミュニケーションを図ったり，基本的なルールを破ることで相手の気持ちを損ねたりするのを避けるために，相手の言語や習慣を学ぶことは，非常に重要であるように思える。しかし，このような共同学習では，相手側の文化に対し，ステレオタイプな見方をしてしまう危険性もある。

　例えば，アメリカとドイツのジョイント・ベンチャーの事例では，まず，双方の親会社が，他方の文化について異文化間のトレーニングを実施することにした。また，双方が一体となるのを支援するために，異文化交流プログラム研修を，1週間かけて行う予算も計上された。しかし，当初の社内研修によって強固なステレオタイプが形成されただけで，両者共同の研修は，残

念なことに時間とコストの理由で取りやめられてしまった。そのため，初期の業務上のやり取りは，学習されたステレオタイプ的な見方に，大変左右されてしまった[5]。例えば，生産目標を設定しようとする時に，それが際立った。「予算と目標は上層部で削減されるとアメリカ人はいつも予想している」ので，アメリカ人が出す数値は常に膨らんでいるとドイツ人は予想していた。他方，アメリカ人は「ドイツ人はいつも過剰に保守的である」と警戒心を抱いていた。両サイドとも，できるだけ正確な数字を出そうとしていたが，相手側の出してきた数字は全く信用されていなかったため，現実的な予算の数字に至ることは難しくなった。彼らはお互いの気分を害してはいけないと考え，これを表に出すことができなかった。そのため，各グループとも研究者に不平をこぼしたが，それを会合の場に持ち出すことができないと主張した。

　最終的には，ビジネス上の危機から2つの文化が融合されることになった。生産高は各グループが予想していたのよりもはるかに低かった上，予期せぬ労働問題も生じたのだ。そこで，アメリカ側の親会社は主要な管理職を交代させた。その問題を解決するために，2つの異なった国の文化を持つ従業員は，やっと1つのグループとして団結し，新たな外的問題を解決するために，どちらの仮定が最も適しているかに基づいて，手順を選択した。労使関係では，ドイツ人がアメリカ人のやり方を学ぶことになったが，技術面では，その逆となった。各親会社からそれぞれの仮定を導入することで，徐々に新しい仕事のやり方が築かれていった。

　このような場合，職場を離れた場所で，何かしらの共同作業を行うというようなプログラムが有益だろう。ただ，そのようなプログラムが，非公式なコミュニケーションを向上させるのは確かだが，職場でのステレオタイプな見方まで払拭できるかは定かではない。

　つまり，自己評価や他の文化の評価を行っても，自動的に多文化による影響を解決できるわけではないのである。お互いの言語を学んだり，共通の言語を採用したりすることは，確かに必須であるが，多文化の学習は職場で達成されるものであろう。職場では，仕事上の共通の問題を解決することを通じて，学習プロセスが実現されるからである。もう一度言うが，重要なのは，

文化の分析は，共通の問題を解決するという状況において最も有効に実行されるということである。そうでなければ，ブリティッシュ・ペトロリアム社とロシアのジョイント・ベンチャーにおいて，2つの異なる組織をどのように統括するのかという問いに対して，ロシアの人事部マネジャーが答えたようになるだろう。「ただ強制すれば良い」。

コラボレーションや他の多文化組織における新しい問題

　ジョイント・ベンチャーにおける問題は，多文化組織の新しい形態である「コラボレーション」において，より顕著となる。グループが3カ国以上のメンバーにより構成され，さらに異なる4番目の国でビジネスを行い，メンバー同士は同時に同じ場所では仕事をしていないような場合，どのような文化的問題が発生するのだろう？　例えば，ブラジルとドイツとフランスの企業の合併でできた，あるブラジルの大規模な化学企業に，合併後，下記のような面倒な問題が生じた。合併の合意書により，取締役会の議長は，ブラジルの企業から順番に持ち回りとすることになった。ブラジル人の議長の任期が終わり，次にドイツ企業の前取締役が議長を務めることになった。ドイツ人はとても注意深く協議事項を決め，議題ごとの時間割りつけもきちんと行い，意気揚々と最初の取締役会に臨んだ。詳細に記述された協議事項の書類が回覧され，議長が最初に議題を話し合おうとした途端，ブラジル人たちは大爆笑を始めた。ブラジル人たちはこのような緻密な運営をばからしいと思い，笑うことで権威に対する文化の違いを表明したのである。ドイツ人の議長は笑われたことだけでなく，この多文化の取締役で露呈した，自分の無知にも対処しなければならなかった。彼は，ブラジル人の，形式ばらないやり方を尊重するという行動規範を知らなかったのだ。

　権威の問題における規則や規範に関する誤解は，発足したばかりの多文化グループが共通に抱える問題である。外交における高度な形式主義は，文化の領域で失敗しないための防御であると理解することができる。しかし，十分な理解がなされてない場合は，形式主義そのものが問題となることもある。例えば，私が正規の講義において，同じ講義資料について，「何か質問や意

見はありますか？」と同じように聞いたとしても，その反応は実に様々である。アメリカ合衆国では，アメリカ人マネジャーはいつでもすぐに手を上げ，議論された内容を実際に使うには**どうすれば良い**のかを質問する。イギリスで同じ講義を行った場合，イギリス人マネジャーは，「しかしですね，こう考える人もいると思うのですが……」と，私の資料に納得していないことを巧みに隠した表情で，理論的な議論を活発に行う。フランス人やイタリア人は，細部にはあまり反応を示さないが，論理的一貫性が欠如していたのではないか，と思う点については大いに議論に参加してくる。アジア人学生の場合，またマネジャーであっても，たいていの場合，手を上げることはない。これには，1，2の理由がある。例えば中国では，個人が教授に質問してはいけないという規範がある。しかし，資料について中国人同士で議論する時間を数分程与えると，代表者が私に質問してくる。日本人マネジャーの場合，社内での序列を非常に気にするため，上司が質問するまで部下は黙っていなくてはいけない。

　職場において，リーダーが，部下は関連情報を手に入れたら，それを上司に話すべきという文化を持ち，そのグループ・メンバーは，上司に質問されるまで話してはいけない（上司を困らせるような情報は隠す）という規範を持っている場合，そのグループが効率的に仕事を進めることは大変難しいだろうと予想される。権威に関する誤解は，コミュニケーションの質に，直接的に大きな影響を与えるだろう。

　これは，国が異なる場合のみの問題ではない。職能のコミュニティにおいて，異なる規範が原因で生じる問題について考えてみよう。エンジニアの文化は，チャレンジャー号の飛行において，低温でのOリングの安全性を懸念しており，その問題を伝える努力をしていた。しかし，データよりも，コストやスケジュール，政治的問題が優先される経営側の文化の規範により，それが無視されてしまったのである[6]。

　多文化の問題は，グループの業務を遂行するために，どうすれば，職務に関連したコミュニケーションを十分に取れるようなグループを構築できるか，ということである。その解決法は，最初の選択時にあるのだろうか，グループ構築前に文化に関するトレーニングを行うことなのだろうか，オープンな

コミュニケーションを実現できるリーダーシップなのだろうか，グループ構築後の共同トレーニングなのだろうか，対話式のトレーニングなのだろうか，あるいは，これらのトレーニングを全て行うことなのだろうか？

最初の選択

　「文化的知性」を測れるようなテストは存在するのだろうか？　このテストで高い得点を獲得した人だけが多文化のチームやコラボレーションに参加するというようにできるのだろうか？　他文化に対する興味や，他文化に対処するスキルを開発する気持ちがあるかを測定できる，自主的な貢献度を測定する方法を開発した学者はいる[7]。仕事への応募者が多く，テストを行うのが適切であれば，このような尺度は有益なツールとなるはずだ。ただ，このようなテストは上級管理職を選ぶ際には適切ではない。その他の選択の基準としては，多文化での実際の経験も有効であろう。チバ・ガイギー社の上級管理職の研究では，多文化経験となる外国での勤務経験は，昇進につながるものであり，さらに上級レベルを目指すなら，多文化の問題で業績を上げることが重要であった。

　文化的に「知性のある」人を効果的に配置する方法としては，異なる職能上の文化に関連する状況でどのように行動できるかを観察することもあるだろう。例えば，マーケティング部や製造部，エンジニアリング部出身のメンバーから構成される製品開発チームにおいて，メンバーはどれくらい，お互いの観点を理解する準備ができているのだろうか？[8]　マーケティング部の話に興味を持ち，喜んで話を聞くことのできるエンジニアはまた，外国人の話に興味を持ち，喜んで話を聞くことができるだろうと分かる。

　職務上の文化は，国の文化により生じるのと同じ種類の問題を起こす。そのため，異なる仮定や価値観を持つ他人への敏感さが，組織内で見られるということに，大きな意味がある。個人間やグループ・プロセスに関する敏感さは，おそらく，最も重要な観察ポイントになるだろう。ブラジルの会社のドイツ人マネジャーは，グループがいかに働いているかに関しての敏感さを欠いていた。また，観察力も乏しいことを考えると，彼は他の文化と働きたくはなかったのだろう。

知識とトレーニングの提供

　国や文化はいかに異なるか，という問題に関しては，多くの研究がなされている。ホフステッドは，IBM社の全ての組織に対して，多文化に関する膨大な調査を実施している[9]。他の文化に配属されるマネジャーや従業員を教育したり，トレーニングしたりするために，多くの本が書かれ，トレーニング・プログラムが開発されている。これらの学習法では，他の文化の知識を得ることは，コミュニケーションの崩壊や，非効率的なコラボレーションを改善するとしている。しかし，この方法では，先述した，組織内部で文化評価を行う場合と，同じ問題を抱えることもなる。ブラジル人が堅苦しい形式ではなく平等主義を好むと知っていたとしても，ドイツ人のマネジャーが自分のやり方で取締役会を開くことを防げたわけではない。一方で，取締役会が自身の仕事のやり方を検証していたら，ブラジル人マネジャーも形式主義に対する忍耐力が足りないことを理解できていたはずだ。

　さらに大きな問題は，他の文化についてのトレーニングを事前に行うと，不適切な固定概念を植え付け，偏見を助長することになるかもしれないということだ。一般的な日本人がどのようであるかを知ったとしても，新しい作業部会に入ってきた，特定の日本人がそのようにふるまうとは限らない。さらに，その特定の日本人が固定概念どおりの行動をしたとしても，それがより良いコミュニケーションを実現することには繋がらないのである。固定観念を知っていても，他人を傷つけることを避けることしかできないのだ。確かに，他の文化では何が他人を傷つけるかを知っていることは重要ではあるが，それだけで，職場に十分に良い人間関係を構築できるわけでもない。

リーダーのスタイルと態度

　多文化組織におけるリーダーシップは，次の2つの点において重要である。(1)リーダーは，職務に関連するコミュニケーションがオープンなものになるようにしなければならない，(2)リーダーは，自身の権威がコミュニケーションの障害とならないような雰囲気を作らなければならない。上司に物を言うことは，たとえ「上司が間違っている」というようなことであっても，許されなければならない。この場合の良い事例も，多国籍のグループではなく，

多種類の職能によるグループから挙げることができる。例えば，新しいプロセスが心臓手術に導入された場合を考えてみよう。心臓手術では，心臓外科医，麻酔医，肺と心臓をモニターする専門医，それに看護師の緊密な連携が必要となるが，その際，心臓外科医の，グループリーダーとしての最初の行動が連携の鍵を握る[10]。リーダーが，メンバーの互助関係を認識し，共同トレーニングによって地位による違いを軽減し，メンバーが他のメンバーにこうすれば効率が上がると**お互いにコーチングし合うことを奨励できれば**，そのグループは成功するのである。

リーダーは権力を伴う地位にあるので，最初に円滑なコミュニケーションを断絶してしまうのも，リーダーである場合が多い。特に，上司とのコミュニケーションが困難な文化グループにおいてはそうである。日本人のマネジャーにとって，アメリカ人教授に口答えすることが難しいように，看護師や技術士がベテランの外科医に口答えすることも難しいのである。**そのようなコミュニケーションを可能にする雰囲気を作ったり，フィードバックや分析を奨励し報酬を与えることで，チームのメンバーをコーチングしたりすることは，リーダーの地位にある者の手腕に掛かっている。**

オープンなコミュニケーションを可能にする雰囲気を作るため，地位による壁を故意に取り払うような，特別なイベントを開くこともある。例えば，非常に形式主義的なチバ・ガイギー社では，上級管理職向けの3日間の年次会合を開催している。そのうちの半日は，全員がうまくできないようなゲームを楽しむことになる。そのゲームとは，例えば，石弓を放ったり，約90cmの堅いクラブの先に60cmくらいの革ひものついたヘッドでボールを打ったりするものである。誰もが恥をかくゲームの後には，形式ばらない夕食の場が用意されているのだが，そこでは，様々な地位の人々が混ざって着席するようになっている。ここでの会話は自由に行われ，上司と部下が自由に話すことができる。これと同様に日本人は上司と飲みに行くことで，職場では言えないことを話すことができるのである。

仕事に先駆けて，あるいは，仕事を行いながら，共同トレーニングを行う

新しいプロセスをうまく学ぶことができた外科チームは全て，事前の共同

トレーニングを実施していた。しかし，共通の経験のない，「一度限りの」専門家集団においては，新しいプロセスを学ぶことは難しい。共同トレーニングに導くのはリーダーの態度であるが，実際に，異なる職能文化を持つ人々がお互いを知り，信頼できるコミュニケーションを可能にするのは，共通の体験なのである。多国籍チームでは，国籍と職能の両方による文化の違いに対処する必要があるため，そのような共同トレーニングはさらに重要となる。

通常のプロセス調査

多文化のグループは，自分たちの仕事やプロセスを検証し分析することができるように，作業ルーチンの中に，プロセス調査会や事後調査会，その他のメカニズムを構築する必要がある。このような会合を呼びかけるのは，リーダーの役割となる。リーダーは，ここでもまた，グループのメンバーたちが，それがさらに上層の人々にフィードバックされることになるとしても，自分の見たことや感じたことを自由に話すことができる雰囲気を作らなければならない。文化のスタイルの違いが明らかになることもあるが，そのような場合は，グループ分析を行ったり，新しい規範を設定したりすることで対処する。

さて，これまで全てのメカニズムを説明してきたわけだが，実は一つの危険性が残っている。それは，グループのメンバーがお互いを理解し合えたという幻想を性急に抱いてしまうことである。そのような危険性に対処するには，文化の境界を越えた共通理解を可能にするような，強力なアプローチを行う必要がある。

文化的な罠（お互いを理解しているという幻想）

これまで説明した異文化間の状況には，共通する問題がある。職能上，あるいは，国の文化の境界を越えて，有効なコミュニケーションを構築するにはどうすれば良いか，という問題である。私は，この問題に特に注意してきた。なぜなら，異文化間のコミュニケーションにおいて最も危険な罠は，お

互いを理解しているという「幻想」だからだ。異なる言語を話す場合，お互いを理解できないことを知っており，通訳の必要性を受け入れることができる。しかし，組織やグループが，英語のような同じ言語を使用する場合，潜在的な誤解の可能性が大きくなる。

　最近の出来事が，この問題の良い例となるだろう。私はある日，私の書籍が中国で翻訳されることになったというEメールをもらった。私は喜んで，中国語版に向けた短い序文を書いて送った。中国の出版社は，書籍に掲載する写真とサイン（autograph）も送ってほしいと返信してきた。私は写真を送ったが，サインについては送るのをためらった。セキュリティの問題と，メールでのサインの送り方が分からなかったからだ。私はファックス番号を教えてもらえれば，ファックスで送れるのではないかと考えた。中国の出版社はファックス番号を教えてくれたので，ファックスでサインを送ったのだが，出版社はファックスが届かなかったというメールを送ってきた。この時点で，我慢の限度を越えてしまい，私の名前と所属を掲載すれば，サインは必要ないのではないか，というメールを送ることにした。すると，出版社は，必要としていたものを送ってくださり，ありがとうございます，という感謝のメールを返信してきた。どうやら，彼らの言う「サイン」とは，書籍の最後に記載する，私の名前と所属を意味していたのである。私はサインという言葉を文字通り署名の意味で翻訳してしまったため，必要のない仕事に追われ，いらいらすることになってしまったのだ。

　製品開発チームに関する研究によれば，同様の問題が職能上の文化にも生じるようだ[11]。そのチームは，「顧客に関する**情報**」の量を最大限に増やせば有効性が上がるということで合意した。チームは，製品開発を進めるための十分な情報を獲得したことに満足した。しかし，やがて，エンジニア部は情報を「顧客が求める技術的な解決が何か」ということだと解釈し，製造部は「顧客が装置をどう使っているかを知ること」だと解釈，マーケティング部は「潜在的顧客がどれくらいいるか」，プラニング部は「顧客はこの装置にいくら払うのか」だと解釈していることが明らかになった。その結果，各グループが集まり，彼らが「情報」という簡単な言葉をいかに違う意味で定義していたかを理解するまで，顧客の要求に見合う製品を開発することはで

きなかった。

　合併，買収，ジョイント・ベンチャー，コラボレーションが計画される場合，製品のような外部向けの物がいかにうまく生産され，市場にマッチするかを基準にされることが多い。また，善意あふれる人々がお互いを理解し，問題解決に当たるという仮定を持ちがちである。私たちは善意を持っていることを示すために，お互いを理解している度合いを，実際よりも誇張してしまうものだ。

　多文化を背景としている場合，相互理解を誇張してしまう理由の１つは，「未知」であることから生じる苦痛を避けようとすることである。もし，私が他の組織から来た誰かと一緒に仕事をするように依頼され，その人物と私が一度も一緒に働いたことがない場合，ゼロから自分のアイデンティティを確立しなければならないとなると，それは苦痛なことである。自分たちは基本的には似たもの同士だろうと見なし，そこから出発できるなら，苦痛はそれほどではない。ただ，後になって初めて，自分たちの仕事のやり方に大きな違いがあることを発見したり，あるいは，使用していた言葉が互いに違うことを意味したりしていたことに気づくだろう。

　その時点で，２番目の罠が出現する。つまり，自分自身のやり方に固執し，それを正当化しようとする罠である。衝動的に，自分のやり方のほうが全く理にかなっているように思え，どうして「相手」が異なったやり方でやりたがるのか理解できないのである。この時点で，相手を説得しようとする心理状態に陥るであろう。相手が自分に同意しなければ，相手のことを，道理にかなわない人たちだという固定観念を持つことになる。

　これによって，私たちの考え方の相違や，固定観念自体について議論することができないという，多文化の３番目の罠が出現する。相手を憤慨させたり，自分たちの品位を傷つけたりというリスクを冒すことなしに，譲歩して自らの仮定を吟味することができないのだ。代わりに，私たちは互いに理解しているふりをして，妥協することになる。このような罠に陥らないためには，新しいコミュニケーション規範を開発できる環境を作り，誤解を解くために議論することは，お互いの「面目」を潰す脅威ではないことを理解しなければならない。そのような新しいコミュニケーション規範は，**対話**を通し

てのみ構築される[12]。

文化の境界における対話の必要性

　文化を真剣に考えるならば，建設的な出会いをしようとしている2つの文化にとっては，これまでに述べてきたような評価を行うだけでは済まされないことに気づくだろう。なぜなら，共有しているように見える概念が2つの文化の間で同じことを意味しているのかどうかすら，分からないからだ。このレベルの文化的考察を得るためには，実際に，双方の従業員をもう一方の組織にしばらくの間派遣して，互いの文化に参加させたり，あるいは，2つの文化のメンバー間で対話を行って，異なる仮定を表面化させたりする必要がある。では，どのようにすれば，そのような対話が築けるだろうか。

対話のプロセス

　対話とは，参加者が十分リラックスして，自分たちの思考プロセスの背後にある仮定の調査を可能にする，会話の一形態である。問題を性急に解決しようとする代わりに，対話のプロセスでは，話すスピードを落とし，自分の口からどのような発言が出ているか，他人の口からどのようなことを聞かされているかについて，参加者が熟考できるようにする。きちんと対話が成り立つような話し合いを開始する鍵は，議論で相手を打ち負かそうとする欲求や，意見の違う相手に食ってかかる欲求を抑え，参加者ができるだけ安心して議論できる場を構築することである。対話においては，誰かが同意できないような発言をした場合，すぐに反論せずに，自分はなぜ同意できないのか，同意できない根拠となっている仮定は何であるかを，静かに自問するのが良いだろう。

　対話は，対決，議論，討論というよりも，あたかも「キャンプファイアーの周りにいるような」気軽な雰囲気の話し合いのようなもので，よく考えながら話し合えるように時間をかける。しかし，その目的は，単に穏やかで内省的な話し合いをすることではない。むしろその目的は，参加者に，より深

いベルの考え方と暗黙の仮定における相違点を模索してもらうことにある。逆説的ではあるが，そのように考えると，人間は聞き方に徹するようになる。自分自身の仮定を特定し，フィルターに掛けようとする場合，他人の言葉の微妙なニュアンスを聞き間違えたり，誤解したりしないようにするものなのだ。人は自分の文化が分からなければ，他の文化を理解することはできないのである。

　これをもたらすには，対話への全ての参加者が，反論や挑戦，明確な説明，凝った表現を使いたいという衝動を抑える必要がある。会話のスピードを落とすことで，自分自身の発言の深層を知り，自分自身の知覚や思考，感情といったものが，いかに学習した仮定に基づいているかを理解するようになる。そうすることで，私たちは自分自身の文化，つまり，自分のグループのアイデンティティと背景が，思考のプロセスに影響を与えているかを体験できるようになる。自分自身の中でこのような発見をすることができれば，他の文化を聞き，受け入れる準備ができているのである。

　会話のプロセスとして対話を使用する際には，いくつかのルールが必要となる。この場合のルールとは，他人の話を遮らないこと，互いに会話をするのではなく，キャンプファイアーに語りかけていると考えること，アイコンタクトを制限すること，そして，最も重要なことであるが，「チェックイン」を宣言してから開始することである。

　会合の最初で「チェックイン」を宣言することは，これから，各メンバーが順番にグループ全体に対して，あるいは，キャンプファイアーに向かって，自分自身の現在の精神状態，やる気，あるいは，感情を話すことを意味する。全てのメンバーがチェックインを宣言した時，グループが自由な会話を始める準備ができたことを意味する。また，チェックインを宣言することで，参加者全員がグループに貢献することになり，他人の発言に対して何かを主張するのではなく，何らかの反応を示すよう促されることにもなる。

　他人と視線を合わせず，キャンプファイアーに話しかけるように指示されると，参加者は，例えば自分の文化に気づいたりする。これはある人々にとっては非常に容易いことであるが，別の人々にとって，例えば，アメリカの人事の専門家とっては，とても難しいことである。アメリカ文化では，視

線を合わせることは、「良いコミュニケーション」と考えられている上、アメリカ企業の人事業界では、相手に対して「あなたの話を聞いていますよ」と感じてもらうために、視線を合わせることが職務上の規範となっているからだ。また、文化的に、アメリカ人は沈黙を不快と感じ、沈黙を破るために自ら話し始め、さらに、グループ全体を先導しようとする。一方、他の文化を背景としている参加者にとっては、沈黙は快適であり、思考や観察の機会と捉えられる。これらの事例で大切なことは、**他人**がどう感じるかではなく、視線を合わせることや行動により沈黙を埋めるという私たちの仮定は、**文化的な**背景によるもので、絶対的な原則によるものではないということである。自分の偏見の多くが文化的なものであることを理解できれば、他人の偏見をより明確に理解できるようになるのだ。

　複数の**職能間**での対話が必要となった事例も検証してみよう。大規模な石油企業の調査・生産部門のメンバーが、上級管理職から、現在の測定方法と将来の測定方法を検証するように指示された。長い時間をかけてリストを作成し、議論を行った結果、グループは全く異なるサブカルチャーを抱えていることに気がついた。調査部門は、失敗することが多いが、当たる時は大きいという試行錯誤(トライアンドエラー)のプロセスを信奉していたが、生産部門のサブカルチャーは、発見された全ての油田を安全に確実に使用できるように、絶対的な信頼性を基に構築されていた。

　私は3時間程度の対話を行うことを提案した。対話では、「測定」という言葉が2つのサブカルチャーにおいて、どのような情緒的な言外の意味を持っているのか、全て調査することにした。最初に、各メンバーに凝ったやり方で、チェックインを宣言してもらった。それから、話の腰を折ることなく順番に、測定という言葉が自分にとって何を意味するのかを話してもらった。対話により、調査部と生産部の職能的サブカルチャーの違いの大きさが明らかになっただけでなく、上級管理職に対して、2つのグループが全く異なる測定基準を持っていることを示すことができた。調査部は滅多に起こらない事態が起こった場合には高い報酬が必要であると考え、生産部は信頼性のある業務と滅多に起きない事態（爆発など）を起こさないでいることに関して、報酬が支払われるべきだと考えていた。

異文化を理解するためのメカニズムである，共同トレーニング，プロセス調査，事後調査，対話などは，組織の日々の業務として取り入れられているわけではない。このようなメカニズムは，「文化の島」として設計され，通常業務に追加する必要があるだろう。

結論

複数の職能文化および／あるいは複数の国の文化を背景としたメンバーで構成される組織，作業部会，委員会，その他のコラボレーションにおいては，信頼のおけるコミュニケーションを可能にすることが大きな課題となる。メンバーが同じ基本言語を話していたとしても，共通の用語の意味が異なっていたり，判断基準が違っていたり，上層部と話し合う時期や方法が異なっていたり，序列が効果的な業務の支障となったりする場合がある。

この種の評価プロセスは，組織文化やサブカルチャーを参照することが多い。つまり，人工物や，様々なビジネス・プロセスにまつわる標榜された価値観を単純に比較することは，共有された暗黙の仮定を解明するには十分ではないのである。もちろん，人工物の比較も，多文化の対話を始める良いきっかけにはなる。

新しい組織ができ，文化面の理解が課題となった場合，対話グループを組織して，双方の共有されている仮定を探ることがとても大切である。内省を促す対話によってのみ，避け難い防御反応や，両文化は類似しているという幻想を克服する余地が生まれる。ひとたび共同での業務が始まってからは，新しく生まれた組織が一体となって新しい課題に直面し，いかにそれを処理するかを学習するにつれ，次第に新しい文化が形成されていく。文化的側面の学習を促進するためには，新しいグループができてすぐに共同の課題を設けるようにするべきである。

そのようなグループのリーダーは，最初から，文化的な罠を理解しておく必要がある。また，文化的に敏感なメンバーを選択し，対話を含む共同トレーニングを実施し，業務評価や分析の機会を設けて，更なる対話を実現し，自らが職務に関連したオープンなコミュニケーションを示してメンバーの見

本となることで、文化的な罠を最小限に抑えなくてはならない。そのようにオープンなコミュニケーションを行ったとしても、個人的問題や個人間の問題には関わる必要はない。リーダーが多文化グループを有効に運営したいのであれば、リーダーは、職務に関連した情報が、序列や文化の境界を越えて自由に伝わるようにしなければならない。

　ジョイント・ベンチャー、パートナーシップ、合併、買収が、参加者を互いによく知ることができ、そのことを公にもできる段階に来ているのであれば、立案者は、新たな組織についての戦略、目標、手段の主な要素に関して、焦点を合わせた対話を作り出すべきである。これは、次のように行う。

- 両方の文化からの参加者で構成される作業部会を設ける
- 両文化にまたがった新規グループに、主要領域について各組織がどう運営されているかを調査させる
- 各作業部会に、対話を主体とした話し合いによるトレーニングを行う

どのように対話を設定するか

1. それぞれの文化から対表する者を同じ数だけ、または、既存のグループ（コラボレーション）の中から、10人から20人の参加者を選抜する。
2. 輪になって、あるいは、できるだけ円形に近い形で全員を座らせる。
3. 対話の目的を説明する。「自分自身とお互いについて考えながらに耳を傾け、自分たちの文化の似ている点、異なっている点を感じとりましょう」。
4. 順番にメンバーにチェックインを宣言してもらい、自己紹介とこの対話に望むことを話してもらう。グループをひとまとまり（キャンプファイアー）として見て、全員がチェックインを宣言するまで、質問や意見を控えてもらう。
5. 全員がチェックインを宣言したら、「この会社（あるいは、この作業部会）に来た時、どのように感じましたか」というような非常に一般的な質問をする。輪になった全員が自分の会社に関する思いを答える。

第10章　文化が出会う時　207

　　　基本ルールとして，全ての人が一通り答えるまで，話を遮ったり，質問をしたりしてはならないことにする。
 6. 今聞いたことに関して，オープンな話し合いを促す。その際，質問や意見を差し控えるような制約をしない。
 7. そのトピックでは話題が尽きるか，グループの話し合いへのエネルギーが途絶えたら，別の質問をする。例えば，「この組織では，決定はどのように下されますか」というような質問をする。ここでも，みんなで話し合いをスタートさせる前に，まず，全員に順番に答えてもらう。
 8. 相違点が自然に現れてくるようにする。総論的な提言を述べるようなことをしない。目的は相互理解であって，明確な解説や結論は必要ない。
 9. 2，3時間が経過した後に，1人ひとり順番に，自社あるいは相手の文化について，1つか2つの考察を共有してもらい，これを文書化する。
 10. 使える時間の長さに応じて，この手順で続行するか，次回の会合を計画するか，あるいは，別のグループで同じことを行う。

　新しい組織が多文化グループやコラボレーションである場合，同じプロセスを活用できる。最初に行うチェックインの宣言を，「あなたの国（組織）では，あなたが強く反対することを実行するように上司に言われたら，あなたはどうしますか？」というような文化の問題に絡めた具体的な質問に変えても良い。
　繰り返すが，目標は1対1の会話，質問，議論を避け，メンバーが自意識過剰になったり，自分の発表に不安を持ったりすることなく話せる雰囲気を作ることが大切である。キャンプファイアーに向かって話すという考え方も重要である。キャンプファイアーは，何かを言い返してくる心配がない。
　さて，私たちは，リーダーやマネジャー，コンサルタントやグループのメンバーが直面する文化の問題の大部分を検証してきた。ここで獲得した考察をいかに活用するかは，あなたが現在置かれている状況により異なるはずだ。

しかし，全ての状況に共通した現実もあるはずである。最終章では，そのような現実とは何であるかを議論する。

読者の皆さんへの質問

・実際に，他の人の発言の意味を，あなたが誤解した出来事を思い出してください。あなたは，どのような文化的偏見によって，そのような誤解をしたのでしょうか？ 他の職能のサブカルチャーの人と話す時に，このような誤解がよく生じます。
・あなたが，どのようにIT技術を身につけたか，思い出してください。インストラクターとあなたの間に起きた誤解について，覚えていますか？
・他の国の文化に触れる場面を考えてください。あなたは，どのようにして文化的な誤解を最小限に抑えますか？

第11章

文化を扱わざるを得ないリーダーにとっての文化的現実

　組織での文化の管理を真剣に考える時，文化の範囲，深さ，力，またはそのような徴候の全てを十分に認識していないと，大きな危険に直面することになる。私は，この領域での約50年間のコンサルティングにおいて，人がいかに単純化に走ってしまうかを何度となく目にしてきた。社外から誰かがやってきて，文化を評価し管理する，より簡単な方法を示してくれるなら，誰でもそれに飛びついてしまうのである。その結果，後になってから自分たちが扱っていたのは表面に現れた現象であって，真の文化の力には結びついていなかったことに気づくのである。

　文化は，深遠で，広大で，かつ，安定しており，それを軽々しく扱うことは許されない。もし，あなたが文化をうまく管理しなければ，文化の方があなたを管理するようになるだろう。しかも，自分がどれほど文化に管理されているか，あなた自身は気が付けないかもしれない。しかし，文化を管理することは，簡単なことではない。文化を簡単に測定したり，管理したりできないことは，マネジャーを特に悩ませる。管理職の職能文化においては，測定し，管理することは神聖な行為である。管理職は数字で示すことができなければ，「頼りない」と信用を失い，重用されなくなる。そのため，管理できない文化の力は，必然的に問題視される。しかし，グローバリズムや多文化組織の形態が世界中に広がるにつれ，それがどんなに不快であっても，コントロールできない文化の現実に対処するほかないのである。もちろん，将来のリーダーやマネジャーは，管理の職能文化の進化により，コントロールの及びにくい領域についても扱うことが可能となるかもしれない。人々，市場，経済力，生産工程といったものは全て，伝統的な手法では予測もコントロールも難しい状況にあるが，ＩＴ技術は監視することや「コントロールす

ることに」関して，新しい方法を見出している。

　例えば，メンバーが同じ場所で仕事をしていない，ジョイント・ベンチャーにおける，多文化の作業部会の成長を考えていただきたい。仕事はどのように割り当てるのだろうか？　仕事はどのように監視されるのだろうか？　報酬はどう決めるのか？　スキルを持った人々を必要とされる仕事に結びつけることによりプロジェクトを行う組織では，マネジャーには，仕事の進捗状況を定期的に監視するソフトウェアを内蔵した管理装置を提供している。このような新しい考え方にのっとり，全ての仕事はコンピュータ上で行われるという仮定を，もっともらしく考える人もいる。では，その場合，会話はどのように監視されるのだろうか？

　どの新しいリーダーにとっても課題となるのは，組織の概念や従業員という概念が，文化的な問題を特定するのも難しいような方向に進化していることだろう。例えば，外科手術チームが，権威に厳格な文化を持つ地方出身の看護師を雇った場合，その看護師が手術中にミスを発見しても外科医には話しかけられないということを，いつ発見し，どのように対処すれば良いのだろうか。

　チームのメンバーが直接顔を合わせる必要のないプロジェクトを遂行している場合，リーダーは，文化的な誤解がメンバー間のコミュニケーションを妨害していることを，どのようにして知ることができるのだろうか？　また，問題がある場合，リーダーはどうすれば良いのだろうか？

　このような問題の多くを解決するには，新しい文化を速やかに構築すれば良いだろう。どうすればこれができるか，お分かりだろう。グループを一体化させるためには，外界に対して共同して対処する状況や，感情に訴えかける共通の体験をすることだ。ユニリーバ社のある組織は，全ての若い管理職候補者を，ヨルダンの砂漠や中国の漓江のほとりのような遠隔地に配属することで，全く新しいレベルでの文化の構築を図っている[1]。

　第10章では，つながりの弱いグループに，対話を行うことを紹介したが，これがうまくいくのは，メンバー同士がお互いを知りたいと願っている場合だけである。人々を物理的に1カ所に集めるのには，費用がかさむ。さらに，「善意のある人々は，いかなるグループにおいても仕事ができる」と信じて

いるメンバーにとっては，余計なことでさえある。このような状況下で，将来のリーダーが，どのようにしてメンバーを対話に向かわせられるかは，定かではない。

　結論としては，将来のリーダーは，どのような文化的な問題に直面するか分からない，と言うことができるだろう。将来のリーダーには，あらゆる分野で台頭している職能の文化が強くなるのか，弱くなるのかさえ分からない。しかし，彼らが一般的な文化のダイナミクスを理解していれば，直面する状況を解読し，リーダーの助けとなる診断的ツールやアプローチを活用することができる。そのため，問題が国籍に関するものであれ，組織や職能に関するものであれ，文化の現実を考えることは，役に立つ。以下の項目で検証していくように，職能上の文化が最も大きな問題となるだろう。

文化とは何かについての現実

　文化とは，グループが対外的課題をこなし，内部の人間関係に対処する中で獲得してきた，集団内で共有された暗黙の仮定である。

　文化は，目に見える行動，儀式，風土，といった文物，および，標榜されている価値観に現れるが，その本質は，共有された暗黙の仮定である。私たちは，共有された暗黙の仮定を意識することもできる。しかし，それらは，普段，私たちが気づかないところで作用しているのである。責任あるリーダーとして，あなたは，このような仮定に気づき，それらを管理できなければならない。さもなくば，それらの仮定があなたを管理するようになるのである。

　組織の文化の力の強さや深さは，(1)組織の創設者の強力さおよび明快さ，(2)その組織のメンバー共有の経験の量と強烈さ，(3)組織がどの程度成功してきたか，を反映している。

　それゆえ，文化は社会的学習の**産物**である。物の考え方ややり方は，共有され，それが**うまくいく**ことにより，文化的要素になっていく。そして，その成功が続くことで，物事の本質やあるべき姿に関する，暗黙の仮定となるのだ。

職能の文化の強さと深さには，その「専門性」のレベルが反映される。つまり，その専門職に就くため，長い教育期間があるのか，あるいは/または，その職業のメンバーとしてのライセンスを獲得するまでに長い見習い期間があるのか，社会において，その職業が成立する期間により，「専門性」のレベルは変わってくる。このため，メンバーは，教育や社会での経験から，共通した仮定を抱くようになり，**同じ経験をしたわけでもないのに**，同じような考え方をするようになる。

そのため，すでに文化を進化させている組織において，新しい文化を「**作る**」ことはできない。新しい仕事のやり方や考え方を要求し，奨励することはできる。それが確実に行われるように監視することもできる。しかし，その仕事のやり方や考え方で仕事をして，実際に今までよりうまくいくのでなければ，組織のメンバーはそれを内面化して，新しい文化の一部とすることはない。アモコ社のエンジニアは，たとえ，変革プログラムにより違う行動を求められ，新しい学習を自分たちの文化の上に置くように強制された時でも，彼らのエンジニア文化の中心要素は決して捨てようとはしなかった。

一方，台頭してきたコラボレーションという新しい形態においては，組織自体が構築されている最中であるので，その文化も構築中である。このため，作業部会やジョイント・ベンチャーなどは，リーダーが要求すること，グループが自身の経験から学んだこと，とりわけ，職務を完了し，内部の関係を調整することに関して，文化を構築することになる。

文化には，絶対的な「良い」文化と「悪い」文化という基準はない。ある組織がその主要な業務で成功を収め，組織内の人間関係がうまくいっている限り，その組織の文化は正しいことになる。目標が達成できなくなったり，組織がうまくいかなくなったりし始めれば，それは，文化的要素のいくつかが機能しなくなっており，それを変革しなければ組織の存続に関わるということを意味する。文化が**正しい**かどうかの基準は常に，組織はその主要な業務で成功を収められるかどうか，組織内の人間関係をうまく管理できるかといった，実利的なものである。

組織の外的および内的条件が変化するにつれて，その文化面の仮定がうまく機能するかどうか，または「正しい」かどうかに関しても変化が生じる。

文化的要素は，組織の環境の進化に合わせて進化する。文化の進化を管理することが，リーダーシップの主要な役割である。

文化が網羅することについての現実

　組織がひとたび文化を持てば，文化を構成する暗黙の仮定が，組織機能のあらゆる局面に影響を与える。ミッション，戦略，構造，利用される手段，測定システム，改善システム，言語，身内とよそ者を区別するグループ規範，地位と報酬制度，時間と空間の概念，仕事と人間の本質の概念，人間関係，そして，管理できないことを管理することなど，全てが文化に反映される。

　たいていの組織のモデルは，文化を1つの独立した要素としているが，ミッション，戦略，組織構造は全て文化面の仮定に染まっていることを理解しておくことは，特に重要である。これらの分野で客観性を求めるのであれば，あなた自身の文化的偏見を特定するのを手伝ってくれる部外者を探さなければならない。

　新しい組織においては，上記した各領域の要素が文化を構築する問題として考えられ，次のような疑問を生む。私たちの使命について，同意を得ることはできるのだろうか？　一緒に働くことについてはどうだろう？　進捗状況を測る方法については？　内部の力をどのように管理し，親密な関係を築けば良いのだろうか？　多文化グループにおける，将来のリーダーは，このような問題の解決が大きな悩みの種となることを覚えておいた方が良いだろう。特に内部の権威との関係を管理することは，大きな問題となるかもしれない。

文化を解読することについての現実

　アンケート調査で文化を評価することはできない。どのアンケート調査も，文化の関連する分野全てを網羅しているわけではない。個々の従業員は，質問の多くにどう答えてよいか分からない。また，たとえデータが得られたとしても，あなたが解決しようとする問題にとって，質問の中のどの要素が特

に重要かは分からない。

　文化は集団現象である。それは**共有されている**暗黙の仮定である。それゆえ，それを評価する最良の方法は，グループを一堂に集め，暗黙の仮定に至るように組み立てられたやり方で，組織について語ってもらうことである。この方法を実行するには，まず，あなたが疑問に思う分野の人工物や行動に関する規則を特定し，それを組織の標榜される価値観と比較してみるのが良いだろう。もしも，両者が一致していなければ，その行動を特定する暗黙の仮定を特定することができるだろう。

　自分自身の一部を外の文化との境界近くにさらしてみると，自らの文化的偏見を解読できる。他の組織（文化）に「遠征して」，コンサルタントや他の組織の同僚と一緒に仕事をしてみると良い。そうすれば，自分自身にとって暗黙のうちに当たり前となっている仮定に，思いを巡らせることができるだろう。

　多文化グループにおいては，どうすれば複数の文化に同時にアクセスできるのか，というジレンマが生じる。この場合，リーダーは，最も強く違いを感じるところを特定し，行動データから検討した質問を中心とした対話を実行してみるのが良いだろう。例えば，そのようなグループで，所属組織の上司が悪い結果が予想される提案をしてきた場合，私は，「もともと」組織ではどのように対処していたか，という質問をメンバー全員に行った。

文化の変革プロセスについての現実

　そもそも変化の変革というものは，結果的に，組織が変容するようなものでなければならない。なぜなら，何か新しいことを学習する前には，すでに学習したことを棄却しなければならないからである。この「学習棄却」こそ，苦痛を生み，変革への抵抗を生じさせる原因である。

　現状の方法を続けていては，目標を達成できないと気づくこと，つまり，「生き残りの不安」を経験することにより，学習棄却と，新しい学習へのモチベーションが生まれる。生き残りの不安は否定的確認により生じる。否定的確認とは，望まないことや予想しないことが起ころうとしている，あるい

は，何か悪いことが起きているという情報である。それが，何か他のことをする動機となる。

　しかし，新しいことを学習するためには，「学習することへの不安」が伴うことに気づくだろう。何か新しいことを学習する時には，一時的に自分が無能に思えたり，グループのメンバーから外されたり，自分のアイデンティティさえ見失ったりすることを知っているからだ。変革への抵抗は，普通，学習することへの不安から生じるのである。

　変革を生じさせるには，生き残りの不安が学習することへの不安よりも大きくならなければならない。しかし，学習することへの不安が大きいからといって，それを上回るよう生き残りの不安を増大させてはならない。そうしてしまうと，否定的確認のデータが否定されたり，無視されたり，合理的に退けられたりしてしまうからだ。変革を起こすためには，逆に，学習者に十分な心理的安全性を与えることで，生き残りの不安を小さくする方が良い。

　心理的安全性は，明確で有無を言わせぬ信頼できる将来像，新しい行動の明確な目標，学習プロセスにおいて学習者に機会が与えられること，適切なトレーニング，新しいことを学ぶ時間と費用，新しい行動と合致した報酬・管理・規律システムなどの構造的なサポート，などを提供することにより生み出される。

　チェンジ・エージェントが変革を管理する鍵は，変革への抵抗を克服できるだけの心理的安全性を与え，生き残りの不安とのバランスを取ることである。

　文化はいくつかの異なるメカニズムを通して進化し変化するが，それらのメカニズムに対して，様々な影響を与えるができる。

1．環境への適応を通じた一般的な進化
2．サブグループにおける，異なる環境に合わせた特定の進化
3．リーダー側による文化の「考察」から生じ，その考察に誘導された進化
4．今の現実により適応しているサブカルチャーから選ばれた混合種に権限を与えることで誘導された進化

5．運営委員会やプロジェクトの作業部会など，実務と並行して営まれるシステムの設置を通じた計画・管理された文化の変革
6．既存の文化を体現している人々の排除と新しいリーダーシップによる文化の部分的あるいは全面的破壊（再生，倒産など）

　創業期の若い成長期にある組織に所属しているのであれば，文化が進化し，強固になっていくのを支援することができるし，組織のメンバーを助け，その文化をよく理解するようにさせることもできる。成長期の組織においては，文化は組織のアイデンティティの中心であるので，文化的要素を変革することが非常に困難であることを覚えておいてほしい。時間的余裕があれば，育ちつつある様々なサブカルチャーの中からリーダーを探し，その中から将来必要であると思われる仮定を代表する人物を見つけ出して，より権限のある地位に昇進させることによって，文化を進化させることができる。

　組織の中年期で，文化的要素が明らかに機能不全に陥っている場合は，並行学習システムを構築し，文化を評価し，変革プログラムを特定し，それを実行することにより，管理された変革プログラムを立ち上げるべきである。計画的な文化の変革は，新しい行動様式についての明確で有無を言わせぬビジョンと，従業員も参加して，それをどのように身につけるかを解決するということに，かかっている。従業員の参加は，心理的安全性を保証する最良の方法である。新しい行動が良い結果を生めば，それが内面化された価値観となり，やがて，文化的要素になっていく。

　中年期，または老舗の組織で，文化の中心に明らかに機能不全に陥っている要素を抱えてはいるが，管理された変革プログラムを実施する時間的余裕のない場合は，再生のためのマネジャーとしての役割が求められる。つまり，文化を評価し機能不全の要素を特定し，望ましくない要素を体現している人々を見つけ，彼らを排除するのである。これは痛みを伴うプロセスである。あるいは，組織自体を破壊してしまう，倒産や合併，買収などにより，文化的要素を強制的に見直す必要を迫ることもあるだろう。

第11章 文化を扱わざるを得ないリーダーにとっての文化的現実　217

文化の評価・変革を行うタイミングについての現実

　文化を変革しようという考えからは決して出発してはいけない。常に，組織が直面している問題から考え始めることである。そして，「ビジネス上の」問題が明確である時のみ，文化がその問題を解決する助けとなるか妨げとなるかを，自問自答すべきなのである。それが，文化を評価するべきタイミングである。
　最初は必ず，文化を強さの源泉として考えることだ。文化は過去の成功が残していったものである。たとえ，文化のある要素が機能不全に陥っているように見えたとしても，それは，まだ強みであり続けているその他の多くの要素の中の，ほんの少数に過ぎないことを忘れてはいけない。
　組織の運営上，大きな変革が必要な場合も，弱点となっているだろう要素を変えようとするよりむしろ，既存の文化の強みを土台に築いていこうとする方が良い。

合併，買収，ジョイント・ベンチャー，コラボレーションについての現実

　異なる文化を背景としたメンバーが集まり，何か新しいことを始める場合は，全く異なるアプローチを使用しなければならない。実際に一緒に仕事をするとどうなるかを事前に予想できるほど，「他の文化」を研究することは，ほとんど不可能だからだ。そのため，仕事の成果を上げる前に，他の人々と知り合いになれるイベントなどを開き，共通の体験をすることが必要となる。
　現実には，誰でも自分の文化や仕事のやり方を信じている。そのため，いずれの多文化コラボレーションにおいても，新しいメンバーで，共に学習し，新しい文化を構築することが目標となる。合併や買収においてさえ，初期の段階では，支配や分離，融合または対立が起こりやすい。新しい組織は，グループのメンバーが一緒に働き，新しい学習経験をすることで，新しい文化的要素を発展させて初めて，効果的に機能することができる。

多文化コラボレーションのリーダーは，まず最初に，他の組織や文化を訪ね，彼らの仮定と自分の仮定の相違点を理解することで，自分自身が文化的に敏感にならなければならない。自分の「文化的知性」に磨きをかけるのだ。グループのメンバーが最初に顔を合わせる時には，非公式に知り合えるようなイベントを開催するのが良いだろう。そして，それを裏打ちにして，対話のセッションを行うのも良いだろう。対話のセッションでは，メンバーが新しい共同経験についてじっくり考えたり，例えば権威との関係の取り方に関する質問等により，以前の文化的経験を見つめ直したりすると良い。

　好意と共通の体験によって，十分な**相互理解**が得られるなどとは，決して期待しないでほしい。各メンバーは，自分自身が抱える仮定に触れるために，自身を見つめ直すことを学ぶ必要がある。このことは，対話の形式でしか学ぶことができない。グローバリゼーションと技術革新（特に，ＩＴ技術）が人類をどこに導くのか，誰にも分からない。だからこそ，将来の文化リーダーは，より文化的知性を身につけておかなければならない。他人への理解により関心を持ち，行動のレパートリーにもより柔軟性を持たなければならないだろう。

結び

　文化について学ぶには，努力が必要である。視野を広げなければならないし，自分自身の思考プロセスも吟味しなくてはならない。自分とは別の考え方，別のやり方もあることを受け入れなければならない。しかし，私たちが「文化の視点」と呼んでいるものを一旦手に入れれば，それによってどれほど報われるか，非常に驚くことになるだろう。これは，「文化的知性」と呼ばれることも多い。突然，世界が以前よりもはっきりと見える。おかしなことだと思っていたことにも，説明がつくようになる。対立を理解しやすくなり，変革に抵抗があるのも当たり前だと分かるようになる。そして，最も大切なことは，あなた自身がもっと謙虚になれる。そして，そのような謙虚さによって，知識，経験，理解，常識，洞察を働かせ，考え方や感じ方が全く異なる相手と共に仕事をする能力を身につけることができるのである。

訳者あとがきにかえて：エドガー・シャインとの鼎談

カリフォルニア州サンタクラフ郡プロセス22サムラーション USA 社にて
2013.9.14収録

企業文化とプロセス・コンサルタント

エドガー・H. シャイン

尾川丈一

石川大雅

尾川：今日は，「企業文化とプロセス・コンサルタント」について，シャイン先生とお話をさせていただきます。

プロセス・コンサルタントの役割

尾川：まず，企業の創業期の話から始めますが，その創業期の成功の理由は，基本的仮定（企業文化）をしっかりと確立できた企業ということになります。ここに入社した従業員には，基本的仮定による教化，つまり個人からすれば強制的説得が始まります。

シャイン：その第一段階で最も重要になるのは，教化ではなく，求められるポジションに対してふさわしい人材を揃えることではないでしょうか。

尾川：そうです。ここでは，そのような集団は同じような人材を採用してしまうのではないか，という問題をお話ししたいと思います。様々な人材を採用し，適材適所ができるようなゼネラル・マネジャーが重要だというのはその通りですが，最初の創業10年はどうしても中心度が強く，偏った人材が集まってしまいがちです。そのような状態で環境の変化が起きると，企業はその変化に適応ができず，先生のところに行って「プロセス・コンサルテーションをして下さい」とお願いすることになるのです。

シャイン：よく分かります。ただこのお話をする際は，まだ創業期の若い会社である場合，つまりここで言うゼネラル・マネジャーが創業者自身である場合と，

成熟を迎えた会社が新しい製品を作りだそうといった場合とは明確に区別する必要がありますね。

尾川：そうですね。この場合は，若い会社での話です。

シャイン：なるほど。例えば私をプロセス・コンサルタントとして招聘した当時のDEC社は若い会社であったので，変化ではなく教化の面でのサポートを求めていた，というわけですね。

尾川：その通りだと思います。最初は組織の教化について依頼があり，その教化がある程度成功した後，環境の変化が起こり，今度は組織に変化が必要になるという流れの部分を，今日はお話しできたらと思います。

　もう1つ，プロセス・コンサルテーションの大事な原則となるのが，組織に困難が起こった時に変化を起こすのはあくまで組織の中の人間であり，組織の中心度がよく分かっていないような外の人間ではないということです。プロセス・コンサルタントはCEOと話をして，何が問題なのかということを，従業員がCEOに対して話せるようにしなくてはいけません。

シャイン：環境の変化が起こった時，まずCEOのような組織内の人間が「我々には変化が必要だ」ということを決定し，その上で外からのコンサルタントを招き，その変化をサポートしてもらうという流れではないかと思います。しかし，実際に変化を促すためにコンサルタントが行うことについては，それぞれの状況によって異なってきます。通常はプロセス・コンサルタントではなく，マッキンゼーのようなコンサルティング方式でその業務が行われるということが多いでしょう。

　ここで重要なのは，プロセス・コンサルタント自身が変化を生み出すのではないということです。変化を起こすのはマネジャーやゼネラル・マネジャーなのであって，プロセス・コンサルタントはそのお手伝いをするだけなのです。

同質的集団の限界

尾川：次に，マネジャーが変化を起こせないという話題についてお話ししていきたいと思います。分かりやすくするために，非常に若くて中心度が強く，急成長を遂げた会社を例に考えてみましょう。

　このような会社の場合，マネジャー層のP機能（目標達成機能）の教育は非常に高い場合が多いです。そしてそのP機能は会社の中心とぴったり合うようになってきています。しかしながら，このような会社ではP機能の高い各マネジャー間でのリレーショナル・コーディネーションが欠落しています。これは，ハーバード大学で研究されていたこともある神戸大学の三品和広先生の表現を借りますと

「完成度の高い事業観」を持つ管理職がいない状態であり，ミンツバーグの言葉だと「ゼネラル・マネジャー」がいないといったことになります。この状況ではエイブラハム・ゼイルズニックのいう「独裁国家」になってしまい，自分達では変化を起こせなくなってしまいます。

　そうすると，それまでは成功する戦略の基となっていた「強力な基本的仮定による統制」が，環境の変化に伴い「失敗する戦略」になっていってしまうのです。

シャイン：今のお話について2点ほどお話をさせて下さい。まず，DEC社の事例においてプロセス・コンサルタントである私にCEOのケン・オルセンが要請したのは，まさにそのマネジャー間のリレーショナルシップの改善であったということです。ただ，まだ会社の創立者が残っているような若い会社は，その創立者のパーソナリティによって大きく左右されるので，独裁的であったり，部下に権限が与えられていたりと様々です。

尾川：全くその通りです。ただ，IT化や国際化，資本市場の流動化といったあまりに大きな環境の変化によって，コンサルタントに頼らざるを得なくなりつつあるというのが現状です。

シャイン：若い会社の問題は，独特の価値観や教化が強すぎるゆえに，環境の変化に対して鈍感になりがちだということでしょう。それゆえ，新しい会社はうまくいかないことが多いのです。ですから，若い会社には取締役会や投資家といった，外部の変化を気づかせるためのより強い存在が必要なのかもしれません。

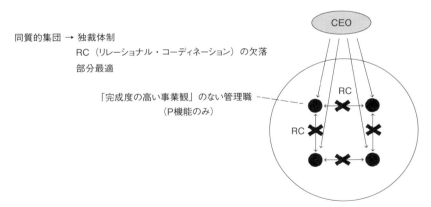

図表1　同質的集団の限界

尾川：全くその通りなのですが，そういった考え方が育っていないのが現状です。そのため，環境変化による危機を乗り越えるためにM&Aやイモベーション（イノベーション＋イミテーション：模倣），世代継承といったことをよく考えないで安易に進めてしまうことが多いのです。このような方々は，企業文化や基本的仮定のことなどをよく考えてはいないため，安易に「新しいマーケットと繋がれば良いのでは」とか「他社の技術をまねれば良いのでは」とか「父親から息子へ世代交代すれば良いのでは」と考え，さらに失敗を大きくしてしまうのです。

シャイン：なるほど。

尾川：このようなことは，まだ発達途上のまま放り出されることを意味し，若すぎる独立を強いられた結果，市場に対して非常に大きな社会的コストを生むことになります。

シャイン：その通りですね。

尾川：これは例外となる話ですが，HONDA社は本田さんと藤沢さんという方が始めました。この2人は非常に違うタイプだそうで，本田さんは研究開発，藤沢さんは生産管理を担当していました。このように最初からツートップの組織は，前述のような問題が割と起きにくいようです。

　このように最初から中心が2つある会社というのは，良いのかもしれませんね……確証は持てませんが。

シャイン：自動車会社の話ですと，GM社の失敗も有名ですね。小型車への転換を図ってカリフォルニアのNUMMIという工場でサターンという小型車を製造しようとしましたが，結局は企業文化に合わないと放り出してしまいました。

尾川：そうでしたね。

シャイン：ですから真の課題は，いかにして企業を環境の変化に目を向けさせることができるかということでしょう。変化を起こすためにはどうしたらというかということが問題です。

尾川：仰る通りです。今日はそれを議論し，企業理念（＝基本的仮定）は変えないが，経営理念は環境に応じて変える，別の言い方をすれば，最初から存在する戦略的な部分は変えないが，戦術的な部分は自由に変えていけるような結論を導き出したいと思っています。これはシャイン先生の仰る「積極的機会主義」ということになりませんか。

シャイン：積極的機会主義ですか，なるほど。

尾川：変化を起こすためには様々な要素があり，実際にはパフォーマンスも大事

なのですが，ここではマネジメントの部分に絞ってみてみたいと思います。私は，金太郎飴のような同質的な集団よりは，お互いが違っていても同じ痛みを共有できるような異質的な集団が求められるだろうと考えています。

シャイン：それには2つの道があるでしょう。1つは元々タイプの違うメンバーを揃え異質的集団を形作るということ，もう1つは環境の変化に対する感度を高め，環境に応じたプロセスを構築することです。このプロセスの方がより重要だと思います。

　このような環境の変化の兆しを最初に見つけるのは，具体的には営業や購買の担当になります。会社としてはこういった社員と定期的に話をし，現在の状況について聞き取りをするプロセスを持つことです。

尾川：全く同感です。シャイン先生のご同僚のデボラ・アンコナという方がXチームということを仰っていますが，社内だけの同質性・異質性の論議に終始するよりも，外とのつながりを持つことが大事で，社内で窓際になっていても，外にネットワークを持っている人はとても重要な存在です。同じくご同僚のトマス・アレンは，イントラネットのつながりとエクストラネットのつながりの違いを指摘し，2種類のネットワーカーがいると言っています。

シャイン：トマス・アレン。なるほど。

組織のお色直し

尾川：では，基本的仮定を共有した同質的集団から異質的集団への変化の過程での，事業の複線化や複線人事，株式の上場などによる複線化プロセスの話に参りましょう。

　先ほど出てきたような「一般的なコンサルタント」は，そこでM&Aやイノベーション，世代継承を安易に勧めてしまうわけです。しかし，企業同士の相性や基本的仮定，技術的テクスチャー，企業の加齢といった問題によってうまくいきません。

　まずはM&Aの場合です。『合併人事』という書籍があります。M&Aの時のHRの問題点についてジャーナリストが書いた本です。この中に，「合併の時の相性」という章があります。

シャイン：相性というものを考える時，どういう判断軸による相性かということが重要になるのではないでしょうか。例えば他社を調査する時は，相手の会社に何を求めているかということを明確にし，それに応え得るか否かという視点で判断しなければなりません。

尾川：仰る通りです。この本にも書いてあるのですが，実は，事前のアセスメントがそういった明確なガイドラインに沿って行われることはほとんどない，というのが現状のようです。ほとんどのアセスメントがファイナンスやマーケット調査のみで終わっており，HRに関しての調査は行われていません。

シャイン：それこそがプロセス・コンサルタントの仕事の中でも，重要なものの1つです。ある企業が会社を買収しようとしている場合，その企業が相手に何を求めているかを明確にするというのが，最も重要なコンサルテーションであり，コンサルタントの腕の見せ所なのです。

尾川：同感です。ジョディ・ホッファー・ギッテル（ブランダイス大学教授：MITで学位を取得）が『リレーショナル・コーディネーション』という本で，相手の会社が問題をどう解決しているかと，自分達は同じような問題をどう解決しているのかを比較するということや，ゴールシェアができているのかどうかということを書いています。こういったことはとても大切ですが，行われていないのが現状です。

シャイン：そのように仰っていましたね。

尾川：次の図表1は単純ですが，面白いのでご紹介したいと思います。この図の対角線上は相性が良く，横や縦に並んでいるものは相性が悪いそうです。

　例えば，分析型の会社と競争型の会社はうまくいかないといった具合です。これはシャイン先生の『企業文化―生き残りの指針』の中に，チバ・ガイギー社の事例でもっと詳しく説明されていますが。次に対角線上の関係ですが，分析型と創造型はとてもうまくいきます。同様に，競争型と協調方はうまく補完し合うことができます……できる時もあります（笑）。もちろん，協調型の保守的な会社と競争的なラディカルな会社ならばうまくいかないでしょう。

シャイン：私がこのモデルで疑問なのは，何に基づいてその会社をタイプ分けするのか，ということです。何を根拠に「創造的な会社だ」とか「分析的な会社だ」と分析すればよいのでしょう。会社のタイプを分析することの妥当性については，懐疑的にならざるを得ません。

　私ならば，上司や同僚とどういう関係性を持っている会社かということをもっと重視します。自由に上司に意見を言えるのか，それとも上司の顔色を窺わなくてはいけないのか。社員同士が信頼し合っているのか，いないのか。会社の相性を考える時，私はそういったことに注目します。

尾川：私が今回これを取り上げたのは，M&Aの時にP機能だけを分析したり，

出所:三神万里子・細田浩之,2002年.

図表2　M&Aの相性

合併後に新しい機能に適応できるかどうかといったような,インバスケット・ゲームくらいしか行われていないという現状の中,初めてこのようなプロトタイプといったことを提言しているという点に意味があると思ったからです。シャイン先生が仰っているのは,マーガレット・ミードの「文化の型」を発展させたようなことだと思うのですが,それはその文化の中でどういう相互関係があるかということでしょう。そのための文化の分析は,質問紙でできるものではなく,文化人類学的手法をとらないと分からないのだと思います。

シャイン:その通りです。

尾川:先生のご同僚のジョン・ヴァン＝マーネンは,ディズニーランドの文化人類学的な調査を行っています。フランス・アメリカ(アナハイム・オーランド)・日本・香港のディズニーランドにどういう違いがあるのかは,実際にディズニーランドに勤め,その中に入っていってみないと分からないと言っています。

シャイン:そうですね。

尾川:M&Aの前にいち早く現地調査員を送り込み,その情報を基にプロセス・コンサルタントがガイダンスするというのが理想であり,それが真の変化を起こす基になると私は信じています。

シャイン:マネジャーに対して現地調査員を送り込みましょうと言うのがプロセス・コンサルタントの仕事でしょう。

尾川:ご指摘ありがとうございます。

それではイモベーションの話題に移ります。オーデット・シェンカーという人が,ただのイミテーションに終わってしまって失敗しないようにということについて『コピー・キャット』という本にまとめています。

次に,それに沿ったお話をしたいと思います。

実は最初に本当のイノベーションを起こした企業は,開発に経費が掛かりすぎ,上手くいくのは3％程度だと言われています。そのため2番手の方が成功することが多いのですが,それにはある条件があり,ここではそれをイモベーションと呼んでいます。

例えばデルタ航空はサウスウエスト航空の成功をまねて「SONG」というものを作りましたが,全くうまくいきませんでした。しかし,マクドナルドはホワイト・キャッスル・バーガーをまねて大成功しました。これもシャイン先生の『企業文化―生き残りの指針』に書いてあることと同じですが,ビジネスモデルだけまねても不十分で,それが起こった環境や企業文化が自社の状況にマッチしているかどうかのチェックが重要なのですが,それがあまりにも足りないというのが現状です。

> 他の場所で開発されたモデル(イノベーション)を,別の脈絡の中で確立された既存のモデルと切り離さず複製しよう(イミテーション)としても,うまくいかない。
>
> ●模倣に対する防御
> 1. 因果関係の曖昧さを克服する
>   (ボトルネック戦略アーキテクチャー知識の吸収)
> 2. 関係ネットワークを克服する(Xチーム)
> 3. シグナリングとスイッチングコストを克服する
> 4. 補完的資源を克服する(補完的資源,垂直的統合度)
>   ↓
>   イモベーション

図表3 イモベーション

これは本には書いてあることではありませんが，逆に言うと，イモベーションを起こせないと，企業に真の変化を起こす模倣（イミテーション）にはならないということでしょう。
　この本には，イモベーションしたものをさらに模倣（イミテーション）されないため，後続を断つにはどうしたら良いかも書いてあります。これは逆に言うと，うまくイモベーションするにはどうしたら良いかということにもなると思います。実は今までシャイン先生が指摘されたこととかなり似ています。
　1つ目はボトルネック戦略です。先ほど，外の環境を熟知している人が重要だということを申し上げたかと思います。次に述べるアーキテクチャー，技術的な側面にも相性というものが存在するのですが，これをよく知っている人材を特に重用しなければなりません。そのためには，因果関係の曖昧さを克服しなくてはいけません。先程シャイン先生が仰った「意見の言いやすさ」といったようなことをきちんと整理しなくてはいけないのです。
　2つ目はXチームです。社内だけではなく外とのネットワークが重要であり，それをなかなか入れたがらないという点を克服しなくてはいけません。現在のような厳しい状況下では，社内の環境だけを重視している会社では勝てません。外の探索を十分に行えるようなチームを重用することが大切です。それが本当の変化を起こすことにもつながるのです。
　3つ目のスイッチングコストばかり考えてしまうことも問題です。シグナルコストとして，それを行う前に本当に自社でうまくいくものなのかどうかということを検討するための費用も重要なのですが，これも軽視されがちです。
　次の「補完的資源」というのは，社内にある活用していないリソースを見落としがちだという問題です。垂直的統合性を高めるのも良いですが，それだけでは補完的資源を見落とすことになってしまいます。フラット型組織だと言うのは簡単ですが，補完的資源を見落とさないという視点は，大抵の場合欠如しています。
　私はシャイン先生の企業文化と基本的仮定はとても良いモデルだと思いますので，それを使いながら今挙げた4点をきちんと実行するというのが，真の変化を起こすための重要なガイドラインになると考えます。

シャイン：今お話しになったことについては，全くその通りだと思います。ただ，その第一歩をどう踏み出したら良いのか，という問題がやはり気がかりです。問題を抱えていることを認知し，変化の必要性を認識するために，企業が何に注意

を払えば良いのかということです。そしてそれは基本的仮定からではなく，日々の業務の中で見出されるものではないでしょうか。

　そのためにマネジャーが誰の日常業務に注目したら良いかというかということを明確にするお手伝いをするのがプロセス・コンサルタントです。そうすると，営業や購買といった外部の環境とつながっている人々から聞き取りをすべきだということが分かってくるでしょう。

尾川：まさにその通りで，社会心理学者のロバート・ベイルズが言っている「重層的な相互関係」というものが集団の社会的発達にはとても重要です。その相互関係の中でどういう人がどういう役割を担っているかということが大切で，それをプロセス・コンサルタントが上手に見守っていかなければなりません。

　これらの本は大変良書ですが，プロセス・コンサルタントとして「どうやって変化を起こすか」というようなことについては書かれていませんので，その部分を補筆・改訂できれば良いなと思います。

シャイン：そうですね。

尾川：プロセス・コンサルテーションは喩えればOSのようなものであるのに対し，これらの本はワードやエクセルといったアプリケーションの役目を果たすものです。ですから，プロセス・コンサルテーションにこれらの内容を加えることで，とても分かりやすく使いやすいものにできるのではないでしょうか。

シャイン：プロセスという言葉自体，「どのようにするのか」ということを指すもので，「何をするのか」ということは指していません。「何をするか」はあくまでマネジャー自身が決断することであり，マネジャーがそれをどう決定していくかを手助けするのが，プロセス・コンサルタントの役目です。

尾川：つまり，プロセス・コンサルタントの仕事は企業が「何をするか（know how）」ではなく「どうするか（do how）」を導くことだということですね。

　イノベーションについてもう1つ，テクニカル・アーキテクチャーによる分類のお話をします。

　一般的にイノベーションというと，単純に新しい技術を入れれば良いと考えがちです。そして自社ではそれを行うことが難しいため，他社など違うやり方をしているところと連係しなければラディカルな変化は起こせない，というのが一般的な考え方のようです。これはとても危険なやり方で，新しい組織と新しい技術を持ったところとM&Aをしたけれども大失敗をするということが起こりがちです。その例として，田路則子氏が書かれている，パナソニックがDVD事業を始めた時

のお話をします。

　DVDそれ自体は，アナログからデジタルへという大変新しいイノベーションです。ですから，パナソニック社は初め，その読み取り装置も光で読み取って反射するという新技術でなくてはならないと思い込んでいました。そしてその開発に大変な経費を掛けてしまいましたが，実は直接読み取る方式でも大丈夫だったようです。つまり，従来の方式に則った単純な方式で十分対応可能だったのです。このようなイノベーションをモジュラー・イノベーションと呼んでいますが，この読み取り装置の場合はそれで間に合うようなものであり，必ずしもラディカルなイノベーションでなくてもよかったのでしょう。

　これは今までお話ししてきたHRとはまた別の要素ですが，このようなことについてもコンサルタントの認識が欠落していると思われます。

シャイン：現在，このような事例として，マイクロソフト社によるノキア社の買収がありますね。非常に大規模な買収ですし，マイクロソフト社が電話事業をうまく取り入れることができるかどうか動向が注目されます。

尾川：私からも1つ事例をご紹介しますと，トヨタ社がテキサス・インスツルメンツ社の一部を買収するかどうかを検討したことがありまして，この経緯も注目に値すると思います。

　それでは次に事業継承，父親から子供へ世代交代をする際のお話に移ります。

　図表5の3番の「資産等の継承」というところでも分かるように，「相続」という意味合いで公認会計士が担当する事例として扱われることが主流です。しかし，例えば2番目の「マネジメント」に書いてあるような，会社を経営するのに十分

		コア設計コンセプト：コンポーネントの基幹技術	
		現在の技術のもとで強化される	別の技術に置き換えられる
コア設計コンセプトとコンポーネントの繋がり：製品アーキテクチャ	変化しない	インクリメンタル・イノベーション	モジュラー・イノベーション
	変化する	アーキテクチュアル・イノベーション	ラディカル・イノベーション

出所：Henderson, R., & Clark, K. B. (1990). Architectural innovation: The reconfiguration of existing product technologies and the failure of established firms. *Administrative Science Quarterly*, 35, 9-30.

図表4　イノベーションの種類

な力量がジュニアにないとか，先代の経営者の影響力が強すぎるということについて，公認会計士はほとんど配慮をしません。また，1番目の社員や取引先，金融機関，株主からの理解が得られないといったことも，公認会計士の仕事にはなっていません。

　こうした問題にプロセス・コンサルタントが取り組む際には，リチャード・ベックハードの指摘の如く，法律・会計的なコンサルテーションだけではなく，家族（心理）療法やグループ（心理）療法のようなコンサルテーションも大事だと思っています。

シャイン：このような場合，私やOD（組織開発）の専門家であるリチャード・ベックハードの事例でもそうですが，次の後継者に誰がふさわしいかを家族の中でいかに合理的に考えることができるかということが，最も難しい問題です。

　ベックハードは常々ファミリー・ビジネスには2人のコンサルタントが必要であると言っていました。1人はビジネスの問題に対応するコンサルタントで，もう1人は家族間の問題に対応するコンサルタントです。これを同じ人間が兼ねることは非常に困難です。

尾川：次にトヨタ社のCFT（クロスファンクショナル・チーム）についてですが，これはシャイン先生との共著『組織セラピー——組織感情への臨床アプローチ』の第3章に書いてありますので，詳しいお話は省略します。

①社内外からの理解	社員からの理解が得られない
	取引先からの理解が得られない
	金融機関からの理解が得られない
	経営者，後継者以外の親族や株主の反対・反抗が予想される
②マネジメント	会社を経営するのに十分な力量がない
	先代経営者の影響力が強すぎる
③資産等の承継	相続税などの税金の負担が重い
	承継により自社株式が分散してしまい，経営権を収集できなくなる
	借入に対する仙台の個人保証の承継負担が重い
④その他	事業の将来性に不安がある
	その他

出所：井本亨「研究ノート：中小企業における事業承継の現状と課題に関するノート」『地域研究』第10号，2010年，pp.111-121。

図表5　事業継承の問題点

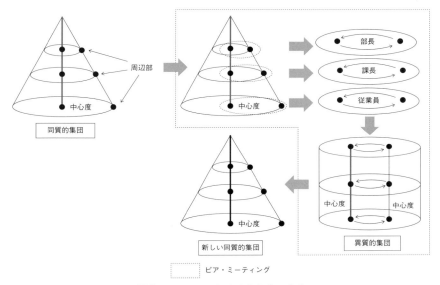

図表6　CFTにおける中心度の変化

　少しだけ概論いたしますと，変化を起こす時には新しい中心が必要で，それを社内で周辺部にいる人が一時的に，中心を担って組織に変化が起こり，また中心が元に戻るということがあるのではないかということです。

　ですから，中心度が皆同じような人だけではだめで，周辺部の人をちゃんと社内に置いておかなければいけません。またこの周辺部の中にも色々な人がいるはずで，こうしたHRの確保がとても大切です。

アウトリーチ

シャイン：多様性について質問があります。まず，その多様性は，組織の中の全てのレベルにおいて求められるものなのか，それとも，組織内の環境を向上させるために特にトップのレベルの人間に求められるものなのかということです。この多様性の問題で，経営陣にとって適切な多様性というものが何かということを考える時，その国の文化が持つ価値観というものが無視できなくなってきます。1つ事例をご紹介しましょう。

　エッソ社の子会社でヨーロッパにあるSO Kem社という会社での私の経験です。取締役会のメンバーを1人交代させなければならないという時，非常に有能なイ

232　訳者あとがきにかえて：エドガー・シャインとの鼎談

タリア人マネジャーが候補に挙がったのですが，彼が感情的であるという理由によって退けられてしまいました。今日お話ししてきたような変化を起こすという観点では，彼のような非常に情熱的なマネジャーこそが必要であったというのに，取締役会は愚かな選択をしたというお話です。

尾川：ですから，プロセス・コンサルテーションするにあたっては，アウトリーチ，つまり今いる組織の外にチェンジ・エージェントや異文化社会を置く必要があると思います。一旦，異文化の中にアウトリーチを出して，それを組織内に再び戻すということが必要じゃないかと考えています。そうしないと先ほどのイタリア人のようなスケープゴートリーダーを作ってしまいます。

シャイン：その通りですね。

尾川：それを図表に表しますと図表7のようになります。例えば個人では，クライアントだけではなく，アウトリーチとして，スーパーバイザーの下でのケースカンファレンスが必要になります。NPOですと，住民を内部に取り込むという形になります。企業においては，CEOと対等な立場のプロセス・コンサルタントが，社員の自由な議論を促すため，CEOの力をある程度牽制する役目を果たします。これらは全てアウトリーチというものを活用しています。

　これには2つの要素があり，アウトリーチを作らないと，依存や疾病利得を招

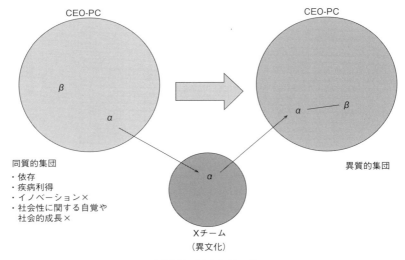

図表7　アウトリーチ

いたり，イノベーションや社会的成長ができないので，これを防ぐためにアウトリーチが必要だというのがまず1点です。もう1つは，アウトリーチを作ることで，外への窓を作ることができるということです。

ただこれは，言うのは簡単ですが，実行するとなるとなかなか難しいことです。なぜならば，人間は自分の持っている認知マップと違うものを認知に入れることに対し，物凄い抵抗をするからです。

しかし，人間はどこかの時点でクォンタム・リープ（量子的飛躍；非連続の飛躍）をしなくてはいけません。どこかの時点で自分と違うコミュニティ・マップを入れなくてはいけません。そうしないと良いマネジャーにも，良い親にもなれません。

クォンタム・リープ

シャイン：子供の場合と違って，大人が何かを学ぶ時は，それが本当にクォンタム・リープにつながっているのかどうかは未知数です。また，初めから大きな変化を意図してはいない場合に，小さな変化を重ねることが結果として大きな変化につながるかどうかも分かりません。

尾川：そのお話で役に立ちそうなのはヘンリー・スタック・サリバンの説くらい

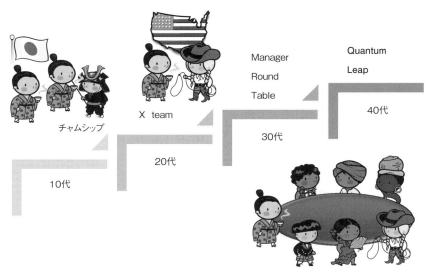

図表8　クォンタム・リープ（M機能を次の段階へと導く体験）

でしょうか。
シャイン：そうでしょうね。
尾川：サリバンの説では，十分なチャムシップと自分のことを守ってくれる仲間，それから，チャムグループに準拠した高い自尊心，20代になるまでにまずこれらが必要だそうです。今は発達が遅れているので，20代の話になるかも知れませんが。
シャイン：そうですね。
尾川：次に必要なのが異文化体験です。自分が良いと思っていることも，他の文化圏ではうまくいかなくなるという体験が必要なのです。異文化に身を置いて自ら気づくという方法は，直接欠点を指摘されるよりもソフトで受け入れやすいものです。

エミックとエティック

尾川：文化人類学では，自分の文化の中で自分をしっかりと確立することを「エミック」と呼んでいます。異文化に行くとそれがうまく機能しません。しかし，よく見ると他の文化にも自分と似たところがある，それを「エティック」と呼んでいます。

異文化では自分の使い慣れた所（エミック）を使ってもうまくいかない，しかしながら一方で違っていても互いにどこかに共通点がある，そのエティックを学びましょう，という流れは非常に受け入れやすいのではないでしょうか。そうすれば，自分の文化に帰ってからも，今度は，エミックで困ったときは，異文化と

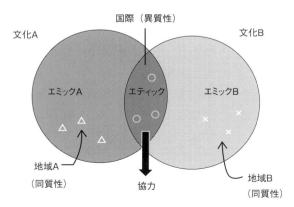

図表9　エミックとエティック

は共通したエティックを使っていけば良いのだということに気づくことができるのです。結婚も同じでしょう。お互いの文化が「違う」と思ってもすぐに別れず，辛抱強くエティックを見つけていかなくてはなりません。

シャイン：今示された図表9は，個人のキャリア・アンカーと企業が求めるコーポレート・アンカーの重なりを考える上でも非常に良い図ではないでしょうか。

サービスギャップモデル

尾川：さて，最後にお話したいのは，サービスギャップモデルについてです（図表10）。今，イギリスで「SERVQUALモデル」というものが流行っています。

石川：今までのトヨタ生産方式やQCサークル，ISO2000というものは，製造過程に関するものです。それに対し，サービスについてチェックしようというのがSERVQUALです。これらの項目によって，コミュニケーションや信頼度，協力体制をチェックします。

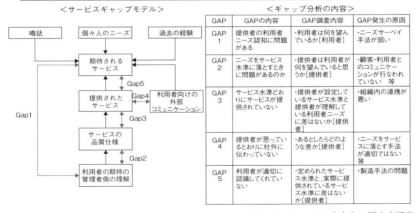

出所：International Infrastructure Management Manual-Version 2.0. 2002. をもとに国土交通省国土計画局作成（http://www.mlit.go.jp/singikai/kokudosin/keikaku/kiban/ 4 /shiryou3.pdf, 2016年5月6日アクセス）

図表10　サービスギャップモデル

シャイン：はい。

石川：これらの項目に関して何をチェックするかというというのがこのギャップモデルになります。利用者が望んでいるものと提供者が考える利用者の望むものにギャップがあるとサービスはうまくいきません。それをチェックするのです。利用者が望んでいるものと提供者が考える利用者の望むもの，両者にギャップがある場合，その間にサービス・エンカウンター・テーブルというものを作ります。簡単に言いますと，ギャップがある提供者と利用者の間で，エンカウンター・グループをするということです。

　私の体験から１つ事例を挙げます。今アメリカではジャパニーズ・グローサリー・ストア（日本のスーパー）が大変ブームです。そこではほとんどの客は日本人ではなく，中国人と韓国人です。彼らは，日本料理屋で食べたしゃぶしゃぶやすき焼きがヘルシーだから，自分でも作りたいと考えています。

　しかし日本のスーパー側は日本人客を想定しているので，しゃぶしゃぶとすき焼きがどうちがうのかといったことやその作り方までは説明をしません。加えて言うと，スーパーは対面販売という形ではないということですね。普段，精肉担当者が表に出てくることはありません。一方で，日本には百貨店というものがあって，デパ地下ではお客さんと直接顔を合わせる対面販売を行っています。

　商品があまり売れていないようなので，私が韓国人や中国人のお客さんにどうして買わないのか尋ねると，「買っても作り方が分からないからだ」という答えでした。１人のお客さんは，日式の餃子を作りたいけれども，ひき肉しか見つからず餃子の皮もラー油もどこにあるか分かりませんでした。そこでそこへ連れて行ってあげると驚いて喜んでいました。

　もう１人の客はしゃぶしゃぶの肉を買ったのですが，しゃぶしゃぶ用の鍋やごまだれの場所が分からないので，その人も案内をしてあげました。

　そのようなことがあり，私は精肉部門のマネジャーに，韓国人や中国人が望んでいるものと，スーパーが提供している「安くて早い」には大きなギャップがあると進言しました。マネジャーが「ではどうしたら良いのか」と言うので，私は顧客とのエンカウンター・グループを薦めました。

シャイン：エンカウンター・グループと従来のフォーカス・グループは何が違うのですか？

石川：同じものです。

　私がエンカウンター・グループなどということを提案したので，皆非常に驚い

ていました。私は「全然驚くことはありません。土日にやっているデモンストレーション（実演販売）のようなものを別の形でやるだけですよ」と説明しました。従来のスーパーは医療モデルや技術モデルに偏っています。実演販売でも上から目線で「こうしたら良いですよ」というだけです。そしてお客さんはただ試食品を食べるだけです。

　私の提案した方法は，お客さんとフラットな関係で，ただ皆の前でしゃべるというものでした。お客さんからは沢山の質問が来ました。「懐石って何？」とか，「だしの取り方ってどうするの？」といったものです。そしてそういったそれらの質問についてのデモンストレーションをすると，その日の売り上げはどんどん伸びました。

シャイン：SERVQUALというのは，私が『人を助けるとはどういうことか―本当の協力関係をつくる7つの原則』という本の中で書いたことをビジネスの世界に適用したもののように感じますが。

石川：まさにその通りです。私の考えでは，医療モデルや技術モデルといった上から目線ではなくて，お客さんとの水平な関係を持つことで，劇的な変化が起こるという例ではないでしょうか。

シャイン：そうですね。

石川：私は，アメリカで展開するのならば，レイアウトを変更しセイフウェイ（アメリカスーパーマーケットの大手）のようしなくてはいけないと提案しました。また，先程のようなデモンストレーションを毎週やる必要があると言いました。これを食べて下さいというトップダウンの一方向のものではなく，ただ話をし，日本文化を紹介するデモンストレーションをです。店長は最初難色を示しました。2つの理由があるが，まず第1に，それをするのはデパートであってスーパーマーケットではない。2番目に，スーパーに働きに来るような人はデモンストレーションをやりたがらないので，人材がいない，と。

　よくシャイン先生のプロセス・コンサルテーションの話をすると，「シャイン先生がMITの先生で，ケン・オルセンと知り合いだから，トップ・ダウンが出来たので，うまくいったのではないか」と言う人がいますが，今の私の話はボトムから組織に入ってプロセス・コンサルテーションができるという事例だと思います。

シャイン：確かにそのお話ですと，セールスマンやセールスマネジャーといった組織の下の方が最初のクライアントになっているという点でボトム・アップの事例だと言えるでしょう。ただ，プロセス・コンサルテーションとして顧客との関

係を向上したいという視点で取り組む場合は，CEOと副社長の関係を改善するといったことも含まれてくると思います。副社長をクライアントとして考えると，CEOが彼に何を求めているかといったことも問題になってくるでしょう。

尾川：どちらにも言えるのは，プロセス・コンサルテーションの1つの解釈として，垂直的な関係の職場に水平的な関係性を入れるということがあるのではないかと思います。

シャイン：その通りです。

尾川：本当の変化を起こすためには様々な方法がありますが，1つは関係性を垂直から水平に変えるということではないでしょうか。

シャイン：私の印象では日本の「課長」はこういった仕事に長けている必要があり，このような役目が仕事の一部であると思うのですが，いかがでしょうか。

尾川：そういったものがリエンジニアリングによってなくなりつつあるのだと思います。

シャイン：残念ですね。

尾川：それから，課長の仕事のマニュアル化というものをしだしてしまったのも一因だと思います。

シャイン：何と。

尾川：今日の結論としては，M機能を喪失してしまうと，会社もお色直しができないということではないでしょうか。

シャイン：トヨタ生産方式では労働者を尊重するということがその根本にあったと思うのですが，日本のリエンジニアリングではそういった部分が忘れ去られているのでしょうか。

尾川：トヨタ生産システムの本家はもちろんトヨタですが，MITのクスマノ先生に取り上げられたことよって広く知られるようになりました。それがリ・エンジニアリングとして日本に逆輸入される際に形骸化してしまったのだと思います。特にどうやって変わるのかということころがすっぽりと抜けてしまいました。

石川：ここで，ファミリー・ビジネスについてシャイン先生にお伺いしたいのですが。

　日本の半数以上を占める中小企業では，今，事業継承がなかなかうまくいかないことが非常に大きな問題になっています。事業継承に関してシャイン先生が最も重要であると思われるのはどのようなことでしょうか。

シャイン：後継者を決める以前に，創立者である現在のCEOがきちんとカウンセ

リングを受け，将来のビジネスに必要なものを意識することが重要なのだと思います。将来のビジネス構想をはっきりしないままに後継者を選ぶと失敗することになるでしょう。

石川：日本ではどの中小企業でもそうなってしまっています。

シャイン：どこにでもあることです，日本だけではありませんよ。

石川：日本では中小企業のレベルでもM&Aが非常に盛んになってきていますが，先ほどの話のように相性を考えたり，アセスメントをしたりしていないのでうまくいっていません。その問題をすり替えてしまい，企業風土の問題として捉えてしまっているようです。例えば足の引っ張り合いや過剰な仲間意識によるコミュニケーションの阻害といったものです。それについて何かコメントを頂けますでしょうか。

シャイン：風土というものは，文化と同じくらい変えるのが困難ですので，M&Aのうまくいかない理由として風土が挙がってくるのも当然だと思います。ですから事前アセスメントの段階で，風土についても考慮に入れなくてはいけないでしょう。ノキアとマイクロソフトも互いの風土が受け入れ可能なものか事前調査をしてはっきりさせておかなければならないでしょうね。結論としては，風土はM&Aに大いに影響があり，それも事前に評価すべきことの1つだということです。

尾川：本日は，どうもありがとうございました。

参考文献

アレン，J. T. & ヘン，G. W.（粕谷利雄・冨樫経廣訳）『知的創造の現場―プロジェクトハウスが組織と人を変革する』ダイヤモンド社，2008年

アンコナ，D. & ブレスマン，H.（西田忠康訳）『Xチーム―分散型リーダーシップの実践』ファーストプレス，2008年

ヴァン＝マーネン，J.（森川渉訳）『フィールドワークの物語―エスノグラフィーの文章作法』現代書館，1999年

Gittell, J. H., *Relational Coordination: Guidelines for Theory, Measurement and Analysis*, Stanford University Press, Palo Alto CA, 2015

サリヴァン，H. S.（中井久夫訳）『現代精神医学の概念』みすず書房，1976年

シェンカー，O.（井上達彦監訳／遠藤真美訳）『コピー・キャット―模倣者こそがイノベーションを起こす』東洋経済新報社，2013年

シャイン，E. H.（金井壽宏監訳／尾川丈一・片山佳代子訳）『企業文化―生き残りの指針』白桃書房，2004年

シャイン，E. H.（金井真弓訳／金井壽宏監訳）『人を助けるとはどういうことか―本当の協力関係をつくる7つの原則』英治出版，2009年

シャイン，E. H. 編著（尾川丈一・稲葉祐之・木村琢磨訳）『組織セラピー―組織感情への臨床アプローチ』白桃書房，2014年

シャイン，E. H.，デイリシー，P. S.，カンパス，P. J. & ソンダック，M. M. 著（稲葉元吉・尾川丈一監訳）『DECの興亡』亀田ブックサービス，2007年

ゼイレツニック，A.（梅津祐良訳）『ハーバードで教えるリーダーシップ：動機づけのための新たな

視点』生産性出版，1993年
田路則子『アーキテクチュラル・イノベーション―ハイテク企業のジレンマ』白桃書房，2005年
ベイルズ，R. F.（友田不二男訳）『サイコセラピィシリーズ6　グループ研究の方法』岩崎学術出版社，1971年
ベックハード，R.（高橋達男・鈴木博共訳）『組織づくりの戦略とモデル』産業能率短期大学出版部，1972年
三神万里子・細田浩之『合併人事』翔泳社，2002年
三品和広『戦略不全の論理―慢性的な低収益の病からどう抜け出すか』東洋経済新報社，2004年
ミード，M.（尾高京子訳）『文化の諸様式』中央公論社，1951年
ミード，M.（米山俊直訳）『文化の型』社会思想社，1973年／講談社学術文庫，2008年
ミンツバーグ，H.（奥村哲史・須貝栄訳）『マネジャーの仕事』白桃書房，1993年

<インタビュアー紹介>

石川大雅（いしかわ・たいが）
1969年東京農業大学農学部卒業
1969年トーアエイヨー株式会社
1990年アークインターナショナル株式会社
1992年株式会社ビジネスコンサルタントを経て1998年に独立
現　在株式会社プロ・アライブ取締役会長・有限会社脳科学モデリング研究所代表
著訳書：
『魔術の構造』R・バンドラー／J・グリンダー著（共訳，亀田ブックサービス，2000年）
『心理学的アプローチNLPによる，提案型営業のすべて』（監修，近代消防社，2001年）
『メンタリングによるセールスコーチングのすべて』（近代消防社，2001年）
『思い込みを捨てれば人生が変わる』（監修，生産性出版，2010年）
『できないことがなくなる技術―Brain Copy Technique―』（中経出版，2012年）

注

第1章
1. DECの興亡に関する詳細な分析はエドガー・シャイン他（2003）を参照のこと。
2. この事例は，プロクター＆ギャンブル社のプロジェクト・チームのメンバーであり，主要コンサルタントであった，リチャード・ベックハードの大規模インタビューに基づいている。
3. Roth, G., 1993.
4. Snook, S. A., 2000.
5. Gerstein, M., 2008；Vaughan, D., 1996.
6. Martin, J., & Siehl, C., 1983.
7. Salk, J., 1997.

第3章
1. Cameron, K. S., & Quinn, R. E., 1999；Goffee, R., & Jones, G., 1998.
2. 長期的なキャリア研究により，人は自身のキャリアを方向づけ，キャリア選択の指針となる自己概念を発達させるということが明らかになった（Schein, 2006）。それらは8つのキャリア・アンカー（自律・独立，保障・安定，専門・職能別，全般管理，起業家的創造性，奉仕・社会貢献，純粋な挑戦，生活様式）に分けられる。

第4章
1. この目的に対してのもっとも有用な次元は，Kluckhohu Strodtbeck（1961）によって用いられた。これらのいくつかの次元は，IBMといった単一で国際化をとげた企業の国ごとの変化を比較する大規模な国際的研究において散見されてきた。
2. McGregor, D., 1960.
3. Hall, E. T., 1959；1966.
4. 多層的時間（ポリクロニシティー）という概念に関する広範囲にわたる調査ならびに多層的時間が組織文化のいずれの次元に関係しているのかに関する調査は，Bluedom（2000）によってなされた。
5. Dubnskas（1988）は，若いバイオテック企業の進展において，この変数がいかに決定的かを示した。
6. Jaques, E., 1982.
7. Barley, S. R., 1988.

第5章
1. Cameron, K. S., & Quinn, R. E., 1999.
2. Goffee, R., & Jones, G., 1988.
3. Sackman, S. A., & Bertelsmann Stiftung, 2006.
4. Schein, E. H., 1996；Van Maanen, J., & Barley, S. R., 1984.

第6章
1. そもそもこのモデルは，1940年代にクルト・レヴィンによって定式化され，さらに精巧化されて経営変革のプロジェクトにおいて広く用いられるようになった（Lewin, 1947；Schein, 1961）
2. Coghlan, D., & Rashford, N. S., 2006.

第7章
1. Gerstner, L. V., 2002.
2. Dyer, W. G., 1986.
3. Schein, E. H., 1996.
4. Thomas, R. J., 1994.
5. Tedlow, R. S., 2003.

第8章
1. Bushe, G. R., & Shani, A. B., 1991；Zand, D. E., 1974.

第9章
1. Roth, G., & Kleiner, A., 2000.
2. Kotter, J. P., & Heskett, J. L., 1992；Tichy, N. M., & Devanna, M. A., 1986.
3. Schein, E. H., 2003.
4. Gerstner, L. V, 2002；Young, J. S., & Simon, W. L., 2005.
5. Schein, E. H., 1987, 1999.

第10章
1. アメリカにおいて医師と患者のコミュニケーションがいかに困難であるかを示す例としては，Fadman（1997）の詳細な記述が挙げられる。
2. Buono, A. F., & Bowditch, J. L., 1989；McManus, M. L., & Hergert, M. L., 1988；*Harvard Business Review on Mergers and Acquisitions*, 2001.
3. Gibson, C. B., & Dibble, R., 2008, pp. 222-223.
4. Busco, C., Riccaboni, A., & Scapens, R. W., 2002.
5. Salk, J., 1997.
6. Gerstein, M., 2008.
7. Ang, S., & Van Dyne, L., 2008.

8. Dougherty, D., 2001.
9. Hofstede, G., 2001.
10. Edmondson, A. C., Bohmer, R. M., & Pisano, G. P., 2001.
11. Dougherty, D., 2001.
12. Isaacs, W., 1993, 1999 ; Schein, E. H., 1993.

第11章
1. Mirvis, P., Ayas, K., & Roth, G., 2003.

参考文献

Ang, S., & Van Dyne, L. (Eds.). (2008). *Handbook of cultural intelligence*. Armonk, NY: M.E. Sharpe.

Barley, S. R. (1988). "On technology, time, and social order." In F. A. Dubinskas (Ed.), *Making time*. Philadelphia: Temple University Press.

Beckhard, R., & Harris, R. T. (1987). *Organizational transitions* (2nd ed.) Reading, MA: Addison-Wesley.

Bluedorn, A. C. (2000). "Time and organizational culture." In N. M. Ashkanazy, C. P. M. Wilderom, & M. F. Peterson (Eds.), *Handbook of organizational culture and climate*. Thousand Oaks, CA: Sage.

Buono, A. F., & Bowditch, J. L. (1989). *The human side of mergers and acquisitions*. San Francisco: Jossey-Bass.

Bushe, G. R., & Shani, A. B. (1991). *Parallel learning structures*. Englewood Cliffs, NJ: Prentice-Hall.

Busco, C., Ricaboni, A., & Scapens, R. W. (2002). When culture matters: Management accounting change within process of organizational learning and transformation. *Reflections*, 4(1), 43–54.

Cameron, K. S., & Quinn, R. E. (1999). *Diagnosing and changing organizational culture*. Englewood Cliffs, NJ: Prentice-Hall.

Coghlan, D., & Rashford, N. S. (2006). *Organizational change and strategy*. London: Routledge.

Dubinskas, F. A. (Ed.). (1988). *Making time*. Philadelphia: Temple University Press.

Dougherty, D. (2001). Re-imagining the differentiation and integration of work for sustained product innovation. *Organization Science*, 12(5), 612–631.

Dyer, W. G. Jr. (1986). *Culture change in family firms*. San Francisco: Jossey-Bass.

Edmondson, A. C., Bohmer, R. M., & Pisano, G. P. (2001). Disrupted routines: Team learning and new technology implementation in hospitals. *Administrative Science Quarterly*, 46, 685–716.

Fadiman, A. (1997). *The spirit catches you and you fall down*. New York: Farrar, Straus & Giroux.

Gerstein, M. (2008). *Flirting with disaster*. New York: Union Square.

Gerstner, L. V. (2002). *Who says elephants can't dance?* New York: HarperCollins.

Gibson, C. B., & Dibble, R. (2008). "Culture inside and out: Developing a collaboration's capacity to externally adapt." In S. Ang & L. Van

Dyne (Eds.), *Handbook of cultural intelligence*. Armonk, NY: M. E. Sharpe, pp. 222–223.
Goffee, R., & Jones, G. (1998). *The character of a corporation*. New York: Harper Business.
Hall, E. T. (1959). *The silent language*. New York: Doubleday.
Hall, E. T. (1966). *The hidden dimension*. New York: Doubleday.
Harvard Business Review on mergers and acquisitions. (2001). Boston, MA: Harvard Business Press.
Hofstede, G. (2001). *Culture's consequences* (2nd ed.). Thousand Oaks, CA: Sage.
Isaacs, W. (1999). *Dialogue and the art of thinking together*. New York: Doubleday.
Jaques, E. (1982). *The forms of time*. London: Heinemann.
Kluckhohn, F. R., & Strodtbeck, F. L. (1961). *Variations in value orientations*. New York: HarperCollins.
Kotter, J. P., & Heskett, J. L. (1992). *Culture and performance*. New York: Free Press.
Lewin, K. (1947). "Group decision and social change." In T. N. Newcomb & E. L. Hartley (Eds.), *Readings in social psychology*. New York: Holt, Rinehart and Winston.
Martin, J., & Siehl, C. (1983). Organizational culture and counterculture: An uneasy symbiosis. *Organizational Dynamics, 12*, 52–64.
McGregor, D. (1960). *The human side of enterprise*. New York: McGraw-Hill.
McManus, M. L., & Hergert, M. L. (1988). *Surviving merger and acquisition*. Glencoe, IL: Scott Foresman.
Mirvis, P., Ayas, K., & Roth, G. (2003). *To the desert and back*. San Francisco: Jossey-Bass.
Roth, G. (1993). In search of the paperless office. Unpublished Ph.D. dissertation. Cambridge, MA: MIT Sloan School of Management.
Roth, G., & Kleiner, A. (2000). *Car launch: The human side of managing change*. New York: Oxford University Press.
Sackman, S. A., & Bertelsmann Stiftung (2006). *Success factor: Corporate culture*. Bielefeld, Germany: Bertlemann Stiftung.
Salk, J. (1997). Partners and other strangers. *International Studies of Management and Organization, 26*(4), 48–72.
Schein, E. H. (1961). *Coercive persuasion*. New York: Norton.
Schein, E. H. (1987). *Process consultation* (Vol. 1) Englewood Cliffs, NJ: Prentice-Hall.
Schein, E. H. (1993, Autumn). On dialogue, culture, and organizational learning. *Organizational Dynamics, 22*, 40–51.
Schein, E. H. (1996). Three cultures of management. *Sloan Management Review, 38*(1), 9–20.
Schein, E. H. (1999). *Process consultation revisited*. Englewood Cliffs, NJ: Prentice Hall.
Schein, E. H. with P. S. DeLisi, P. J. Kampas, & M. M. Sonduck. (2003).

DEC is dead; Long live DEC: The lasting legacy of Digital Equipment Corporation. San Francisco: Berrett-Koehler.

Schein, E. H. (2006). *Career anchors* (3rd ed.). San Francisco: Pfeiffer.

Snook, S. A. (2000). *Friendly fire.* Princeton, NJ: Princeton University Press.

Tedlow, R. S. (2003). *The Watson dynasty* New York: Harper Business.

Thomas, R. J. (1994). *What machines can't do.* Berkeley, CA: University of California Press.

Tichy, N. M., & Devanna, M. A. (1986). *The transformational leader.* Hoboken, NJ: John Wiley & Sons.

Vaughan, D. (1996). *The Challenger launch decision.* Chicago: University of Chicago Press.

Van Maanen, J., & Barley, S. R. (1984). "Occupational communities: Culture and control in organizations. In B. M. Staw & L. L. Cummings (Eds.), *Research in organizational behavior* (Vol. 6). Greenwich, CT: JAI Press.

Young, J. S., & Simon, W. L. (2005). *iCon Steve Jobs.* Hoboken, NJ: John Wiley & Sons.

Zand, D. E. (1974). Collateral organization: A new change strategy. *Journal of Applied Behavioral Science, 10*, 63–89.

人名索引

【あ行】

アメリオ, G. F. 178
アンン, T. 223
アンコナ, D. 223
稲葉元吉　x
稲葉祐之　x
ヴァン=マーネン, J. 225
ウェルチ, J. 175, 179
尾川丈一　x
オルセン, K. H. 23, 59

【か行】

ガースナー, R. 175, 179
金井壽宏　x
ギッテル, J. F. 224
木村琢磨　x

クスマノ, M. 238

【さ・た行】

サリバン, H. S. 234
シェンカー, O. 226
シャイン, E. H. 41
ジャックス, E. 69
ジョブズ, S. 178
ジョーンズ, H. 122
スカリー, J. 178
ゼイルズニック, A. 221

田路則子　228

【は行】

パッカード, D. 146
パーマー, R. 176

バーリィ, S. R. 72
ハリス, R. T. 152
フィッシャー, G. 175
ブラウン, R. 107
ベイルズ, R. 228
ベックハード, R. 152, 230
ベル, C. G. 66
ホフステド, G. 197
ホール, E. 68

【ま行】

マグレガー, D. 62
三品和広　220
ミンツバーグ, H. 221

【わ行】

ワトソン, Sr. T. J. 128

事項索引

【A-Z】

AAR（アフター・アクション・レビュー）50
C-G 社　41
DEC 社　44
DEC の興亡　30
DEC 文化　44
EH&S　151, 152, 160, 161, 162
EHS　158, 159
EHSC　154, 156, 159
EQRB　158
GM 社　222
HONDA 社　222
HP 社　55
IBM 社　44, 128, 175, 179
ISO2000　235
IT 技術　218

M&A　222
MIT　25
NASA 月面生き残り　59
NUMMI　222
OD（組織開発）230
O リング　195
PC　168
PCB　158
QC サークル　235
SERVQUAL　236, 237
SO Kem 社　232
SONG　226
SUV 車　169
X チーム　223
X 理論　62, 170
Y 理論　62, 169

【あ行】

相性　223

アイデンティティ　17, 40, 75
アウトリーチ　232
アクメ保険会社　26
アスベスト　151, 158
新しい働き方　113
新しい文化　78
アタリ社　26
アップル社　55, 178
アドホクラシー（問題別随時組織；Adhocracy）型　76
アナリスト集団　137
アポロ社　14
アメリカ文化　59
アモコ社　107, 190
アモコ石油　86
アルバート皇太子症候群　141

247

事項索引

アルファ電力社　50, 151, 158
アンケート調査　74, 75
安全性　174
暗黙の仮定　19, 25, 26, 35, 39, 43, 58, 60, 61, 82, 83, 84, 96, 98, 107, 203
暗黙の文化的仮定　78
委員会　205
生き残りの不安　105, 109, 151, 157, 181, 214
医師　68
依存　233
一時中断　162
イノベーション　40, 226
異文化交流プログラム　192
イミテーション　226
イモベーション　222, 226
隠語　53
インセンティブ　59, 60, 62, 64, 95
インセンティブ報酬制度　51
インテル社　14
イントラネット　223
インバスケット・ゲーム　225
ウォール・ストリート　106
運営委員会　216
エアウィック社　41, 191
エクストラネット　223
エッソ社　232
エティック　234
エミック　234
縁故採用　172
エンジニア・マネジャー　31
エンジニアリング　40
エンジニアリング・チーム　187
エンパワー　78
エンパワーメント　28, 31, 60
エンロン社　106
黄金の手錠（転職防止策）　15, 92
オオカミ少年　108
オープンなコミュニケーション　155, 195
表向きに標榜されている価値観　82
温情主義　64

【か行】

海軍研究所　96
会社文化　96
階層　79
階層（的）構造　33, 82
階層的文化　162
階層レベル　119
解体　175
解凍　104
開発期間　68
外部環境　40
科学　66
科学的検証　65
学習棄却（アンラーニング）　18, 103, 113, 122, 149
学習することへの不安　157, 181, 215
学習不安　170
学習プロセス　215
学閥　92
過剰スペック　45
課長　238
家長主義的家族　29
家長主義的コントロール　31
家長的温情主義　172, 173
合併　3, 75, 148, 171, 175, 185, 186
株価　48
カリスマ的　108
カレンダー　68
環境監視役員委員会（EQRB）　152
環境対策委員会（EHSC）　152
慣習　82
慣習法　66
感情的な抵抗　169
幹部候補　92

管理された変革プログラム　173
管理システム　59, 60, 62, 64
ガンマテック社　132
官僚主義　139
起業家精神　29
企業の加齢　223
『企業の人間的側面』　62
企業風土　239
企業文化　6, 88, 187
『企業文化―生き残りの指針』　226
企業理念　222
議決権付き株式　124
儀式　21, 211
技術革新　218
技術的イノベーション　29
技術的脅威　105
技術的テクスチャー　223
技術マネジャー　33
軌道修正　191
基本的仮定　28, 123, 182, 222
基本的使命　67
基本的な価値観　21
キャッシュフロー　48
キャリア　91, 92, 147
キャリア・アンカー　56
キャリア移行期　174
キャリア制度　106
キャンプファイアー　202, 203, 206
吸収　3
急進派　140
給料　56
儀礼　21, 82
協議事項　194
供給過多　168
共産主義　64
業績評価システム　57
共通の文化　13
協働　170
共同参加（Communal）型　76
共同体　64
共同トレーニング　198,

199
強迫観念　46
共有された暗黙の仮定
　25, 99, 205
共有されている暗黙の仮定
　191
協力　59
巨大複合企業（コングロマリット）　148
許容できるリスク　50
均衡状態　103
金銭的報酬　56
近代西洋社会　65
金の卵　91
金融市場　137
クォンタム・リープ（量子的飛躍；非連続の飛躍）　233
クライスラー　190
クリエイティブOD　60
グループの境界　191
グループ・プロセス　196
グレーゾーン　67
グローバリゼーション
　vii, 6, 183, 218
グローバル化　58
グローバル経済環境　187
グローバル社会　3
経営者育成プログラム　125
計画・管理された文化変革　175
計画された変革プログラム　182
計画的な変革　179, 182
経済的脅威　105
形式主義　194, 197
経費削減プログラム　168
月間最優秀技術者　7
権威システム　174
権限委譲　33, 37
権利委譲　8, 162
後継者問題　139
公式　45
顧客第一主義　37, 60, 83
告発プロセス　78
国民文化　192

ここでのやり方　47
互助社会　125
個人主義　64, 71
コダック社　175
コーチ　62
コーチング　198
固定概念　197
固定観念　201
『コピー・キャット』　226
コミットメント　30
コミュニケーション　51, 82, 83
コミュニケーション規範　201
コミュニティ　79
雇用の保障　174
コラボレーション　187, 194, 205, 206, 212
混合　186
混合種　134, 141, 143, 149, 176, 178
コンサルタント　87
コンセンサス　67
コンパック社　8, 177
コンプライアンス　158

【さ行】

罪悪感　105
再学習　113
再建屋　175
最高経営責任者（CEO）　38
再生　18, 171
再生マネジャー　176
在宅ワーク　107
再凍結　104, 119
財務的健全性　146
サイロ　136
サウスウエスト航空　226
作業グループ　187
作業部会　164, 186, 205, 216
サターン　150, 169
サービス・エンカウンター・テーブル　236
サブカルチャー　3, 5, 10, 33, 46, 80, 180, 183, 185,

187, 205
サブグループ　215
サンドス社　12
360度フィードバック　57
ジェネラル・マネジャー　56
支援グループ　114
歯科医　68
事業部制　147
試行錯誤　52, 117, 204
思考プロセス　79
自己資本負債比率　48
自己像（セルフ・イメージ）　89
事後調査　50
自主管理型　47
自主裁量権　56
思春期　17
市場参入　175
市場占有率　48
自然な進化　131
自然発生的学習　105
自治権　47
シックス・シグマ　164
失敗する戦略　221
疾病利得　232
実用主義　65, 66
シテイコープ　190
老舗の組織　216
支配　3, 186
支配者　63
シミュレーション　118
社会的現実　67
社風　21
主体性　59
宗教　66
従業員への調査　164
集団　64
集団現象　214
集団主義　64, 71
シュランベルジュ　187
準定常的均衡　103
ジョイント・ベンチャー
　vii, 3, 75, 148, 185, 192
上下関係　51, 174
昇進システム　39
象徴　28

象徴的意味　68
情報技術（IT）　6
触媒　181
職務グループ　119
職務評価　191
職務領域　64
序列（Hierarchy）型　76
序列関係　174
序列構造　165
ジョーンズ・フード社　122, 127
シリコンバレー　64
新アイデア賞　38
人員転換　179
進化の推進計画　132
新規開発　57
人工物　205
真実　30
深層　74
深層にある仮定　61
深層の仮定　60
真の仕事　52
新兵訓練　53
信頼性　180
心理的安全性　113, 120, 181
水銀　158
推進力　104
垂直的統合　126, 147
スタートアップ　16
スタートアップ期　179
スタートアップ企業　121
ステレオタイプ　193
ストックオプション（自社株購入権）　15, 53, 56, 124
ストーブの煙突　136
ストライキ権　78
ストーリー　40
スピンオフ　147
スリーマイル島　106
聖域　17, 64
政治的な駆け引き　16
政治的脅威　105
成熟企業　145
成熟期／衰退期　179
正常化　35
精神的価値観　146

製造部門　126
製造プロセス　151
製品開発戦略　45
製品開発チーム　196
セイフウェイ　237
世界観　79
責任システム　78, 83
世代継承　222
積極的機会主義　222
ゼネラル・エレクトリック社　175, 179
ゼネラルフーズ（GF）社　188
ゼネラル・マネジャー（全般経営管理者）　145
ゼネラル・モーターズ社　150, 169
潜在的顧客　200
全面的破壊　216
専門性　212
戦略　67
戦略的発展　147
早期退職制度　173
創業者　45, 128, 143
相互依存　69, 187
相互作用　7, 10, 187
相互理解　201
創造性　62
組織改革　1
組織開発　10
組織構造　160
『組織セラピー』　230
組織の地理的拡大　148
組織の発達段階　16
組織版「中年の危機」　167
組織風土　98, 126
組織文化　34, 56, 72, 78, 80, 83, 122, 180, 185, 205
組織変革　78, 185
組織変革担当　27

【た行】

退職金　173
対等合併　14, 15
ダイムラー・ベンツ　190
タイムレコーダー　62
対立　13, 186

対立の解決　164
ダウンサイジング　172, 173
多角化路線　126
多元的なダイアグラム　28
多国籍・多文化の組織　138
他者　185
建て前　78, 83
多能工育成訓練　10
他の文化　217
多文化　183, 188, 201
多文化グループ　viii, 206, 213
多文化コラボレーション　217
多文化主義　183
多文化組織　194
多文化的ジョイント・ベンチャー　121
多文化のコラボレーション　185
探査　117
チェックイン　203, 206
チェンジ・エージェント　10, 179, 215, 232
チェンジ・マネジャー　113, 118, 119, 171
チェンジ・リーダー　150, 171, 179
遅刻　68
チバ・ガイギー（C-G）社　12, 41, 59, 191
チーム　187
チームワーク　51, 59, 64
チームワークの強化　155
チャレンジャー号　106, 195
中央集権化　177
中央集中型　86
中型コンピュータ（オフコン）　44
忠誠心　64, 174
中年期　179
懲罰システム　78
懲罰人事　49
提案箱　38

事項索引　251

抵抗力　104
ディズニーランド　225
テキサスシティ製油所爆発事故　107
デジタル・イクイップメント（DEC）社　8, 59
デルタ航空　226
デルタ社　93
「デルタ」販売組織　93
電気自動車　169
同一化　117
同業他社　137
統計　65
洞察　218
倒産　171
同窓会　177
同僚を裏切らない　174
独裁者　63
特別ボーナス　8
特許期間　168, 173
トヨタ生産方式　235
トラベラーズ　190
取締役会　137, 194

【な行】

内部統合　39
内面的苦痛　105
ニッチ（適所）　61
人間関係　51, 54
人間社会　64
認知的再定義　115
認知的枠組のシフト　117
認知マップ　233
ヌオーヴォ・ピノン社　192
ネットワーク　6
ネットワーク（Networked）型　46, 76
「ネットワーク型」の組織　24
ノキア社　229
ノースロップ社　46
ノバルティス・ファーマ社　12

【は行】

バイオテクノロジー　69

売却　175
背後に潜む基本的仮定　21
買収　75, 148, 171, 185
配置転換　10, 31
ハイテク企業　131
バーガーシェフ社　189
バーコード技術　124
バーゼル本社　173
パターン　28
パートタイム　173
パートナーシップ　186, 206
派閥（Clan）型　76
バラバラ（Fragmented）型　76, 77
ハリケーン・カトリーナ　106
パワーゲーム（職務上の駆け引き）　16, 32
反体制カルチャー　127
非経済的価値観　146
非公式　218
ビジネスの問題点　81
ビジョン　83
否定的確認　105, 106, 109, 135, 151, 169, 170, 181
『人を助けるとはどういうことか』　237
非難の文化　49
秘密　53
ヒューレット・パッカード（HP）社　8, 14, 64, 177
評価　75
標準化　120, 127
標榜された価値観　205
標榜されていた価値観　97
標榜されている価値観　21, 23, 83, 84, 99, 107, 191, 211
標榜される価値観　35
品質改善サークル　164
ファシリテーター　81, 181
ファーストフード業界　189
フィードバック　57, 89, 198

風土　211
フォーカスグループ（調査のために選ばれる少人数のサンプルグループ）　38
フォーチュン50社　32
深いレベルでの仮定　44
深いレベルにある現実的な仮定　78
侮辱的な行為　68
復帰　49
物理的現実　66
プライバシー　70
フラット型組織構造　45
フランチャイズ事業　189
ブリティッシュ・ペトロリアム（BP）社　93, 107, 190
フリーモント工場　150
古い概念に取って代わる新しい概念および新たな意味を学習する　104
プロクター＆ギャンブル（P&G）社　9, 47, 151, 182
プロジェクトチーム　55, 188
プロセス・コンサルタント　181, 220
プロセス・コンサルテーション　219
プロセスへの介入　160
文化委員会　87
文化人類学的　225
文化的仮定　178
文化的現実　209
文化的相互作用　183
文化的知性　196, 218
文化的な力学　43
文化的な罠　199
文化的文物　98
文化の移行　179
文化の解読役　81
文化の次元　60, 76
文化の視点　218
文化の相互作用　187
文化のダイナミクス　174
文化の変革　5, 80, 174
文化の枠組み　128

252　事項索引

文化変革　10
文化変革のプロセス　149
文化変革プログラム　37, 182
分散型のコンピュータ・システム　43
文物（人工物）　21, 22, 84, 97, 99, 191
分離　13, 186
並行学習システム　149, 150, 151, 165
並行システム　181, 182
ベル・システム社　111
変革管理プロセス　153
変革推進者（チェンジ・エージェント）　vii
変革チーム　152, 181, 182
変革のダイナミクス　181
変革プログラム　82, 164, 165, 171, 187
変革プロセス　180, 214
変革モデル　156
変化に抵抗する　103
防御反応　111, 112
報酬　39, 59, 60, 64
報酬システム　21, 83
報酬制度　7, 191
報酬目当て（Mercenary）型　76
法的脅威　105
法律　66
飽和状態　168
補完的資源　227
母国語　79
保守派　140
ボーナス　56
ボーナス・システム　95
ポリクロニック・タイム　68
本音　83

【ま行】

マイクロソフト社　229
マーケット（Market）型　76
マーケティング　41, 133
マサチューセッツ工科大学　97
マッキンゼー　188, 220
マニュアル化　238
見える経営管理　123
未知　201
ミッション　40
無借金経営　66
命令統制型　46
「命令―統制型」の組織　24
目に見える文物　82
面目　201
モノクロニック・タイム　68
模倣　117
モラル　66

【や行】

役割モデル　114, 117, 120
ヤッピーのためのオモチャ　178
融合　13
ユナイテッド・フルーツ社　189
ユニリーバ社　210
良い子どもたち　54
良い文化　212
より深いレベルに潜む仮定　39
ヨルダン　210

【ら行】

ライフサイクル　vi

利益配分　56
リエンジニアリング　164, 238
力場分析　156
漓江　210
リストラ　92
理想主義　30
リーダー　206
リーダーシップ　3, 147
リーバイストラウス社　49
リベラル派　140
リーマンショック　106
略語　53
『リレーショナル・コーディネーション』　224
林間合宿　55
リンカーン研究所　25
倫理　66
倫理的脅威　105
倫理的権限　66
類型　37
類型学　24
レイアウト　70
レイオフ　64
連邦　69
労働安全委員会　163
労働規約　10
労働組合　10, 159
労務管理安全委員会　163
ロールプレイ　118

【わ行】

ワークショップ　46, 94
ワークライフ・バランス　82
私たちの仲間　141
悪い文化　212

■著者紹介

Edger H. Schein

　エドガー・シャイン博士は，マサチューセッツ工科大学（MIT）スローン校経営大学院の名誉教授である。1952年にハーバード大学より社会心理学の博士号を取得した。シャイン博士はウォータリード陸軍研究所に4年間勤務した後，MITに戻り，2005年まで教壇に立った。長年に渡り，多くの著作を発表しており，*Organizational Psychology*（1980）（『組織心理学』松井賚夫訳，岩波書店，1966），*Process Consultation*（1999）『プロセス・コンサルテーション』稲葉元吉・尾川丈一訳，白桃書房，2012），*Career Anchors*（2006）（『キャリア・アンカー：セルフ・アセスメント』金井壽宏・髙橋潔訳，白桃書房，2009），*Organizational Culture and Leadership*（『組織文化とリーダーシップ』）（2004），Strategic Pragmatism（シンガポール経済の奇跡に関する考察，1996），*DEC is Dead; long Live DEC*（2003）（『DECの興亡』稲葉元吉・尾川丈一監訳，亀田ブックサービス，2007）*Organization Therapy*（2009）（『組織セラピー―組織感情への臨床アプローチ』尾川丈一・稲葉祐之・木村琢磨訳，白桃書房，2014）*Career Anchors 4th ed.*（2013）（『キャリア・マネジメント―変わり続ける仕事とキャリア』木村琢磨訳／尾川丈一・清水幸登・藤田廣志訳，プロセス・コンサルテーション／白桃書房，2015）等の著作を発表している。現在もコンサルタントとして活躍しており，援助を行ったり受けたりする際の一般理論と実践に関する書籍 *Helping*（2009）（『人を助けるとはどういうことか』金井真弓訳，金井壽宏監訳，英治出版，2009），*Humble Inquiry*（2013）（『問いかける技術』金井壽宏監訳／原賀真紀子訳，英治出版，2014）も出版している。

■ 監訳者紹介

尾川丈一（おがわ・じょういち）

東京都大田区生まれ
1982年　慶應義塾大学経済学部卒業
1986年　慶應義塾大学文学部人間関係学科心理学専攻卒業
1993年　慶應義塾大学大学院社会学研究科後期博士課程社会学専攻（所定単位取得退学）
1991年9月―1992年8月　スタンフォード大学医学研究科行動科学教室（MRI）Research Fellow
2003年9月―2005年8月　William Alanson White Institute Post-Doctoral Program
2009年　神戸大学大学院経営学研究科後期博士課程マネジメント専攻（所定単位取得退学）
2019年度より，グランドキャニオン大学大学院教育学研究科後期博士課程組織開発専攻
現　在　Process Consultation Inc.（USA），CEO
　　　　Stanford University, Clark Center, Bio-Robotics Institute, Visiting Scientist
著　書　『イマージェント・リーダー』（亀田ブックサービス，2010年）
　　　　『心理療法入門』（分担執筆：金子書房，1993年）
　　　　『ブリーフ・セラピー入門』（分担執筆：金剛出版，1994年）
　　　　『マルチメディア社会システムの諸相』（分担執筆：日科技連出版社，1997年）
　　　　『解決志向ブリーフ・セラピーの実際』（分担執筆：金剛出版，1997年）
　　　　The Organizational Therapy（分担執筆：Alternative Views Publishing, 2009）
　　　　『シャイン博士が語る　キャリア・カウンセリングの進め方―〈キャリア・アンカー〉の正しい使用法―』（共著：白桃書房，2017年）
　　　　『シャイン博士が語る　組織開発と人的資源管理の進め方―プロセス・コンサルテーション技法の用い方―』（共著：白桃書房，2017年）
訳　書　『神経症組織－病める企業の診断と再生』（共訳：亀田ブックサービス，1995年）
　　　　『プロセス・コンサルテーション―援助関係を築くこと―』（共訳：白桃書房，2002年）
　　　　『企業文化―生き残りの指針―』（共訳：白桃書房，2004年）
　　　　『部下を持つ人のためのＮＬＰ（神経言語プログラミング）』（共訳：東京図書，2005年）
　　　　『イカロス・パラドックス―企業の成功・衰退・及び復活の力学―』（共訳：亀田ブックサービス，2006年）
　　　　『DECの興亡』（共訳：亀田ブックサービス，2007年）
　　　　『組織セラピー―組織感情への臨床アプローチ―』（共訳：白桃書房，2014年）
　　　　『キャリア・マネジメント―変わり続ける仕事とキャリア―』（共訳：白桃書房，2015年）

■ 訳者紹介

松本美央（まつもと・みお）

愛知県名古屋市生まれ
1999年　筑波大学第一学群人文学類卒業
訳　書　『シャイン博士が語る　キャリア・カウンセリングの進め方―〈キャリア・アンカー〉の正しい使用法―』（共訳：白桃書房，2017年）
　　　　『シャイン博士が語る　組織開発と人的資源管理の進め方―プロセス・コンサルテーション技法の用い方―』（共訳：白桃書房，2017年）

■**企業文化** [改訂版]
ダイバーシティと文化の仕組み

The Corporate Culture Survival Guide: New and Revised Edition

■発行日──2016年6月6日　初版発行　〈検印省略〉
　　　　　2021年1月16日　第5刷発行

■監訳者──尾川丈一
■発行者──大矢栄一郎
■発行所──株式会社　白桃書房
　　　　　〒101-0021　東京都千代田区外神田5-1-15
　　　　　☎03-3836-4781　📠03-3836-9360　振替00100-4-20192
　　　　　https://www.hakutou.co.jp/

■印刷・製本──藤原印刷

Ⓒ Joichi Ogawa 2016　Printed in Japan
ISBN978-4-561-23675-7　C3034

本書のコピー，スキャン，デジタル化等の無断複製は著作権法上での例外を除き禁じられています。本書を代行業者等の第三者に依頼してスキャンやデジタル化することは，たとえ個人や家庭内の利用であっても著作権法上認められておりません。

落丁本・乱丁本はおとりかえいたします。

好評書

組織文化とリーダーシップ
E. H. シャイン著　梅津祐良・横山哲夫訳

リーダーが築き，定着させた組織文化。それはメンバーに共有の前提認識として組織に深く入り込む。組織文化創造と変革，そのマネジメントのダイナミックなプロセスが，リーダーの果たす役割とともに明らかになる。

本体価格4000円

プロセス・コンサルテーション
援助関係を築くこと
E. H. シャイン著　稲葉元吉・尾川丈一訳

コンサルタントとクライアントとの相互作用に焦点を当て，いかにして健全な援助関係を効果的に実現するかを説明。コンサルタントとしての40年を越える経験をもとに，援助の一般理論と方法論を構築した決定版である。

本体価格4000円

組織セラピー
組織感情への臨床アプローチ
E. H. シャイン編著　尾川丈一・稲葉祐之・木村琢磨訳

組織へのセラピーは可能か。心理臨床家とプロセス・コンサルタントが基礎理論の異なるアプローチを検証，その違えを超えてコンサルティング・プロセスにある共通点を考察。「人を助けるプロセス」を探究した興味深い書籍。

本体価格2315円

キャリア・ダイナミクス
E. H. シャイン著　二村敏子・三善勝代訳

個人の意識の変化とともに仕事の概念も変わってきている今，組織はいかなる対応を求められているか。ライフサイクル，キャリア，人間資源の開発等，仕事を通して自己を表現しようとする個人と組織の新しい関係を描く。

本体価格3800円

白桃書房

本広告の価格は税抜き価格です。別途消費税がかかります。

好評書

キャリア・アンカー
自分のほんとうの価値を発見しよう
E. H. シャイン著　金井壽宏訳

自分らしく働きたい，生きたいと思う人が，キャリアを歩むうえで何があっても犠牲にしたくないもの，大切にし続けたいものを探ることによって，キャリアのかけがえのない拠り所を見つけるエクササイズ。それが本書です。

本体価格1600円

キャリア・アンカー
セルフ・アセスメント
E. H. シャイン著　金井壽宏・髙橋潔訳

キャリア選択の際に，自分が何に強く何に価値を見出すかを知っているのは大切なことです。本書の質問項目は，自分がどういう人なのかを知り，さえない決定を避けるために役立ててもらうことを意図して作られています。

本体価格762円

キャリア・サバイバル
職務と役割の戦略的プラニング
E. H. シャイン著　金井壽宏訳

キャリアを歩むうえでの拠り所を知るだけでなく，その都度，全力投球しているダイナミックな仕事環境で生き残ることも大事です。本書で描かれるネットワーク分析，職務と役割の戦略的プラニングから考察しましょう。

本体価格1500円

キャリア・マネジメント：変わり続ける仕事とキャリア（3冊セット）
E. H. シャイン, J. ヴァン=マーネン著　木村琢磨監訳　尾川丈一・清水幸登・藤田廣志訳

本シリーズは，ヴァン=マーネンとの共著として刊行された *Career Anchors 4th Edition* の邦訳である。企業をエスノグラフィーを用いて解析するヴァン=マーネンの参加により，キャリアの新しい側面が描き出された。

本体価格：セルフ・アセスメント　800円／パーティシパント・ワークブック　3000円／
ファシリテーター・ガイド　3500円

白桃書房

本広告の価格は税抜き価格です。別途消費税がかかります。

好評書

シャイン博士が語る　キャリア・カウンセリングの進め方
〈キャリア・アンカー〉の正しい使用法
E.H. シャイン・尾川丈一・石川大雅著　松本美央・小沼勢矢訳

シャインが日本人に向けて，個人・グループ・組織の3つの視点とその関係性についてやさしく語りかける初めての本！　人事担当者，キャリア・コンサルタント，またキャリアや組織について学びたい方への入門書として最適。

本体価格1800円

シャイン博士が語る　組織開発と人的資源管理の進め方
プロセス・コンサルテーション技法の用い方
E.H. シャイン・尾川丈一・石川大雅著　松本美央・小沼勢矢訳

組織開発に携わる方向けに人をめぐる様々な側面も押さえつつ，その考え方や手順をやさしく説明する本書。幅広く豊富な実例も交えられ，読みやすく活用しやすい。弊社刊『プロセス・コンサルテーション』の理解も進む。

本体価格1850円

日本のキャリア研究
組織人のキャリア・ダイナミクス／専門技能とキャリア・デザイン
金井壽宏・鈴木竜太編著

多様化が進む日本人のキャリア。日本のキャリア研究の第一人者，金井壽宏門下の研究者達が，最新のキャリア論を展開。組織や上司との関係等，看護師，船舶職員等の専門職を論じる。気鋭の研究者らによる注目の書。

本体価格：組織人のキャリア・ダイナミクス　3800円／専門技能とキャリア・デザイン　3500円

キャリア・デザイン・ガイド
自分のキャリアをうまく振り返り展望するために
金井壽宏著

キャリア観の確立が求められながらキャリア・デザインを支援するツールが十分に開発されてきたとは思えません。アンカーとサバイバルの日本語版刊行にあわせ，このツールをうまく使いこなすための副読本が本書です。

本体価格2100円

白桃書房

本広告の価格は税抜き価格です。別途消費税がかかります。